21 世纪全国高等院校物流专业创新型应用人才培养规划教材

商 品 学

王海刚　杨　玮　编著

内 容 简 介

本书共分 13 章，主要内容包括商品学概述、商品质量、商品质量管理、商品标准与标准化、商品分类、商品包装、商品检验、商品储运、商品养护、商品的可持续发展、商品的社会评价、新商品开发和几类主要商品的特性。

本书可作为高等学校物流管理、市场营销、国际经济与贸易、工商管理等经济、管理类专业的教学用书，也可供工商企业相关人员及商品经营者参考。

图书在版编目(CIP)数据

商品学/王海刚，杨玮编著．—北京：北京大学出版社，2013.8
(21 世纪全国高等院校物流专业创新型应用人才培养规划教材)
ISBN 978-7-301-23067-1

Ⅰ.①商… Ⅱ.①王…②杨… Ⅲ.①商品学—高等学校—教材 Ⅳ.①F76

中国版本图书馆 CIP 数据核字(2013)第 199144 号

书　　　　名	商品学
著作责任者	王海刚　杨　玮　编著
策 划 编 辑	李　虎　刘　丽
责 任 编 辑	刘　丽
标 准 书 号	ISBN 978-7-301-23067-1/U · 0097
出 版 发 行	北京大学出版社
地　　　　址	北京市海淀区成府路 205 号　100871
网　　　　址	http://www.pup.cn　新浪官方微博：@北京大学出版社
电 子 信 箱	pup_6@163.com
电　　　　话	邮购部 62752015　发行部 62750672　编辑部 62750667　出版部 62754962
印 　刷　 者	三河市北燕印装有限公司
经 　销　 者	新华书店
	787 毫米×1092 毫米　16 开本　14.5 印张　330 千字
	2013 年 8 月第 1 版　2016 年 1 月第 2 次印刷
定　　　　价	30.00 元

未经许可，不得以任何方式复制或抄袭本书之部分或全部内容。
版权所有，侵权必究
举报电话：010-62752024　电子信箱：fd@pup.pku.edu.cn

21世纪全国高等院校物流专业创新型应用人才培养规划教材

编写指导委员会

(按姓名拼音顺序)

主任委员	齐二石			
副主任委员	白世贞	董千里	黄福华	李向文
	刘元洪	王道平	王海刚	王汉新
	王槐林	魏国辰	肖生苓	徐琪
委员	曹翠珍	柴庆春	陈虎	丁小龙
	杜彦华	冯爱兰	甘卫华	高举红
	郝海	阚功俭	孔继利	李传荣
	李学工	李晓龙	李於洪	林丽华
	刘永胜	柳雨霁	马建华	孟祥茹
	乔志强	汪传雷	王侃	吴健
	于英	张浩	张潜	张旭辉
	赵丽君	赵宁	周晓晔	周兴建

丛 书 总 序

物流业是商品经济和社会生产力发展到较高水平的产物,它是融合运输业、仓储业、货代业和信息业等的一种复合型服务产业,是国民经济的重要组成部分,涉及领域广,吸纳就业人数多,促进生产、拉动消费作用大,在促进产业结构调整、转变经济发展方式和增强国民经济竞争力等方面发挥着非常重要的作用。

随着我国经济的高速发展,物流专业在我国的发展很快,社会对物流专业人才需求逐年递增,尤其是对有一定理论基础、实践能力强的物流技术及管理人才的需求更加迫切。同时随着我国教学改革的不断深入以及毕业生就业市场的不断变化,以就业市场为导向,培养具备职业化特征的创新型应用人才已成为大多数高等院校物流专业的教学目标,从而对物流专业的课程体系以及教材建设都提出了新的要求。

为适应我国当前物流专业教育教学改革和教材建设的迫切需要,北京大学出版社联合全国多所高校教师共同合作编写出版了本套"21世纪全国高等院校物流专业创新型应用人才培养规划教材"。其宗旨是:立足现代物流业发展和相关从业人员的现实需要,强调理论与实践的有机结合,从"创新"和"应用"两个层面切入进行编写,力求涵盖现代物流专业研究和应用的主要领域,希望以此推进物流专业的理论发展和学科体系建设,并有助于提高我国物流业从业人员的专业素养和理论功底。

本系列教材按照物流专业规范、培养方案以及课程教学大纲的要求,合理定位,由长期在教学第一线从事教学工作的教师编写而成。教材立足于物流学科发展的需要,深入分析了物流专业学生现状及存在的问题,尝试探索了物流专业学生综合素质培养的途径,着重体现了"新思维、新理念、新能力"三个方面的特色。

1. 新思维

(1) 编写体例新颖。借鉴优秀教材特别是国外精品教材的写作思路、写作方法,图文并茂、清新活泼。

(2) 教学内容更新。充分展示了最新的知识以及教学改革成果,并且将未来的发展趋势和前沿资料以阅读材料的方式介绍给学生。

(3) 知识体系实用有效。着眼于学生就业所需的专业知识和操作技能,着重讲解应用型人才培养所需的内容和关键点,与就业市场结合,与时俱进,让学生学而有用,学而能用。

2. 新理念

(1) 以学生为本。站在学生的角度思考问题,考虑学生学习的动力,强调锻炼学生的思维能力以及运用知识解决问题的能力。

(2) 注重拓展学生的知识面。让学生能在学习了必要知识点的同时也对其他相关知识有所了解。

(3) 注重融入人文知识。将人文知识融入理论讲解,提高学生的人文素养。

3. 新能力

(1) 理论讲解简单实用。理论讲解简单化，注重讲解理论的来源、出处以及用处，不做过多的推导与介绍。

(2) 案例式教学。有机融入了最新的实例以及操作性较强的案例，并对案例进行有效的分析，着重培养学生的职业意识和职业能力。

(3) 重视实践环节。强化实际操作训练，加深学生对理论知识的理解。习题设计多样化，题型丰富，具有启发性，全方位考查学生对知识的掌握程度。

我们要感谢参加本系列教材编写和审稿的各位老师，他们为本系列教材的出版付出了大量卓有成效的辛勤劳动。由于编写时间紧、相互协调难度大等原因，本系列教材肯定还存在不足之处。我们相信，在各位老师的关心和帮助下，本系列教材一定能不断地改进和完善，并在我国物流专业的教学改革和课程体系建设中起到应有的促进作用。

齐二石

2009 年 10 月

齐二石 本系列教材编写指导委员会主任，博士、教授、博士生导师。天津大学管理学院院长，国务院学位委员会学科评议组成员，第五届国家 863/CIMS 主题专家，科技部信息化科技工程总体专家，中国机械工程学会工业工程分会理事长，教育部管理科学与工程教学指导委员会主任委员，是最早将物流概念引入中国和研究物流的专家之一。

前　言

商品学是随着商品生产和商品交换的发展逐步产生的,它是商品经济发展到一定阶段的必然产物。商品学作为一门独立学科,已有两百多年的历史。随着商品经济的逐步深化,商品学的研究领域也在不断拓展,商品学也处在不断深化发展之中。

随着科学技术和生产力水平的快速发展和提高,现代商品学的研究领域不断扩大,商品学研究也从围绕商品体本身使用价值及其变化规律的研究,到以商品体为基础,围绕人—商品—环境系统,从技术、经济、环境、资源、市场和消费需求等诸多方面,系统地、综合地和动态地研究商品使用价值及其变化规律,以及商品所在系统的变化规律,使商品的质量和品种适应这种变化,为商品开发决策、商品质量提高、商品品种发展、商品质量评价、商品质量保证、商品质量管理与监督、环境与资源保护、资源开发与利用、商品经营管理等诸多方面提供科学依据。

为了适应我国市场经济的发展,顺应高等学校人才培养模式的转变及创新型应用人才培养的需要,编者结合十余年商品学教学活动和实践经验,编著了这本教材,在理论体系、结构、内容方面力争有所创新,有所突破。

本书主要内容包括商品学概述、商品质量、商品质量管理、商品标准与标准化、商品分类、商品包装、商品检验、商品储运、商品养护、商品的可持续发展、商品的社会评价、新商品开发和几类主要商品的特性。每章附有导入案例、小思考、小贴士、案例分析、知识链接、本章小结、关键术语、习题等充实教学内容,扩大学生知识面,引发学生思考。书中内容前后连贯,从理论到实际,循序渐进,深入浅出,重点突出,简明实用。

本书由陕西科技大学王海刚、杨玮编著,其中第1~3章、第5章、第7章、第9~12章由王海刚撰写,第4章、第6章、第8章由杨玮撰写,研究生周一瑄、邬鹏参与了各章的案例和习题资料的收集与整理工作。

本书在授课过程中建议总学时为40学时,每章建议3~4学时,每章结束可进行适当的小结和复习。

编者在撰写本书的过程中,吸收和借鉴了同行前辈的思想精华和研究成果,在此表示衷心感谢!本书的出版得到了北京大学出版社的大力支持和通力协作,在此表示诚挚的谢意!

鉴于水平有限,书中难免存在不妥之处,恳请专家学者和广大读者批评指正。

王海刚
2013年5月于西安

目 录

第1章 商品学概述 ... 1

1.1 商品学的产生与发展 ... 2
- 1.1.1 我国商品学发展概述 ... 2
- 1.1.2 国外商品学发展概述 ... 4
- 1.1.3 商品学界的主要学派 ... 6

1.2 商品学的研究对象和内容 ... 7
- 1.2.1 商品的概念 ... 7
- 1.2.2 商品学的研究对象 ... 8
- 1.2.3 商品学的研究内容 ... 9

1.3 商品学的任务 ... 9

本章小结 ... 11

习题 ... 12

第2章 商品质量 ... 14

2.1 商品质量的概念和商品质量观 ... 15
- 2.1.1 质量的概念 ... 15
- 2.1.2 商品质量的概念 ... 16
- 2.1.3 商品质量观 ... 16

2.2 商品质量特性和指标 ... 17
- 2.2.1 商品质量特性 ... 17
- 2.2.2 商品质量指标 ... 17

2.3 商品质量的基本要求 ... 18
- 2.3.1 对传统有形商品质量的基本要求 ... 18
- 2.3.2 对服务性无形商品质量的基本要求 ... 19

2.4 影响商品质量的因素 ... 20
- 2.4.1 生产过程中影响商品质量的因素 ... 20
- 2.4.2 流通过程中影响商品质量的因素 ... 21
- 2.4.3 使用过程中影响商品质量的因素 ... 22

本章小结 ... 24

习题 ... 26

第3章 商品质量管理 ... 27

3.1 质量管理及其发展 ... 29
- 3.1.1 质量管理的概念 ... 29
- 3.1.2 质量管理的发展阶段 ... 30

3.2 全面质量管理 ... 31
- 3.2.1 全面质量管理的概念 ... 31
- 3.2.2 全面质量管理的产生与发展 ... 31
- 3.2.3 全面质量管理的特点 ... 32

3.3 质量管理的基本方法 ... 33
- 3.3.1 PDCA 循环 ... 33
- 3.3.2 PDCA 循环的特点 ... 34
- 3.3.3 统计质量控制的常用方法 ... 36

3.4 质量认证制度 ... 38
- 3.4.1 质量认证的概念 ... 38
- 3.4.2 质量认证的发展 ... 39
- 3.4.3 质量认证制度的意义 ... 40
- 3.4.4 我国产品质量认证标志 ... 41

本章小结 ... 44

习题 ... 46

第4章 商品标准与标准化 ... 47

4.1 商品标准概述 ... 48
- 4.1.1 商品标准的概念 ... 48
- 4.1.2 商品标准的作用 ... 49

4.2 商品标准的种类与级别 ... 53
- 4.2.1 商品标准的种类 ... 53
- 4.2.2 商品标准的级别 ... 54

4.3 商品标准化 ... 57
- 4.3.1 标准化的产生与发展 ... 57
- 4.3.2 商品标准化的概念 ... 58
- 4.3.3 商品标准化的作用 ... 59
- 4.3.4 商品标准化的形式 ... 61

本章小结 ... 62

习题 ... 63

第5章 商品分类 64

5.1 商品分类及其作用 66
5.1.1 商品分类的概念 66
5.1.2 商品分类的作用 66
5.2 商品分类的原则和方法 67
5.2.1 商品分类的原则 67
5.2.2 商品分类的方法 68
5.3 商品分类标志 69
5.3.1 商品分类标志的概念 69
5.3.2 常用的商品分类标志 69
5.4 商品目录与商品分类编码标准 70
5.4.1 商品目录 70
5.4.2 商品编码 71
5.4.3 重要的商品分类编码标准 73
5.5 商品条码 74
5.5.1 商品条码的概念 74
5.5.2 商品条码的产生与发展 74
5.5.3 商品条码的种类 75
5.6 物流条码 76
本章小结 78
习题 79

第6章 商品包装 81

6.1 商品包装概述 82
6.1.1 商品包装的概念 82
6.1.2 商品包装的功能 82
6.1.3 商品包装的分类 83
6.2 商品包装材料 84
6.2.1 商品包装材料的概念 84
6.2.2 商品包装材料的基本要求 84
6.2.3 主要商品包装材料的特点 85
6.3 商品包装设计原则 86
6.4 商品包装技术方法 87
6.5 商品包装装潢 89
6.5.1 商品包装的装潢设计 89
6.5.2 商品包装装潢的色彩运用 91
6.6 商品包装标志 92
6.6.1 销售包装标志 92
6.6.2 运输包装标志 93
6.7 商标 94

6.7.1 商标的主要特征 94
6.7.2 商标的作用 94
6.7.3 商标的分类 95
6.7.4 商标的设计原则 96
本章小结 98
习题 99

第7章 商品检验 100

7.1 商品检验概述 101
7.1.1 商品检验的概念 101
7.1.2 商品检验的作用 102
7.1.3 商品检验的种类 102
7.1.4 商品检验的程序 104
7.2 商品的抽样检验 104
7.2.1 商品抽样的概念 104
7.2.2 抽样的方法 104
7.3 商品质量检验的方法 105
7.3.1 感官检验法 105
7.3.2 理化检验法 107
7.3.3 生物学检验法 110
7.3.4 实际试用观察法 110
7.4 商品质量分级 111
7.4.1 商品质量分级的概念及其作用 111
7.4.2 商品质量分级的方法 111
本章小结 113
习题 114

第8章 商品储运 115

8.1 商品储运概述 116
8.1.1 商品储存的概念及其作用 116
8.1.2 商品储存的原则 117
8.1.3 商品储存的种类 117
8.1.4 商品运输的概念及其作用 118
8.1.5 商品运输的种类 118
8.2 商品在储运过程中的质量变化 119
8.2.1 商品在储运过程中的损耗 119
8.2.2 商品在储运过程中的质量劣变 120
8.3 商品的储运管理 122
8.3.1 商品储存管理 122

8.3.2　商品运输管理 123
8.4　商品储运的种类与方式 124
　　8.4.1　商品储存仓库的种类 124
　　8.4.2　商品运输的方式 126
本章小结 129
习题 131

第9章　商品养护 132

9.1　商品养护概述 133
　　9.1.1　商品养护的概念 133
　　9.1.2　商品养护的意义 134
　　9.1.3　商品养护的任务及内容 ... 134
9.2　影响商品质量变化的因素 135
　　9.2.1　影响商品质量变化的
　　　　　内在因素 135
　　9.2.2　影响商品质量变化的
　　　　　外在因素 136
9.3　商品养护的技术与方法 137
　　9.3.1　仓库温湿度的管理 137
　　9.3.2　商品霉腐的防治 139
　　9.3.3　仓库害虫和鼠害的防治 ... 140
　　9.3.4　商品的老化与防护 140
　　9.3.5　金属商品锈蚀的原因与
　　　　　防治 141
　　9.3.6　危险商品的安全防护 142
本章小结 144
习题 145

第10章　商品的可持续发展 147

10.1　商品经济活动的可持续发展 148
　　10.1.1　可持续发展的概念 148
　　10.1.2　商品经济活动的发展阶段 ... 149
　　10.1.3　商品可持续发展的含义 ... 150
10.2　商品与资源 151
　　10.2.1　资源的概念 151
　　10.2.2　自然资源的分类 151
　　10.2.3　自然资源开发利用的特点 ... 152
　　10.2.4　自然资源在人类商品生产
　　　　　　过程中面临的问题 153
　　10.2.5　商品生产需要对自然资源
　　　　　　进行保护并合理开发利用 ... 154

10.3　商品与环境 155
　　10.3.1　环境的概念 155
　　10.3.2　环境的分类 155
　　10.3.3　商品生产造成的环境问题 ... 155
　　10.3.4　商品生产需要与环境
　　　　　　协调发展 157
10.4　绿色商品 158
　　10.4.1　绿色食品 158
　　10.4.2　绿色纺织品 158
　　10.4.3　绿色家用电器 158
　　10.4.4　绿色日用工业品 159
　　10.4.5　绿色包装 159
本章小结 160
习题 160

第11章　商品的社会评价 162

11.1　商品的社会评价概述 165
　　11.1.1　商品的社会评价的概念 ... 165
　　11.1.2　商品的社会评价的意义 ... 165
11.2　商品的社会评价内容 166
11.3　商品信誉 168
　　11.3.1　信誉是企业的无形资产 ... 168
　　11.3.2　信誉营造了良好的
　　　　　　市场环境 168
　　11.3.3　信誉是商品经营的
　　　　　　重要理念 169
11.4　商品的社会评价方法及过程 170
　　11.4.1　商品的社会评价方法 170
　　11.4.2　商品的社会评价过程 171
本章小结 172
习题 172

第12章　新商品开发 174

12.1　新商品开发概述 175
　　12.1.1　新商品的概念 175
　　12.1.2　新商品开发的概念 175
　　12.1.3　新商品开发的原则 176
12.2　新商品开发的风险及影响因素 177
　　12.2.1　新商品开发的风险 177
　　12.2.2　新商品开发的影响因素 ... 178

12.3 新商品开发的模式 178
　　12.3.1 需求拉动模式 178
　　12.3.2 技术推动模式 179
12.4 新商品开发的程序 180
　　12.4.1 新商品构想 180
　　12.4.2 新商品创意筛选 180
　　12.4.3 新商品概念的发展与测试 ... 180
　　12.4.4 制订新商品营销计划 180
　　12.4.5 新商品的商业分析 180
　　12.4.6 新商品开发 181
　　12.4.7 新商品试销 181
　　12.4.8 新商品的商品化过程 181
12.5 新商品开发的策略 182
　　12.5.1 技术领先策略 182
　　12.5.2 大众化产品策略 182
　　12.5.3 引进技术产品策略 183
　　12.5.4 短线产品开发策略 183
　　12.5.5 竞争性产品开发策略 183
本章小结 184
习题 185

第 13 章　几类主要商品的特性 186
13.1 工业品商品的特性 187
　　13.1.1 工业品商品的成分 187
　　13.1.2 工业品商品的性质 190
13.2 食品商品的特性 197
　　13.2.1 食品商品的营养成分 197
　　13.2.2 食品商品的感官特性 205
　　13.2.3 食品商品的卫生特性 208
13.3 纺织品商品的特性 209
　　13.3.1 纺织品商品的成分 209
　　13.3.2 纺织品商品的性质 211
13.4 家用电器商品的特性 214
　　13.4.1 家用电器商品的主要品种 ... 214
　　13.4.2 家用电器商品的主要质量
　　　　　特性 214
　　13.4.3 家用电器商品流通的基本
　　　　　要求 215
本章小结 217
习题 217

参考文献 219

第1章 商品学概述

【教学目标与要求】
- 了解商品学的产生和发展的概况;
- 了解商品学是以商品质量为中心研究商品使用价值的科学;
- 了解商品学的主要研究内容和对象;
- 熟悉商品学的学科性质和作用;
- 明确学习商品学的目的及意义。

陆羽与《茶经》

陆羽,字鸿渐,一名疾,又字季疵,自号桑宁翁,又号竟陵子。生于唐玄宗开元年间,复州竟陵郡人。《茶经》为世界上第一部茶学专著,是陆羽对人类的一大贡献。全书分上、中、下三卷共十个部分。其主要内容:一之源;二之具;三之造;四之器;五之煮;六之饮;七之事;八之出;九之就;十之图。

自公元756年,陆羽便与友人到各大茶区考察,观察和学习茶农的经验和方法。公元760年,陆羽返回湖州,对收集到的资料进行分析整理,开始了《茶经》的著述工作。公元765年,陆羽根据32州、郡的实际考察资料及数年来的研究成果,完成《茶经》初稿。经过数十载呕心沥血,公元780年,陆羽在朋友帮助下,完成《茶经》著述,并正式刻印。整本《茶经》共用时二十七年。

《茶经》是陆羽在各大茶区观察了茶叶的生长规律和茶农对茶叶的加工,分析了茶叶品质优劣、学习了民间烹茶良好方法的基础上总结出的一套规律,此外,陆羽还留心于民间茶具和茶器的制作,制作出了自己独特的一套茶具。

(资料来源:http://www.teaw.com/release/939.html。)

【点评】我国古代商品学的研究已经达到较高的水平,《茶经》在商品学的产生与发展过程中有着极其重要的地位,对商品学的产生与发展作出了应有的贡献,对茶叶商品研究有重要的参考价值。

1.1 商品学的产生与发展

商品学是随着商品生产和商品交换的发展逐步产生的,它是商品经济发展到一定阶段的必然产物。商品学作为一门独立学科,已有两百多年的历史。随着商品经济的逐步深化,商品学的研究领域也在不断拓展,商品学也处在不断深化发展之中。

1.1.1 我国商品学发展概述

1. 我国商品学的萌芽阶段

我国是一个历史悠久的文明古国,古代商品经济曾有过的繁荣和中华民族的灿烂文化都为商品学的萌芽奠定了丰富的物质基础。

在古代,随着商品生产的发展,商品交换不断扩大,出现了商人和都会市场。商品知识的汇集和整理是商品学形成的重要前提,这些商品知识通过商品生产者和商品经营者经验的积累,逐步汇集成书。这些书籍使商人在经商过程中能够更广泛深入地了解商品的产地、品种、成分,更好地鉴别商品的品质,把握商品的正确使用方法,以充分发挥商品的功效。在我国早期的商学书籍中包含了大量的商品知识和商品经营知识的内容,这已经使商品学发展进入了萌芽状态。

古代有记载的商品学著作如春秋时代师旷著的《禽经》、晋朝戴凯之著的《竹谱》、唐朝陆羽著的《茶经》、宋朝蔡襄著的《荔枝谱》、明朝李时珍著的《本草纲目》、清朝吴中孚著的《商贾便览》等。

在这些商品学著作中,《茶经》和《本草纲目》的影响很大。陆羽在收集了大量有关茶叶的生产经营方面知识的基础上,于公元780年完成《茶经》一书,全书共三卷十篇。书中对茶叶的形状、品质、产地、采集、加工炮制、烹饮方法等均作出了详细论述，此外，还对茶叶的评价、用途及储藏方法等内容作了专门介绍。中国茶叶世界闻名，同《茶经》的问世和传播有着密切的关系，《茶经》促进了茶叶的生产经营活动。我国商品学界普遍认为，《茶经》应是世界最早的一部商品学专著。

《本草纲目》是历史上又一部较早的商品学专著，于公元1578年，完成共五册52卷，收集记载药物1 892种，系统地总结了我国16世纪以来药物学、植物学方面的经验知识，是人类宝贵的遗产。《本草纲目》后来相继被译成多种文字版本在国外流传，曾传入日本，并在日本普及。一些日本商品学学者认为，商品学是由本草学和物产学演变而发展起来的。

2. 我国商品学的创立和发展阶段

19世纪以来，商品学从德国传入我国，使我国商品学得到迅速发展。1902年我国的商业教育开始把商品学作为一门必修课，商品学教育和研究从此迅速发展起来。一批商品学著作也相继出版，对我国商品学发展产生了重要影响，如1908年李漱根据日本《商品学》所编译的《新译商品学》、1917年方嘉东编著的《商品研究通论》、1928年潘吟阁编著的《分业商品学》、1934年刘冠英编著的《现代商品学》等，这些早期的商品学著作为我国现代商品学的创立和发展奠定了基础。在此期间北平大学、中国大学、津沽大学、沪江大学、国立暨南大学等高等院校相继开设了商品学课程。

1949年中华人民共和国成立后，我国商品学教育和研究发展迅速。1950年后，高等财经院校、高等商业院校先后设立了商品学教研室，企业管理、市场营销、对外贸易、贸易经济等专业也相继开设了商品学课程。1951年，中国人民大学聘请了苏联专家执教，开始招收商品学研究生班，培养了一批商品学专业的师资骨干。1956年后，黑龙江商学院和上海财经学院相继创建了商品学系，分别设立了相关商品学专业。一些院校组织编写了许多商品学著作教材，其中如中国人民大学出版的《商品学总论》及分论共计五册，黑龙江商学院出版的《日用工业品商品学》、《食品商品学》、《五金商品学》等，其他一些学校与商业部门也相继编写了《纺织品商品学》、《针织品商品学》、《百货商品学》、《棉花商品学》、《茶叶商品学》等多种专业商品学著作教材，为丰富我国商品学教学和研究体系奠定了基础。

1959年在《商业研究》杂志中还开展了商品学的研究对象与任务的学术讨论。此后，上海、北京、天津、广州等地的大型商业企业出版了定期的商品知识刊物。1963年9月在哈尔滨召开了首届商品学学术讨论会，这些活动对我国商品学的研究和发展起到了积极的推动作用。

3. 我国商品学的深化发展阶段

1978年党的十一届三中全会以来，我国以经济建设为中心，大力社会主义市场经济，商品学得到全面深化发展，商品学的教学和研究出现了百花齐放的繁荣景象。全国的财经院校和商业院校大部分开设了商品学课程，商品学的教学和研究取得了丰硕的成果，出版了大量的商品学教材和专著。

20世纪80年代，各省市商品学会相继成立，商品学学术交流空前活跃。1992年8月，由中国人民大学举办的"商品学教学与理论发展研讨班"暨第五届全国商品学学术讨论会决定每两年举办一届全国性商品学学术讨论会。1995年7月，中国商品学会在北京成立，中国商品学会的成立得到了国家有关领导人的重视和支持。袁宝华同志担任中国商品学会的名誉会长。吴仪、王忠禹、陈锦华等当时的许多领导人担任了第一届理事会的顾问，许多部、委领导担任了第一届理事会的副会长。同年，中国商品学会加入国际商品学会，并于 1995 年 9 月和 2004 年 8 月在北京举办第十届、第十四届国际商品学年会,广泛开展商品学国际交流活动,是第十四届国际商品学会会长单位,中国商品学会(www.cscs.org.cn)常设机构在中国人民大学。

随着科学技术和生产力水平的快速发展和提高,现代商品学的研究领域也不断扩大,我国商品学研究也从围绕商品体本身使用价值及其变化规律的研究,到以商品体为基础,围绕人—商品—环境系统,从技术、经济、环境、资源、市场和消费需求等诸多方面,系统地、综合地和动态地研究商品使用价值及其变化规律,以及商品所在系统的变化规律,使商品的质量和品种适应这种变化,为商品开发决策、商品质量提高、商品品种发展、商品质量评价、商品质量保证、商品质量管理与监督、环境与资源保护、资源开发与利用、商品经营管理等诸多方面提供科学依据。

 小思考

什么是系统?

1.1.2 国外商品学发展概述

1. 国外商品学的萌芽阶段

据文献记载,国外第一部包含有商品学内容的著作是阿拉伯人阿里·阿德·迪米斯基于 1175 年编著的《商业之美》,书中对商品的真伪识别及优质商品和劣质商品的鉴别方法进行了介绍。此后,欧洲的商业中心意大利也出版了许多包含商品知识的商学书籍,如佩戈罗弟编著的《商品贸易指南》,书中详细论述了从意大利出口中国的商品及其性质、质量、品种规格、贸易方法等。1553 年,意大利 F. 波纳费德教授首次在帕多瓦大学开设了生药学课程,讲授内容主要包括药材的名称、产地、分类、性质、成分、鉴别、用途和保管等商品学知识,1959 年他还创建了药材商品学教研室,便于进行教学和研究。1675 年,萨瓦里编著出版了《商业大全》,书中详细论述了纤维制品、染料等商品的产地、性能、包装、储存、销售等方面的知识,这部书在欧洲负有盛名,先后被译成德文、英文、意大利文、西班牙文等。这些商品学著作从内容看已趋近于商品学体系,但系统化、理论化程度与现代商品学还有很大差距,尚处于商品学的萌芽阶段。

2. 国外商品学的创立和发展阶段

18 世纪初,德国手工业迅速发展,进出口贸易频繁,这要求商人必须具有系统的商品知识以适应贸易发展的需要。这段时期德国出版的许多商学书籍和专著都包括系统的商品学知识,如 P. J. 马佩林编著的《博学商人》、路德维希教授编著的《全面商人概论》和《全面商人大全》等。18 世纪中叶,德国的大学和商业院校开始开设商品学课程,并开展商品学的系统研究。"商品学"这个词也是来源于德文 "Warekunde",即译为英文的 "Commodity Science"。

18 世纪末,德国自然历史学家和经济学家约翰·贝克曼教授编著出版了《商品学导论》,创立了以自然科学和技术学知识为主的技术学体系为主的商品学,并在德国的大学开设商品学课程。《商品学导论》的主要内容包括商品生产、技术、方法、工艺学知识及商品的产地、性能、用途、鉴定、分类、包装、主要市场等。《商品学导论》的问世标志着商品学的科学体系的建立,使商品学成为一门独立学科,后被称为"贝克曼商品学",约翰·贝克曼教授也被誉为商品学的创始人。

19世纪以后，商品学相继从德国传入意大利、西欧各国、俄国、东欧各国、日本、中国等国家，各国结合本国的特色，使商品学得到迅速的发展。

1831年，俄国在莫斯科商学院开设了商品学课程。1906年，俄国的尼基琴斯基编著了《商品学基础教程》，与此同时，俄国的彼得罗夫和尼基琴斯基创立了食品商品学和工业商品学，被誉为俄国商品学的奠基人。

1867年奥地利维也纳大学植物学家J.V.威茨纳教授编著出版了《技术显微镜学》，他利用物理和化学方面的研究成果，特别是利用显微镜研究植物性原料商品的结构，以此鉴定商品的质量。1873年，威茨纳教授编著出版了《植物原料商品学》，书中详细论述了植物原料商品的结构特征、质量要求、标准、检验和鉴定方法等，为商品学的发展和商品质量的研究开辟了新的途径。

在这段时期，日本东京商学院也开设了商品学课程。1892年日本首次出版了户田翠香编著的《日本商品学》，并规定为学校的教材。此后，日本的商品学研究也得到不断的发展。

3. 国外商品学的深化发展阶段

20世纪后，商品学有了进一步发展，以自然科学为基础的商品学理论和体系日趋完善，形成了自然科学技术体系的商品学，称为自然科学商品学或技术科学商品学，该商品学体系主要是从自然科学和技术科学的理论和观点研究商品的使用价值，其研究的中心内容是商品质量。研究内容适应了这段时期贸易实践的发展要求，主要包括商品分类、商品标准、商品质量、商品鉴定与检验、商品包装、商品养护等。而从事商品学教学和研究的学者也越来越多，他们重视研究商品的质量及其变化规律。与此同时，一些商品学研究学者致力于将商品学归属于经济科学的范畴，从社会科学和经济科学的观点，特别是从市场营销和消费需求方面，研究与商品和品种相关的问题，称为社会商品学或经济商品学。随着商品经济的进一步发展，自然科学的商品学进入了综合科学、交叉科学的商品学时代，称为复合商品学或现代商品学，即从自然科学和技术学及社会科学和经济学方面综合研究商品的使用价值和评价商品的质量。一方面研究商品的自然属性，如物理、化学、生物学性能；另一方面研究商品的经济性，如研究与商品质量、供给和需求相关的经济问题。

20世纪50年代，奥地利维也纳经济大学的E.格伦斯泰尔教授编著了《商品经济学》，从自然科学和经济学方面研究商品与人、商品与环境、商品与时代、商品与商品之间的关系。

20世纪60年代，德国科隆大学的索费特教授首先提出了社会科学商品学或经济商品学，后来科隆大学的A.库茨尔尼格教授、考皮尔曼教授和克诺布利希教授等人继续发展了这方面的研究，并于1961年创建了经济商品研究所，进行经济商品学的教学和研究工作。库茨尔尼格教授认为经济商品学是以自然科学为基础，从经济学的观点，特别是从消费者和市场需求的观点研究商品质量和品种，也称为企业经济商品学。考皮尔曼教授又将企业商品学发展成为产品市场营销学，即以市场和消费者需求为基础研究产品的预测、产品开发、产品营销等，为产品开发和产品营销提供科学依据。考皮尔曼教授1978年和1980年分别编著出版了《产品市场学基础》和《产品市场营销学》，书中详细论述了产品需求分析、产品预测分析、产品开发分析、产品设计分析、产品适销性分析的理论方法和模型。克诺布利希教授在企业商品学的基础上提出了商品品种学，即从消费和市场需求出发研究商品品种形成和发展规律。

1976 年日本的水野良象教授指出，商品学既不只是研究物质的自然科学，也不只是研究经济的社会科学，而是这两者复杂融合起来的应用科学，是一门典型的应用型边缘科学。在日本也有学者从社会科学的商品学或经济商品学方面进行研究，包括经营商品学、企业商品学、市场商品学、政策论商品学、社会商品学、消费者商品学等。

匈牙利布达佩斯商学院的 A.齐马尼教授指出，商品学一方面研究商品的质量，即研究由可测技术性能构成的质量要素，这属于自然科学和技术学方面的内容；另一方面也要阐明商品的经济性，即研究与商品品质、供给和需求相关的经济问题，这属于社会科学和经济学融合起来的边缘科学或交叉科学。

英国于 1910—1930 年出版了 70 余种商品知识书籍，近年来也不断出版商品知识丛书。

美国于 1936 年就出现了商品研究机构，同年哈佛大学戈林女士编著出版了《购物试验指导》教科书。1946 年，加利福尼亚大学出版了《消费品的标准与标志》教科书，后来又出版了《纺织原料学概论》、《现代纺织品》等商品学著作。

1976 年，国际商品学会成立，以德文缩写"IGWT"为会徽标志，会刊为《国际商品论坛》，国际商品学会(www.wu.ac.at/itnp/igwt)总部设在奥地利的维也纳经济大学。

自然科学的商品学发展历史较长，其理论体系不断完善，内容也不断更新和拓展，在国际商品学界占主导地位，世界各国的商品学基本上都是按照自然科学的商品学体系发展的。从自然科学的商品学又派生出商品分类学、商品检验学、商品养护学、商品包装学、商品品种学等分支。社会科学的商品学或经济商品学是经济科学的一个分支，在国际商品学界占次要地位，其科学体系还派生出经营商品学、企业商品学、市场商品学、政策论商品学、社会商品学、消费者商品学等。由此可见，商品学作为一门边缘科学，在不同的发展阶段涉及不同的学科，构成了商品学完整的学科体系。20 世纪 80 年代后，商品学的发展开始步入自然科学的商品学和社会科学的商品学融合发展的阶段，紧紧围绕人—商品—环境这个系统，从多角度系统地研究商品及商品所在系统的变化规律，满足商品快速发展的需要和人们认知商品的需要。

1.1.3　商品学界的主要学派

1. 技术学派

技术学派是以商品检验和商品鉴定为主的商品学，主张从自然科学角度研究商品学，运用自然科学的研究成果，如物理学、化学、电学等方面的研究成果开展商品学的研究，将商品的质量、质量标准、商品检验和商品鉴定方法等作为商品学主要研究内容。

2. 经济学派

经济学派是从市场经济出发，建立以市场价值为中心的商品学，主张从社会科学角度研究商品学，着重研究商品的经营管理、商品销售、商品广告、商品包装、消费者及市场信息等，作为商品学主要研究内容。

3. 融合学派

融合学派是将技术和经济两方面研究商品的使用价值，认为商品学是一门具有较强实践性的应用技术科学。

融合学派特别强调现代商品学是围绕人—商品—环境系统，从技术、经济、环境、资源、市场和消费需求等诸多方面，运用自然科学、技术科学和社会科学相关的理论与方法，系统地、综合地和动态地研究商品使用价值及其变化规律，以及商品所在系统的变化规律。研究商品与市场需求，商品与资源合理利用，商品与环境保护，商品开发与高新技术，商品质量控制、质量保证、质量评价及质量监督，商品分类与品种，商品标准与法规，商品包装与商标、标志，商品形象与广告，商品文化与美学，商品消费与消费者权益保护等技术、经济和社会问题。

1.2 商品学的研究对象和内容

1.2.1 商品的概念

商品是社会生产发展到一定历史阶段的产物，是用来交换并能满足社会需要的劳动产品。商品具有使用价值和价值两种基本属性，是使用价值和价值的统一体。商品生产者的具体劳动形成商品的使用价值，抽象劳动形成商品的价值。商品交换价值是商品价值的表现形式，商品的价值属于经济学研究的范畴，而商品的使用价值是商品学的研究对象。正如马克思指出，"商品的使用价值为商品学这门学科提供材料"。

商品概念有狭义和广义之分，狭义的商品是指通过市场交换，能够满足人们某种社会需要的物质形态的劳动产品；广义的商品是指通过市场交换，能够满足人们某种社会需要的所有形态(知识、劳务、资金、物质)的劳动产品。商品具有以下三个基本特征。

1. 商品是劳动的产物

商品是人们劳动创造出来的劳动产品，这种产品可以是有形的实物，也可以是无形的知识、技术、服务和信息等。有形产品通常是需要人们经过设计、加工、制作等一系列劳动而生产出来的实物产品；无形产品通常也需要人们通过脑力或体力劳动产生，如知识、技术、服务等。

2. 商品能满足人们和社会的某种需要

商品能满足人们和社会的某种需要是指商品的使用价值，即商品的有用性。商品的使用价值是由商品本身能满足人们某种需要的属性所形成的，商品的属性包含商品的自然属性和商品的社会属性，商品的自然属性包括商品的成分、结构、化学性质、物理性质、生物学性质、生态学性质等。商品的社会属性主要包括商品的经济属性、文化属性(民族、宗教、审美、道德等属性)、政治属性和其他社会属性。

3. 商品必须进行交换

商品交换使劳动产品转化为商品，商品的使用价值和价值在商品交换过程中得以实现。马克思曾经指出：一个物可以有用，而且是人类劳动产品，但不是商品。谁用自己的产品来满足自己的需要，他生产的就是使用价值，而不是商品。要生产商品，他不仅要生产使用价值，而且要为别人生产使用价值，即生产社会的使用价值。商品必须具有"满足某种需要"并通过"交换"，劳动产品才是商品。

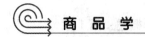

商品和产品有哪些区别？

1.2.2 商品学的研究对象

商品学研究的客体是商品，商品具有价值和使用价值，是价值和使用价值的统一体。商品的价值属于政治经济学研究的范畴，商品的使用价值才是商品学研究的对象。

商品的使用价值是指商品满足人们某种需要的效用，即商品的有用性。商品学是研究商品使用价值及其变化规律的科学。商品的使用价值是由商品体本身的属性所形成的，商品的自然属性构成了使用价值的物质基础，是商品使用价值形成和实现的重要依据和必备条件。商品的社会属性构成了使用价值的社会基础，是社会需要和市场交换需要必不可少的组成部分，是商品使用价值实现的必要条件。

随着社会经济的发展，科学技术的进步，商品的属性也处于动态的发展变化之中，特别是商品的社会属性这种动态的发展变化更加明显。因而商品的开发、生产也要满足商品属性发展变化的需求，只有适应了这种需求变化，商品的使用价值才能得以实现。商品学的研究领域也随之不断发展变化，商品学应是研究商品使用价值及其变化规律，以及商品所在系统变化规律的应用型边缘科学。

国家重点新产品计划扶持范围

1. 国家重点新产品计划扶持的新产品范围

(1) 高新技术领域产品：电子与信息、生物与医药、新材料、光机电一体化、新能源与高效节能、环境保护与资源利用、航空航天及交通、农业、其他高新技术产品。

(2) 具有自主知识产权、创新性强、技术含量高、市场前景好的新产品，特别是原创型新产品。

(3) 对国民经济基础产业、支柱产业发展具有重大促进作用和带动作用的新产品。

(4) 采用国际标准或国内外先进标准的新产品。

(5) 利用国家及省部级科技计划成果转化的新产品，特别是"863"计划、科技攻关计划或其他基础研究计划的科技成果产业化项目。

2. 国家重点新产品计划原则上不支持的产品范围

(1) 常规食品、饮料、烟、酒类产品。

(2) 化妆品、服装、家具、小家电等日用产品。

(3) 传统手工艺品。

(4) 动、植物品种资源。

(5) 高能耗、环境污染的产品。

商品学研究的商品使用价值应是商品全面使用价值，其有以下特征：商品使用价值处于动态的发展变化之中；商品使用价值和商品价值既对立又统一，不能将其割裂开来；商品的流转离不开社会，其使用价值是社会的使用价值，是为满足别人的使用价值，是经过交换过程才能实现的使用价值；商品使用价值具有两重性，即商品使用价值不仅具有自然属性的一面，而且具有社会属性的一面。

现代商品学的研究领域不断扩大，商品学研究对象也从围绕商品体本身的使用价值及其变化规律的研究，到以商品体为基础，围绕商品—人—环境系统，从技术、经济、环境、资源、市场和消费需求等诸多方面，系统地、综合地和动态地研究商品使用价值及其变化规律，以及商品所在系统的变化规律，这决定了商品学是一门综合性、交叉性、应用性的边缘科学。商品学研究的领域中的自然属性部分涉及物理学、力学、电学、电子学、机械学、材料学、化学、物理化学、药物学、生理生化学、医学、生物学、工艺学、环境科学和计算机科学等自然科学和技术科学；社会属性部分涉及市场学、广告学、商业经济学、企业管理学、物流学、价格学、消费经济学、国际贸易学、标准化与质量管理、资源与环境经济学、社会学、心理学、法学、政治经济学等社会科学。由此可见，商品学是一门涉及自然科学、技术科学和社会科学等多学科，具有综合性、交叉性、应用性的边缘科学。

1.2.3 商品学的研究内容

商品学的研究内容是由商品学的研究对象所决定的。根据商品学的研究对象，商品学研究内容应以商品体为基础，围绕商品—人—环境系统，以商品质量和商品品种为中心，以商品属性不断满足商品交换和消费需要及其他社会需要为线索，系统地、综合地和动态地研究商品使用价值及其变化规律，以及商品所在系统的变化规律。

商品质量和商品品种是商品使用价值在质和量上的不同表现形式，它们之间既有各自不同的内涵，又有密切的关系。研究商品质量离不开商品品种，商品质量是具体商品品种的质量；研究商品品种也同样离不开商品质量，商品质量的不同往往会形成新的商品品种。

商品质量是指商品属性满足消费者需求的程度，说明商品满足人们需求的深度。商品质量研究的是商品使用价值在质上的表现形式。主要包括商品质量的内涵，对商品质量的要求，商品的成分、结构和性质，商品质量等级和质量水平，影响商品质量的因素，商品质量标准和标准化，商品质量的检验和评定，商品的养护与维护，商品的储运，商品与资源、环境的关系等。

商品品种是指具有某种共同属性和特征的商品群体，说明商品满足人们需求的广度。商品品种研究的是商品使用价值在量上的表现形式。主要包括商品名词术语、商品规格、商品型式、商品分类、商品品种类别、商品品种结构及商品品种发展规律，新产品开发等。

商品种类繁多，既有物质形态的有形商品，又有知识形态、劳务形态的无形商品。传统的商品学多研究物质形态的有形商品，随着商品学的发展，商品学研究内容也不断拓展，不仅包括商品体本身，还包括商品包装及其标志、商品装潢、商品名称、商标及注册标记、质量安全卫生标志、环境标志、商品使用说明、合格证等有形附加物，还包括商品售前、售中和售后服务等无形附加物。

商品学研究商品使用价值的目的是为商品经济的发展提供依据。商品学研究必须从系统的角度分析商品与商品、商品与技术、商品与社会、商品与人、商品与资源、商品与环境、商品与经济效益等之间的关系，全面研究商品使用价值及其变化规律及商品所在系统的变化规律，实现商品—人—环境系统的整体优化和可持续发展。

1.3 商品学的任务

商品学的任务在于为商品从设计、开发、生产、流通、消费到废止，以及商品废弃物再生利用的全过程实行科学管理和决策服务，研究商品使用价值及其变化规律，以及商品所在系统的变化规律，促进商品使用价值的实现，为商品流通服务。

1. 指导商品使用价值的形成

通过商品资源和商品市场的调查与预测、商品的需求研究等手段，为政府部门实施产品结构调整、商品科学分类、商品进出口管理、商品质量监督管理、商品环境管理、制定商品标准及相关政策法规等提供科学的决策依据，为企业提出商品基本质量要求和品种要求，指导商品质量的改进和新产品开发，提高经营管理者素质，保证市场商品物美价廉、适销对路。

2. 监督商品使用价值的效用

分析商品的质量变化及其影响因素，对商品质量进行监督管理，维护商品的使用价值，降低商品损耗。通过商品检验手段，保证商品符合社会需要的规范，防止假冒伪劣商品进入市场，维护消费者权益。

3. 评价商品使用价值的高低

通过商品检验与鉴定手段，保证商品质量符合规定的商品标准或合同，维护正常的市场竞争秩序，保护买卖双方的合法权益，创造公正、公平的商品交易环境。

4. 防止商品使用价值的降低

通过确定合理的商品包装、运输、储存的方法和条件，防止商品质量发生不良变化，造成商品使用价值的降低。通过采用现代化的电子与信息技术，提高产品开发、生产、流通对市场需求的快速反应能力，防止商品过时造成损失。

5. 促进商品使用价值的实现

通过大力普及商品知识和消费知识，使消费者认识和了解商品，学会科学地选购和使用商品，掌握正确的消费方式和方法，促进商品使用价值的实现。

6. 研究商品使用价值的再生

通过对商品废弃物与包装废弃物的处置、回收和再生利用的研究，推进相关政策、法规的制定，在合理的运行机制下，降低产品的生产加工成本，推动资源节约、节能减排工作。

7. 研究商品科学的分类方法

对商品的分类进行科学研究，对商品进行科学管理，有利于适应不断发展的市场经济的需要。

8. 培养商品学的专业人才

培养和造就新一代具有商品学的知识，能够对商品进行科学管理的专业人才，是新时期商品学的重要任务。

案例分析

万州旅游商品发展前景广阔

一幢幢漂亮的厂房，一台台轰鸣的机器，一个个忙碌的工人，一把把精美的木梳、角梳在这里诞生……"小小的一把梳子，在国内卖 10 元，在国外可卖 10 美元，预计公司今年的产值、销售收入将达 1.2 亿元！" 11 月 8 日上午，重庆谭木匠工艺品公司的一位负责人向参观者们自豪地介绍。

随着旅游业的蓬勃发展，旅游商品消费需求日益增加。近年来，重庆市万州区加大对旅游商品的开发培育力度，旅游商品的发展呈现出广阔前景。

(1) 旅游商品生产企业发展加快。截至2006年，万州区已有旅游商品生产企业18家，较"十五"初期增长32.5%。2005年销售总收入13.7亿元，较上年增长13.4%。其产品已达到20多个大类、3 000多个品种，较"十五"初期分别增加了35%、75%。旅游商品生产企业中，有旅游食品生产企业11家，占60%；旅游用品生产企业3家，占17%；旅游工艺品生产企业3家，占17%；旅游纪念品生产企业1家，占6%。诗仙太白集团、鱼泉榨菜公司、谭木匠工艺品公司、万光电源公司等已发展成为重庆市重点企业和知名企业。诗仙太白集团被国家旅游局命名为"全国工业旅游示范点"，标志着万州区旅游商品生产企业正在向广度和深度进军。

(2) 旅游商品设计研发创新。为了挖掘、推出一批具有三峡文化内涵和地方特色、包装精美、携带方便的旅游商品，万州区近年来共向上争取库区产业发展基金和市旅游结构调整资金近1 000万元，支持旅游商品生产企业进行深度开发创新，印制了万州旅游商品集粹礼品盒，将诗仙太白酒、谭木匠梳子、万光电池、天城牛肉干等旅游商品进行精美包装组合后，在部分酒店设立旅游商品展示专柜，宣传促销，在创新品牌、形成规模、形成系列上做文章。在重庆市第四届旅游商品新产品设计开发大奖赛中，谭木匠梳子(梳香渝韵)获最新产品一等奖，纯手工绣花鞋垫获二等奖，诗仙太白盛世唐朝酒获包装创意一等奖。

(3) 旅游商品基地建设初具规模。近年来，万州区先后规划建成了渝东步行街、见证三峡文化街、新三峡旅游超市、三峡库区旅游小商品市场。每条旅游商品购物街各具特色，功能配套，有的"前店后厂，产销融合"，有的集食、购、娱一体，旅游要素突出，成为万州区旅游商品研发、生产、营销基地，成为三峡黄金旅游线上的亮点。

(4) 旅游商品质量不断提高。近年来万州区努力打造绿色食品、农副土特产品、传统工艺品等旅游商品的品牌。其中，诗仙太白酒、鱼泉榨菜、谭木匠梳子均已通过国际质量管理体系和环境管理体系认证，鱼泉榨菜成为中国名牌产品，享誉海内外市场，深受消费者喜爱。

(资料来源：http://dpafer.sxcm.net/sxdsb/fage/1/2006-11-13/22/60391187771977593.pdf.)

【点评】商品生产促进了地方经济的发展，重庆市万州区推出的具有三峡文化内涵和地方特色的系列旅游商品极大地推动了当地经济的发展，通过规模发展、品牌战略等实施商品的创新开发和生产，扩大了影响，提高了知名度，走出了一条商品生产可持续发展之路。

本 章 小 结

本章主要论述了商品学产生和发展，可分为萌芽、创立和发展、深化发展三个阶段；介绍了商品和商品学的概念，包括商品具有价值和使用价值，是价值和使用价值的统一体，商品的价值属于政治经济学研究的范畴，商品的使用价值才是商品学研究的对象；论述了商品学研究对象和内容，阐明了商品学的任务。

关键术语

商品　商品学　商品使用价值

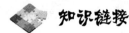

约翰·贝克曼教授与《商品学导论》

1772 年和 1774 年，德国自然历史学家和经济学家约翰·贝克曼(1739—1811)教授先后在德国哥廷根大学首次开设技术学和商品学课程。在教学和研究的基础上，他于 1777 年编著出版了《技术学导论》，并在 1800 年出版了《商品学导论》，创立了商品学的科学体系，使商品学成为一门独立学科，至今已有二百多年的历史。因此，约翰·贝克曼教授被誉为商品学的创始人，他所创立的商品学体系被称为"贝克曼商品学"或"叙述论的商品学"。为纪念贝克曼对商品学和技术学的贡献，1987 年德国成立了"国际贝克曼学会(JBG)"，并每年举行一届学术研讨会。

约翰·贝克曼的《商品学导论》分为两册，第一册主要介绍商品生产技术方法、工艺学等方面的知识；第二册主要叙述商品的产地、性能、用途、质量规格、分类、包装、鉴定、保管、主要市场等。约翰·贝克曼在《商品学导论》中还明确指出了商品学作为一门独立学科具有以下任务。

(1) 研究商品的系统分类。
(2) 商品的鉴定和检验。
(3) 说明商品的产地、性质、使用和保养及最重要的市场。
(4) 叙述商品的制造方法和生产工艺。
(5) 阐明商品的品种和质量及其价格。
(6) 介绍商品在经济活动中的作用和意义。

(资料来源：谈留芳. 商品学. 北京：科学出版社，2004: 9)

习 题

一、单项选择题

1. 国际上公认的商品学创始人是(   )。
   A. 威茨纳　　　　　　　　　　　B. 约翰·贝克曼
   C. 斯林克　　　　　　　　　　　D. 斯图尔特·蔡斯
2. 商品学是在(   )传入我国的。
   A. 16 世纪　　　B. 17 世纪　　　C. 18 世纪　　　D. 19 世纪
3. 商品学研究的是首要任务是阐述商品的(   )。
   A. 物理性　　　　　　　　　　　B. 有用性，适用性
   C. 化学性　　　　　　　　　　　D. 方便性
4. 商品学研究商品使用价值的核心是(   )。
   A. 商品种类　　B. 商品外观　　C. 商品用途　　D. 商品质量
5. 商品使用价值形成的客观物质基础是(   )。
   A. 无形附加物　B. 有形附加物　C. 商品体　　　D. 服务

二、多项选择题

1. 当今世界商品学界存在的学派包括(　　)。
   A．技术学派　　　B．经济学派　　　C．社会学派
   D．融合学派　　　E．文化学派
2. 对形成物的使用价值起到作用的是(　　)。
   A．人的需要　　　B．消费市场　　　C．有用性
   D．物的属性　　　E．主观意志
3. 下列属于一般性商品品种发展和变化规律的是(　　)。
   A．区域商品品种最佳构成的规律
   B．各类商品中品种最佳构成的规律
   C．商品品种最佳扩大的规律
   D．商品品种更新的规律
   E．商品品种结构与消费结构相符的规律

三、简答题

1. 简述商品的基本特征。
2. 简述商品学的研究对象。

四、分析论述题

举例说明什么是商品的使用价值，并分析其具体的效用。

五、实训题

查阅相关资料，写一篇商品学最新发展的小论文。

第2章 商品质量

【教学目标与要求】
- 全面理解质量、商品质量和商品质量观；
- 了解商品质量的基本要求；
- 掌握影响商品质量的因素。

导入案例

从给每只鸡蛋编号看德国人对商品质量的重视

德国人向来以严谨著称，安全意识非常强，在食品安全问题上更是一丝不苟。德国商店里，琳琅满目的食品包装都是中规中矩，没有半点马虎。即使小小的鸡蛋，为确保质量，也是每只都有编号。一只鸡蛋拿在手上，看蛋壳上的不同编码，就可以知道它产自哪个国家、地区甚至哪个饲养场。

在德国市场上，从来没有看到过散装鸡蛋。鸡蛋通常被装在硬纸盒里，多是6只或10只一盒，20只或30只一盒的也有。打开硬纸盒，映入眼帘的是每只鸡蛋上的红色编码，如"2-NL-4315402"。最前面的数字是0~3，代表产蛋母鸡的饲养方式，"0"是绿色鸡蛋，表明下这种蛋的母鸡生活在大自然环境中，没有固定的鸡舍，自由觅食，饲料里没有任何化学添加剂，除了生病平时不打预防针；"1"表明下蛋的母鸡是露天饲养场放养的，除了自由觅食外还添加人工饲料，要定期打预防针，有固定鸡舍；"2"表明蛋是由圈养母鸡生的，这种母鸡还算"幸运"，它们的生活环境起码比较宽松；"3"则表明产蛋的是笼养的母鸡，它们的生长环境最差，一层一层的鸡笼十分拥挤，鸡与鸡之间的相互争斗和相互啄咬是常事。

母鸡的饲养方式不同，其所产鸡蛋质量就有高下。在定价方面，虽然也会考虑鸡蛋的大小，但母鸡的饲养方式是影响价格的最主要因素。零号鸡蛋被认为最健康，价格也是最贵的，一般一盒6只装的就要1.70欧元左右；一号鸡蛋也比较贵，一盒10只装的标价1.20欧元左右；二号鸡蛋是市场上最大众化的，一盒10只装的标价约1欧元；三号鸡蛋价格最便宜，一盒10只装大约0.80欧元，市场上也比较少见，很多德国人不愿意购买，一般多是低收入家庭或留学生购买。

编码的第二部分代表鸡蛋的出产国。例如，"DE"代表德国，"NL"代表荷兰，"BE"代表比利时，"DK"代表丹麦，"FR"代表法国，"IT"代表意大利。最后的一长串阿拉伯数字则是产蛋母鸡所在的养鸡场、鸡舍或鸡笼的编号。有了上述编码，鸡蛋就像有了身份证。其营养价值或质量的高低从母鸡的饲养方式上体现出来，消费者可以根据自己的情况选择购买。有了这些编码，鸡蛋质量只要有问题，有关部门就会顺藤摸瓜，一直追查到生产商。这样保证了鸡蛋的质量，也促进了养鸡行业的标准化管理。

(资料来源：http://shenghuo.foods1.com/show_25682.htm)

【点评】德国人对商品质量和食品安全的重视程度和认真态度值得我们学习和借鉴，同时我们应认真反思对商品质量的重视程度及当前存在严重隐患的食品安全体系。

2.1 商品质量的概念和商品质量观

2.1.1 质量的概念

根据国家标准 GB/T 19000—2008《质量管理体系基础和术语》，质量是指："一组固有特性满足要求的程度。"从以上标准化定义可以看出，这里的质量并未明确界定质量的载体，反映出质量具有广泛的适应性和包容性，它不仅可以指"产品"的质量，也可以指"过程"的质量，还可以指"体系"的质量。"固有特性"是指事物本来就有的，大多是可测量的，而不是"赋予特性"。"要求"是指明示的、通常隐含的或必须履行的需求或期望。其中，明示的是指文件中阐明或顾客明确提出的要求；通常隐含的是指惯例或一般性做法；必须履行的是指法律、法规或强制性标准所要求的。任何组织在确定产品要求时，应兼顾顾客和相关各方的要求。

人们对质量的认识源于质量实践活动，并随着人类生产、科技、文化和其他社会活动的不断进步而逐渐深化，质量的概念是动态变化的，它的内涵也随着人类社会经济的发展而不断深化。对于质量的认识主要从质量的自然属性和社会属性两方面进行的，也就是说质量具有两重性。自然属性方面质量是指特定使用目的所要求的商品各种特性的总和，即商品的自然属性的综合；社会属性方面质量是指产品满足一定社会需要的能力或程度，即满足一定社会需要的各种属性的综合。

随着人类对环境问题的日益关注，质量概念也突破了原有的基本框架，不仅关注商品本身的各种特性，以及满足一定社会需要的各种属性，而且日益关注产品生产过程中对环境的影响，以及商品在使用过程中对环境的影响。例如，汽车的质量包括汽车在生产过程中的喷漆、板金等工艺对环境的影响，汽车使用中噪声、尾气排放等因素对环境的影响等，因此，汽车噪声、尾气排放指标及生产过程中各项清洁生产工艺指标都是汽车质量指标的重要内容。质量概念的这种发展，使质量进一步与社会经济的可持续发展联系在了一起。

2.1.2　商品质量的概念

商品质量亦称为商品品质，是指商品满足规定或潜在要求(或需求)的特征和特性的总和，亦可表述为是商品内在质量和外在质量的综合。商品质量取决于商品本身的成分、性质、结构等自然属性，以及商品本身适应社会需求的社会属性。

商品质量有狭义和广义之分，狭义的商品质量是评价商品使用价值优劣程度的各种自然属性的综合。通常限定在一个特定的范围或领域内，在一定条件下，满足一定的需要，强调某一方面的各种特性。例如，在生产领域，从生产的角度理解商品的质量，是对工序、工艺和产品性能的综合鉴别，是设计质量、工艺质量、工序质量和工作质量的综合，偏重于商品的自然属性和技术特性；在流通领域，往往以商品能否售出为标准，从统计质量管理的角度，以满足消费需求为量度，偏重于商品的社会属性；在消费领域，消费者对商品质量的理解通常是以购买时的商品性能和使用过程中的商品性能进行判断的，如商品的适用性、耐用性、安全性、环保性等特性。

广义的商品质量是指在一定的条件下评价商品使用价值优劣程度的各种自然属性和社会属性、商品的内在质量和外在质量、商品满足明确需要和隐含需要能力的特性和特征的总和。表明了商品质量不仅具有自然有用性，还具有社会适应性，这反映了商品学的全面商品质量观念，从商品的自然属性和社会属性的全面观点出发，从技术、经济、社会、文化等各个不同角度全面研究商品质量。

2.1.3　商品质量观

1. 传统商品质量观

在生产力发展水平不高、商品生产还不发达、商品供不应求的社会经济条件下，商品数量的需要占据主导地位，人们对商品质量的要求往往是结实耐用，商品的质量观主要还是强调内在质量。为了满足大量的社会需求，商品生产者追求的主要目标往往是产量，而忽视了商品质量。商品生产者在没有市场竞争的压力下，不重视外观质量，只需商品达到较低的技术标准就满足了。

2. 现代商品质量观

随着科学技术的进步和社会经济的发展，商品质量的内涵也随之不断变化，人们的商品质量观也发生了重大变化。市场竞争日益激烈，绝大多数商品逐步从卖方市场转变为买方市场，产品的同质化倾向也日益严重。这样，人们衡量商品质量的标准就不仅仅是商品使用价值大小的各种自然属性的综合，还将构成商品质量的社会属性和经济属性等作为衡量标准。人们不再满足于基本的物质需要，还要追求更高层次的精神需要，追求与人们根本利益一致的社会需要。

人们对商品质量的认识也更加全面，从单纯注重技术质量的观念扩展到从技术、经济、社会、文化等多方面综合考察商品质量；从仅仅重视商品内在质量、忽视商品外在质量的观念，提升到既考虑商品内在质量的经久耐用、安全可靠等特性，又注重商品的外观构型、视觉美感等外观质量特征；从静态的商品质量观转变为动态的、发展的商品质量观。

人们对商品质量内涵的认识和理解也更加全面和成熟。商品质量的内涵主要体现在以下三个方面。

(1) 商品质量是由商品使用价值导出的一个范畴，是商品使用价值的市场表现形式，是衡量商品使用价值大小的尺度。

(2) 商品质量具有二重性，即自然属性和社会属性的统一。在分析商品质量时，既要考虑自然、技术的因素，又要考虑社会经济因素，只有这两种属性的有机结合，才构成现代商品学意义上的商品质量。

(3) 商品质量具有动态性。随着技术进步和社会经济发展，人们对商品质量的认识是动态的、发展的、变化的、相对的，对商品质量的评价受时间、地域、使用条件、使用对象、用途和社会环境及市场竞争等因素的影响。

小思考

现代商品质量观与传统商品质量观有什么不同？

2.2 商品质量特性和指标

2.2.1 商品质量特性

商品质量特性是指能够满足人们某种需要所具备的属性。商品依据其不同的用途具备不同的质量特性。质量特性是商品特性的一部分，商品的综合质量是商品质量特性之和。商品质量要求是对商品质量需要的表述及对商品质量特性的定量或定性的规定。商品质量评价是对商品质量满足需要程度所做的系统的检查和判断。

2.2.2 商品质量指标

商品质量特性通常需要由各种数量指标来表示，这些数量指标被称为商品质量指标。商品质量指标是商品各项质量特性指标的综合。由于商品种类繁多，商品呈现出多样性和复杂性，衡量商品质量的指标也就很多，主要有适应性指标、工艺技术性指标、结构合理性指标、安全卫生性指标、可靠性指标、经济性指标、使用寿命指标、生态环境性指标、美观指标等。这些商品质量指标构成了对现代商品质量的基本要求。

测量或测定质量指标所得到的数据，称为质量特性值。可以连续测量得到的质量特征值称为计量值，如商品的尺寸、重量等。有时商品的质量特征值是离散的、不连续的，只能取整数值，这样的质量特征值称为计数值，如布匹的外观疵点等。

2.3 商品质量的基本要求

商品种类繁多，其用途和特性也各不相同，对不同商品，消费者有不同的质量要求，即使对同一类商品，不同的消费者对商品质量的要求也不相同。尽管如此，所有商品都具有一些共同的或相似的属性，也就具有了对商品质量的基本要求。当然这些商品质量的基本要求要符合商品可持续发展的战略方针，这也是现代商品发展的方向。商品质量的基本要求主要可概括为适用性、安全卫生性、环境要求、寿命、可靠性、经济性、美学要求、信息性等方面；对服务性商品的质量基本要求与传统的有形商品还是有所差别的。

2.3.1 对传统有形商品质量的基本要求

1. 适用性

适用性是指为实现预定使用目的或规定用途，商品所必须具备的各种性能或功能，是构成商品使用价值的基础。例如，服装的适用性要求遮体防寒、舒适美观等；食品的适用性要求具备营养功能，美味可口，提供热量、维持生命、调节代谢等。商品的多功能化扩大了商品的适用范围，使消费者使用商品更加方便，如可拍照的手机等，这已成为现代商品发展的趋势。

2. 安全卫生性

安全卫生性是指商品在生产、储存、流通和使用过程中保证人身安全与健康不受伤害，以及保证环境免遭危害的能力。商品的安全卫生性主要体现为商品本身所具有的保障使用者人身安全与健康的质量特征。例如，家电商品必须有良好的绝缘性和防护装置；食品必须符合卫生要求，不能含有对人体有害的物质，致病性微生物不得超过规定限度；化妆品中的铅、砷、汞及有害微生物含量不得超标。

3. 环境要求

环境要求是指商品在生产、流通、使用及废弃过程中不能产生公共危害。这种公共危害包括污染环境、破坏生态、影响人们身心健康等。现代商品发展要考虑人类社会和人类生存环境构成的潜在威胁，如空气污染、噪声、辐射、水污染、臭氧层破坏等社会问题，这些问题日益受到全社会的关注和重视。

4. 寿命

寿命可分为使用寿命和储存寿命。使用寿命是指工业品商品在规定的使用条件下，保证正常使用性能的工作时间。储存寿命是指商品在规定的条件下使用性能不失效的储存时间，如食品的保质期、医药商品和化妆品的有效期等。

5. 可靠性

可靠性是商品在规定的条件下和规定的时间内，完成规定功能的能力。商品的可靠性与商品的使用寿命、耐用性紧密联系在一起，与商品在使用过程中的稳定性和无故障性密切相关，通常商品在使用过程中稳定性越强，可靠性就越好。不同商品对其可靠性关注的重点有所不同，如手表、钟表关注的是走时精度的可靠性；瓷砖、木地板关注则是其耐磨性。

6. 经济性

经济性是指商品在寿命周期内的低成本、低费用的属性。经济性使商品的生产者、经营者、消费者都能用尽可能少的费用获得较高的商品质量，从而使企业获得最大的经济效益，消费者获得物美价廉的商品。对于消费者来说，经济性表现为商品的购置成本和使用成本之和。使用成本越来越受到消费者的重视，如当前越来越高的油价，使越来越多的消费者选择购买油耗低的小排量汽车；各种低电耗的家用电器受到了消费者的青睐。

7. 美学要求

美学要求是指商品的设计结构合理、制造工艺先进，以及外观造型美观，商品体现出功能美、艺术美、色彩美、形体美、和谐美、舒适美等要求。商品的美学要求已经成为提高商品市场竞争力的重要手段之一。

8. 信息性

信息性是指商品所具有的承载商品信息的功能。它是消费者准确认识、甄别选购、合理使用、适当进行使用后处理的信息依据。商品承载的主要信息包括品名、品牌、商标、厂址、生产日期、保质期或有效期、生产许可证、产品标准、商品条码，以及商品用途、规格、尺寸、成分、使用说明、维护方法等。

2.3.2 对服务性无形商品质量的基本要求

服务性无形商品主要指服务行业所提供的服务，如交通运输、邮电通信、金融保险、商业零售、餐饮、宾馆、文化娱乐、旅游、信息咨询、教育、医疗卫生等行业组织提供的服务。对服务性商品的质量要求主要可概括为功能性、时间性、文明性、安全性、舒适性和经济性等。

1. 功能性

功能性是指服务实现的效能和作用。例如，交通运输的功能是将旅客货物运送到目的地，通信服务的功能是传递有关信息。

2. 时间性

时间性是指服务能否及时、准时、省时地满足服务需求的能力，如火车、飞机能否准点到达；商场超市收银结账时间长短等。火车、飞机的晚点，超市收银结账时间过长都会引起消费者的不满，服务质量会大打折扣。

3. 文明性

文明性是指满足顾客精神需要的程度，它不仅包括对顾客要笑脸相迎，还包括对顾客的谦逊、尊重、信任、理解、体谅，以及与顾客的及时、有效的沟通。

4. 安全性

安全性是指服务提供方在对顾客提供服务的过程中，保证顾客人身不受伤害、财产不受损害的能力。安全性的提高或改善与服务设施、环境有关，也与服务过程中的组织、服务员的技能和态度有关。

5. 舒适性

舒适性是指服务对象在接受服务的过程中感受到的舒适程度。舒适性与服务设施是否适用、方便、舒服有关，也与服务环境是否清洁、美观、有秩序等有关。

6. 经济性

经济性是指为得到相应服务，顾客所需费用的合理程度。这与传统的有形商品质量的经济性是类似的。

2.4 影响商品质量的因素

商品在生产、流通和消费过程中的诸多因素都会影响商品质量。为了对商品实施有效的质量控制并得到预期的商品质量，就需要分析和掌握影响商品质量的主要因素。

2.4.1 生产过程中影响商品质量的因素

1. 市场调研与开发设计

市场调研是商品开发设计的基础。市场调研需要对消费者进行充分研究，分析影响消费者需求的因素，使新商品的开发设计具有前瞻性，同时需要收集竞争对手的商品信息(质量、品种、技术水平、价格、市场反应等)，通过市场预测来确定商品的设计。

在产品的开发设计中，要注重设计的科学性和合理性。商品如果在设计上有缺陷，那么产品质量是无法提高的。

小思考

我国商品开发设计能力的现状如何？

2. 原材料

原材料是指商品生产过程中所使用的原料、材料及辅助物的总称。它是影响商品质量的重要因素。生产商品所用不同的原材料，由于原材料的成分、结构、性质的差异，会导致在商品质量、性能等方面有很大差异。例如，用含硅量高的硅砂制造的玻璃透明度和色泽都很好，而用含铁量高的硅砂制造的玻璃透明度和色泽就较差；用木浆制造的纸张比用草浆制造的同类纸张的柔韧性好；以细嫩鲜叶制成的绿茶，有效成分高，色、味、形俱佳，而以粗叶制成的茶叶则逊色很多。在其他条件相同的情况下，原材料的优劣直接影响制成品的质量和等级。

3. 生产工艺和设备

生产工艺和设备是形成商品质量的重要因素。商品的内在性能和外观质量都是在生产过程中形成和固定下来的，生产工艺的合理性和设备的先进性是商品质量的重要保证。同样的原材料因生产工艺的不同所生产的商品质量也会大不相同。例如，猪皮毛孔较粗大，用其生产的革制品外观质量较差，改进生产工艺后，生产的猪革制品的外观质量大幅度提高；在棉布生产工艺的流程中增加精梳工序，可以大大改善布匹的外观和内在质量；采用浮法工艺生产平板玻璃，其平整度和光洁度是采用老式垂直引上法工艺无法比拟的。生产时所使用的设备不同，生产出的产品等级也会不同，如采用数控机床加工的机械零件的精度大大高于用普通机床所加工的机械零件。

4. 质量检验与包装

质量检验是保证商品质量的重要手段。对商品质量的形成和实现过程中的每道环节的检验都具有事前控制和事后反馈的意义。它可以控制不合格的原材料或零部件不上生产线；不合格的半成品不转入下一道工序；不合格的产品不进入流通和消费领域。

商品包装是影响商品质量的重要因素。商品包装是商品不可缺少的附加物，包装质量本身就是商品质量的重要组成部分。通过商品包装既能有效防止和减少外界因素对商品质量的不利影响，又能宣传和美化商品，方便商品的储存和运输，促进商品销售。

2.4.2 流通过程中影响商品质量的因素

除生产过程外，流通领域各个环节也存在影响商品质量的因素，如运输装卸、仓库储存、销售服务等环节。

1. 运输装卸

运输装卸是商品进入流通领域的重要环节，也是影响商品质量的因素。运输装卸对商品质量的影响与运输线路、运输时间、运输方式、运输的气候条件、运程远近、运输工具、装卸工具等因素有关。例如，商品在运输过程中会受到冲击、挤压、颠簸、震动等物理机械作用，也会受到温度、湿度、风吹、雨淋、日晒等气候因素影响，在装卸过程中还会发生碰撞、跌落、倒置、破碎、散失等问题，这些都会不同程度地导致商品损耗或降低商品效能，直接影响商品质量。

2. 仓库储存

仓库储存是指商品从生产领域进入消费领域之前在仓库的存放。仓库是存放待销商品的场所，商品在储存期间，仓库的结构、商品堆放的方位、商品存放时间的长短、仓库温湿度的控制、商品存放量的多少等都会对商品质量变化产生影响。

商品在仓库储存期间的质量变化，一方面与商品自身的物理、化学、生物学特性有关，这些是商品发生质量变化的内在因素；另一方面还与商品仓储的环境条件有关，如阳光、温度、湿度、氧气、水分、尘土、微生物、害虫等，这些是商品发生质量变化的外在因素。通过采取一系列商品养护的技术和措施，有效地控制商品仓储的环境因素，可以减少或减缓外界因素对仓储商品质量的不良影响。

3. 销售服务

销售服务过程中的进货验收、入库短期存放、商品陈列、提货搬运、安装调试、技术咨询、包装服务、送货服务、维修和退换服务等工作的质量，都是最终影响消费者所购商品质量的因素。良好的商品售前、售中、售后服务质量已成为商品质量的重要组成部分。

2.4.3 使用过程中影响商品质量的因素

商品在使用过程中，正确使用、精心保养、合理处理废旧都对商品质量产生影响。

1. 使用范围和条件

商品都有一定的使用范围和使用条件，使用过程中应遵从商品的使用范围和条件，才能更好地发挥商品的功能。例如，对家用电器的电源应区别交流、直流及所需的电压值，使用不当商品就不能正常运转，甚至会损坏。

2. 使用方法和维护保养

为了保证商品质量和延长商品使用寿命，消费者在使用过程中应了解商品的结构、性能特点，掌握正确的商品使用方法和保养方法。例如，新的手机电池在使用时，应在电池电量耗尽、完全充电后再使用，当手机锂电池过度充电、过度放电或充、放电电流过大时，会对电池的寿命和容量都有极大的损害，一般锂电池以充电3～4小时为宜。皮革服装穿用时要避免被尖锐物体划破，不接触酸碱性物质、油污、雨雪，在干燥处悬挂收藏。

3. 废弃处理

使用过的商品及其包装物作为废弃物被丢弃，有些废弃物是可以回收利用的，有些废弃物不能或不值得回收利用，甚至不易被自然因素或微生物分解，成为不易处理的垃圾，还有些废弃物直接对自然环境造成污染，甚至破坏自然生态平衡。例如，一些不易降解塑料包装物被称为白色污染。商品及其包装物的废弃物是否容易处理，以及是否对环境造成污染，已成为影响商品质量的又一重要因素。

 案例分析

过度包装：中国式浪费何时休

随着中秋佳节的临近，月饼成了市场上的抢手货。商家瞄准时机，纷纷推出各式各样的月饼礼盒。过度包装这个长期存在于食品、化妆品等领域的"老大难"问题再一次引起社会的关注。

在北京几大超市进行的调查发现，今年的月饼虽价格普遍上涨，而包装却较往年朴素许多，主要以纸质为主，包装盒体积也相对缩水。相较往年，今年奢华包装的月饼已不多见。

然而，在茶叶、酒、保健品专柜，却是另一番景象。包装精美的铁观音、大红袍等茶叶，内含茶叶不足500克，而包装却是木盒、皮盒、塑料盒、纸盒层层相套，售价高达数千元。

在一家茶叶店，售货员拿起一盒皮纸包装标价为2 980元的铁观音告诉顾客，这款茶叶销量好，包装精美、送礼体面是主要原因之一。

酒类专柜中，造型新颖奇特的酒瓶让人眼花缭乱。其中，一款玻璃龙形酒瓶在垫有金黄色缎带的外包装盒中分外抢眼。

类似这样的包装在市场上屡见不鲜。在网上搜索就可以发现，出售包装盒的数量多达数万件，材质包括塑料、藤编、木质、皮质等，从常见的茶叶盒、糕点盒，到独家定制版奢侈品包装礼盒，价格几元到上千元不等。

"超出正常的包装功能需求，其包装空隙率、层数等超过必要程度的就是过度包装。一些商品包装物难以回收利用，既浪费了资源，加重消费者负担，又污染环境。"国际食品包装协会常务副会长兼秘书长

董金狮透露，包装盒越豪华，往往材料越难回收。"一盒价值数百元的月饼盒，回收价甚至不足1元，且材质多为不环保材质，无法再利用。"

据统计，城市生活垃圾里面有1/3都是包装性垃圾，而这些包装性垃圾中一半以上属于豪华包装。中国已经成为世界上豪华包装情况最严重的国家之一，包装废弃物体积占固体废弃物总体积的一半，每年废弃价值达4 000亿元。

(资料来源：http://zqb.cyol.com/html/2011-08/29/nw.D110000zgqnb_20110829_1-06.htm.)

【点评】 在发展商品经济的同时，要关注资源的合理利用，以及废弃物的再生利用问题，这需要商品生产者、经营者和消费者树立商品生产的可持续发展观念，在发展商品经济的同时，关注资源问题、关注环境问题。

案例分析

质量真是企业的生命？

质量是企业的生命，这是非常简单的道理，大家都知道，但是在现实社会中这样简单的道理执行起来却不那么容易，下面我们看看一家大型家电企业的兴衰。

该企业1994年年底进入彩电市场，当时长虹、康佳、TCL等几家大的知名品牌已占据了较大的市场份额，但彩电的价格较高，利润空间也很大，该企业就采用低价的策略切入彩电市场。在我国，国民的整体收入并不高，因此低价始终是一种非常有利的武器，该企业就携着这一利器"攻城略地"，尤其是在长虹的大本营四川省取得了较好的销售业绩。长虹在1996年也扯起了降价大旗，实际上与该企业的低价策略有关。该企业只用了两年多的时间就将销量打进国内彩电品牌前10名的行列，取得了非常不错的业绩，但随后问题就慢慢暴露出来了：消费者购买该企业的彩电如出现质量问题就更换，更换的坏机被整车整车退回来，但质量问题却一直没有解决，时间一长该品牌的彩电在消费者心目中形成了"价格是低，但质量不好"的口碑，这样的口碑一传开，加上其他知名品牌也降低了价格，使得该企业彩电的销售额急剧下降，虽然几经波折，但最后还是难逃厄运。

该企业的失利虽然由多种因素综合而成，但其中一个重要的因素就是产品质量存在问题。试想，如果该企业的领导视产品质量为企业的生命，会在一个较长的时间内都解决不了质量问题吗？所以产品质量的好坏首先取决于企业领导的意志。如果企业的领导视质量为企业的生命，这种意志就会传递给他的下属，很自然员工就会齐心协力去建立一套有效的质量管理体系，对从原材料采购到生产过程，甚至到产品出货等各个环节都进行有效的控制，以确保产品质量。

某药业有限公司的一个案例就反映出该企业的领导视质量为企业的生命。在一次生产片剂产品的包装过程中，一名员工发现包装台上有一片片剂产品与正在包装的药品不同，虽然他们的包装线是自动的，包装操作台只是放包装好的产品，但员工还是把这一情况马上反映给主管，主管非常重视，因为如果出现药品混装是非常重大的质量事故。主管马上要求停止包装，将本批已包装的产品进行全检，并将上一批中后一部分的产品进行全检，虽然没有发现任何问题，估计是在产品装瓶时有一片片剂被弹了出来，并不影响已包装的产品，但公司还是非常重视，不但重奖了该员工，还制定管理程序，要求转产产品时，将生产现场全面清理一遍，将与该产品无关的东西全部清理后才能生产，以确保上述情况不会重现。事后谈起这件事，公司领导说如果没有建立有效的质量管理体系，没有对员工进行有效的培训，将质量意识灌输到他们的意识当中，遇到上述问题他们可能就不会反映。正因为如此，他们将对员工和干部的培训视为长期的工作，定期进行培训，不但收到了良好的效果，还对各项工作的开展都带来了有益的帮助。

一些企业经营者认为ISO 9001质量管理体系并没有起到多大的作用，那是因为他们的企业并没有按照 ISO 9001 质量管理体系的要求去做。作为企业的高层领导,如果不转变意识,不建立有效的质量管理体系,不对员工进行有效的培训,企业会逐步走向衰败甚至灭亡。

(资料来源:http://e.jmnews.com/m/2005/01/10/08/m_49272.shtml.)

【点评】质量是企业的生命,这是无须质疑的真理,不同的质量观会导致企业不同的发展结果,质量不仅影响企业的兴衰存亡,更关系到企业应尽的社会责任,对企业生产的产品负责,就意味着对消费者负责,对消费者的安全负责,对消费者的健康负责,对环境生态负责,这是值得每个企业思索和探讨的问题。

本章小结

本章主要论述了商品质量的概念和商品质量观。商品质量特性是指能够满足人们某种需要所具备的属性。商品质量指标是商品各项质量特性指标的综合。商品质量的基本要求主要可概括为适用性、安全卫生性、环境要求、寿命、可靠性、经济性、美学要求、信息性等方面。对服务性商品的质量基本要求与传统的有形商品还是有所差别的。商品在生产、流通和消费过程中的诸多因素都会影响商品质量。

关键术语

商品质量　商品质量观　商品质量特性　商品质量指标

知识链接

龙井茶的品质特点

浙江龙井外形扁平光滑,苗锋尖削,芽长于叶,色泽嫩绿,体表无茸毛;汤色嫩绿(黄)明亮;清香或嫩栗香,但有部分茶带高火香;滋味清爽或浓醇;叶底嫩绿,尚完整。

各级龙井茶随着级别的下降,外形色泽由嫩绿至青绿至墨绿,茶身由小到大,茶条由光滑至粗糙;香味由嫩爽转向浓粗;叶底由嫩芽转向对夹叶,色泽由嫩黄至青绿至黄褐。夏秋龙井茶,色泽暗绿或深绿,茶形较大,体表无茸毛,汤色黄亮,有清香但较粗糙,滋味浓且略涩,叶底黄亮,总体品质比同级春茶差得多。

现在市场上有全用多功能机炒制的龙井茶,也有用机器和手工辅助相结合炒制的机制龙井茶。机制龙井茶外形大多呈棍棒状的扁形,欠完整,色泽暗绿,在同等条件下总体品质比手工炒制的差。

龙井茶的审评内容与其他名优绿茶类同,主要是评外形、汤色、香气、滋味、叶底,以及龙井茶产地的区分等。

(1) 外形审评。取具有代表性的茶叶100克左右,放在茶样盘内评外形,主要评定形态、色泽、茸毛等项因素。通过外形评定,可以判定其属于西湖龙井还是浙江龙井。因这两种茶外形十分接近,甚至其他茶区用龙井种鲜叶(如龙井43、龙井长叶)炒制的部分扁形茶,其外形与西湖龙井也难分伯仲,这就给判别龙井茶的产地带来很大的难度,这也是目前市售龙井茶中标志混乱的原因。但有经验的审评者,根据龙井茶外形的基本特征,对大多数茶叶的产地是能够加以区分的。

(2) 茶汤色泽的审评。高档茶的汤色显嫩绿、嫩黄的占大多数,中低档茶和失风受潮茶汤色偏黄褐。从汤色不易判别龙井茶的产地,也不必硬加区分。

(3) 香气和滋味的审评。产于西湖区梅家坞、狮峰一带的早春茶叶,如制茶工艺正常,不带老火和生青气味的特级西湖龙井和产于浙江省的特级浙江龙井在香气和滋味上有一定的差别。西湖龙井嫩香中带清香,滋味较清鲜柔和;浙江龙井色泽带嫩果香,滋味较醇厚。使用"多功能机"炒制的西湖龙井和浙江龙井,由于改变了传统龙井的制作工艺,两者的香气无明显的区别。其他龙井茶大多呈嫩炒青茶的风味。但即使是西湖龙井,一旦炒成老火茶,出现炒黄豆香后,则不易从香气上分清其产地。在江南茶区,室温条件下储存的龙井茶,过梅雨季后,汤色变黄,香气趋钝。

(4) 叶底的评定。叶底审评主要是评色泽、嫩度、完整程度。有时把杯中的茶渣倒入长方形的搪瓷盘中,再加入冷水,看叶底的嫩匀程度,可作为定级的参考。

(5) 龙井茶的级别评定。龙井茶的级别应对照标准茶样而定,若外形与标准样有差别(如有机茶),只能按嫩度或与标准样相当的级别确定。目前大部分散装龙井茶制后就上市,部分不标级别,只有价格。若是小包装龙井,则必须标明产品名称和级别,这些茶应对照标准样评定。龙井茶的级别与色泽有一定的关系,高档春茶,色泽嫩绿的优,嫩黄色为中,暗褐色为下。夏秋季制的龙井茶,色泽青暗或灰褐,品质较低。机制龙井茶的色泽较暗绿。

龙井茶历史悠久,最早可追溯到我国唐代,当时著名的茶圣陆羽所撰写的世界上第一部茶叶专著《茶经》中就有杭州天竺寺、灵隐寺产茶的记载。龙井茶之名始于宋,闻于元,扬于明,盛于清。在这一千多年的历史演变过程中,龙井茶从无名到有名,从老百姓饭后的家常饮品到帝王将相的贡品,从汉民族的名茶到走向世界的名品,开始了它的辉煌时期。

早在北宋时期,龙井茶区已初步形成规模,当时灵隐下天竺香林洞的"香林茶"、上天竺白云峰产的"白云茶"和葛岭宝云山产的"宝云茶"已列为贡品。北宋高僧辩才法师归隐故地也是当年与苏东坡等文豪在龙井狮峰山脚下寿圣寺品茗吟诗之处,苏东坡有"白云峰下两旗新,腻绿长鲜谷雨春"之句赞美龙井茶,并手书"老龙井"等匾额,至今尚存寿圣寺胡公庙、十八棵御茶园中狮峰山脚的悬岩上。到了南宋,杭州成了国都,茶叶生产也有了进一步的发展。元代,龙井附近所产之茶开始露面,有爱茶之人虞伯生始作《游龙井》饮茶诗,诗中曰:"徘徊龙井上,云气起晴画。澄公爱客至,取水挹幽窦。坐我詹卜中,余香不闻嗅。但见瓢中清,翠影落碧岫。烹煎黄金芽,不取谷雨后,同来二三子,三咽不忍漱。"可见当时僧人居士看中龙井一带风光幽静,又有好泉好茶,故结伴前来饮茶赏景。

到了明代,龙井茶开始崭露头角,名声逐渐远播,开始走出寺院,为平常百姓所饮用。明嘉靖年间的《浙江匾志》记载:"杭郡诸茶,总不及龙井之产,而雨前细芽,取其一旗一枪,尤为珍品,所产不多,宜其矜贵也。"明万历年的《杭州府志》有"老龙井,其地产茶,为两山绝品"之说。万历年《钱塘县志》记载:"茶出龙井者,作豆花香,色清味甘,与他山异。"此时的龙井茶已被列为中国之名茶。明代黄一正收录的《名茶录》及江南才子徐文长辑录的《全国名茶》中,都有龙井茶。

如果说在明代龙井茶还介于诸名茶之间的话,到了清代,龙井茶则立于众名茶的前茅了。清代学者郝壹恣行考"茶之名者,有浙之龙井,江南之芥片,闽之武夷云"。乾隆皇帝六次下江南,四次来到龙井茶区观看茶叶采制,品茶赋诗。胡公庙前的十八棵茶树还被封为"御茶"。从此,龙井茶驰名中外,问茶者络绎不绝。近人徐珂称:"各省所产之绿茶,鲜有作深碧色者,唯吾杭之龙井,色深碧。茶之他处皆蜷曲而圆,唯之龙井扁且直。"民国期间,著名的龙井茶成为中国名茶之首。

1949年中华人民共和国成立后,国家积极扶持龙井茶的发展。茶区人民在政府的关怀下,改旧式柴锅为电锅,选育新的龙井茶优良品种,推广先进栽培采制技术,建立龙井茶分级质量标准,使龙井茶生产走上了科学规范的发展道路。

从龙井的历史演变看,龙井茶之所以能成名并发扬光大,一则是龙井茶品质好,二则离不开龙井茶本身的历史文化渊源。所以龙井茶不仅仅是茶的价值,也是一种文化艺术的价值,里面蕴藏着较深的文化内涵和历史渊源。

龙井茶的冲泡方法:泡茶时先将85~90℃的热水冲入洗净的茶杯里,然后投入茶叶,稍许,便可观赏到茶叶在水中缓慢舒展、游动的姿态。

(资料来源: http://www.bokee.net/company/weblog_viewentry/1346015.html。)

习 题

一、单项选择题

1. 商品质量指标的高低，是由通过测量获得的数值反映的，这个数值称为(　　)。
   A．商品质量特性值　　　　　　　　B．计量特性值
   C．数量特性值　　　　　　　　　　D．商品质量计数值
2. 鉴别粮食质量最直观的是(　　)。
   A．色泽　　　　B．新鲜度　　　　C．品种　　　　D．保存期
3. 商品的包装属于影响商品质量因素的角度是(　　)。
   A．人的因素　　B．生产因素　　　C．流通因素　　D．消费因素
4. 电子电器商品最重要的共同质量要求是(　　)。
   A．适用性　　　B．安全性　　　　C．经济性　　　D．信息性

二、多项选择题

1. 商品质量的性质是(　　)。
   A．针对性　　　B．相对性　　　　C．稳定性　　　D．可变性
2. 商品主要质量指标有(　　)。
   A．适应性指标　　　　　　　　　　B．安全卫生性指标
   C．工艺技术性指标　　　　　　　　D．经济性指标
   E．生态环境性指标
3. 服务商品的质量要求为(　　)。
   A．功能性　　　B．时间性　　　　C．文明性
   D．安全性　　　E．舒适性

三、简答题

1. 简述商品质量的基本质量要求。
2. 什么是商品质量？

四、分析论述题

试分析决定和影响商品质量的因素有哪些。

五、实训题

通过外观比较两种茶叶的质量。

第 3 章 商品质量管理

【教学目标与要求】
- 全面了解商品质量管理的概念及其发展;
- 了解全面质量管理;
- 熟悉质量管理的基本方法;
- 了解质量认证制度。

福建雪津：创新推进产品结构升级

福建雪津啤酒有限公司(以下简称雪津)已经由一个年产不足3万吨的小厂，发展壮大成年产超过83万吨的全国啤酒八强企业，中国名牌、中国驰名商标、绿色食品、国家环境友好企业……一块块国家级金牌，记载着雪津的辉煌。2002年11月，雪津兼并福建日月星啤酒有限公司，实现从"产地销"向"销地产"的战略转变；2004年12月，雪津啤酒(南昌)有限公司项目正式启动，标志着雪津健步跨出福建、昂然挺进华东、挥师全国市场迈出了战略性步伐；2005年8月，雪津在福建省产权交易中心挂牌，面向全球选择战略合作伙伴，标志着雪津"跨出华东、走向全国"的大发展战略正式实施；2006年1月，比利时英博啤酒集团以人民币58.86亿元的高价收购雪津集团100%股权，标志着雪津正式开始朝国际化迈步向前。

韩剧《大长今》有一句台词：最好的膳食是用心去做的。雪津啤酒也是真情酿造的味道。"雪津啤酒，真诚的味道。"在雪津人看来，企业对社会的最大贡献是为广大消费者提供一流品质的产品。从1996年建厂至今，雪津人先后开发了雪津精品、雪津特爽、雪津冰啤、雪津纯生等30多种具有突出产品概念的新品，不断推动着啤酒产品的结构升级，丰富了消费者对啤酒口味的多元化需求。

对众多青睐雪津的消费者来说，每一种雪津啤酒产品，都可谓是一种高质量的享受。而对雪津自身来说，每一种新产品的推出都意味着创新和突破。正如雪津高层人士所言，因为坚持创新策略，坚持走差异化道路，雪津才赢得了市场，不断谱写出新的篇章。

谈起产品创新，中间还有段小插曲。1998年，闽啤市场掀起一场前所未有的价格大战，在这场大战中雪津付出了惨痛代价，跌入历史的低谷。1999年下半年起，雪津决定跳出价格战的泥潭，实施品牌升级战略，着力开发高品质的新产品：1999年，雪津金装冰啤问世，填补了中国冰啤空白，在啤酒市场上刮起了一股冰啤旋风；2000年，福建生产的纯生啤酒首次在雪津诞生，很快赢得各地消费者的青睐；2001年，雪津啤酒系列产品获得国家绿色食品A级认证，成为福建省啤酒行业首家获此认证的企业，扬起了闽啤市场的绿色风帆；2003年，在其他厂家争上纯生啤的时候，雪津天地纯生冰啤隆重上市，这种融合冰啤和纯生两大高科技工艺新品的推出，让消费者进一步领略到雪津不断创新的魅力。

在产品结构不断升级换代的同时，雪津人深知，要确保产品质量，还必须有一套严格规范的质量管理体系。为此，公司先后实施了一系列创新管理举措，包括：与中国科学院、中国食品发酵工业研究院等科研院校技术合作，优化啤酒生产工艺；引入高效的5S管理模式，营造一个清洁有序的工作环境；与华中科技大学合作，进行物资编码工程设计、物流管理系列制度建立和培训等，提升仓储管理效能，提高物资采购质量和啤酒的新鲜度……这一系列动作使雪津在研发、质量、现场、物流、环保、人力资源、品牌等管理走上更规范的发展之路。

经过多年的探索积累，目前，雪津已确立了一套完整、科学、严谨的质量管理体系，在业内形成强大的品质管理优势。公司先后通过了ISO 10012测量管理体系、"C"标志定量包装商品生产企业计量保证体系，以及居全国前列、福建首家的ISO 9001、HAC-CP、OHSMS、ISO 14001四个管理体系整合型认证，使雪津的产品质量管理全面与国际接轨。这为雪津跨出福建、迈向全国、走向世界奠定了坚实的基础。

众所周知，"雪津口感"是雪津的一大亮点。但有谁能知道，雪津的口感是经过"千品万尝"形成的。雪津自1999年8月起，大胆创新，组建一支专职评酒队伍，狠抓啤酒的感官品评，并对影响啤酒口感的关键因素重点攻关。近年来，雪津进一步完善口感品评制度，着力培养高水准的评酒师团队，涌现出4名国家级评酒员和6名省级评酒员，有效保证了雪津啤酒口感的一致性和领先地位，产品被业内人士誉为"雪津口感"。进而，雪津按国际环境管理体系(ISO 14000)要求进行生产管理，将绿色环保概念渗透到企业生产、管理、销售的每一个细节，获得了食品卫生安全控制体系(HACCP)认证，赢得了出口产品卫生注册证书，为绿色食品加上了"双保险"。

雪津2006年已有1460名员工，其中有工程技术人员200多人，包括7名高级工程师和4名国家级啤酒品酒委员；30岁以下的青年工人则占了员工总数的70%以上，大学本科生有200多名，还有400多名大专和中专毕业生。高学历低龄化的人才资源，为雪津的技术创新提供了强大动能。

化雪成津醉九州，乘风破浪酿辉煌。全力支持和精心打造，不但铸就了雪津超一流的产品品质，也保证了其引领时尚经典的高品位。人们有理由相信，依托"创新"这一市场制胜法宝和一流的品质管理优势，雪津的品质将进一步得到有效提升，雪津更漂亮的市场胜仗还将不断上演，雪津挺进华东、挥师全国、走向世界战略性市场的宏伟蓝图正在逐步成为现实。

（资料来源：http://paper.people.com.cn/scb/html/2006-11/01/content_11574502.htm.）

【点评】完整、科学、严谨的质量管理体系是企业制胜的法宝，雪津正是依靠这一法宝在激烈的市场竞争中脱颖而出，同时在产品创新上很下工夫，产品创新推进了企业产品结构升级和产品的更新换代，满足了市场的需要，也使企业在市场上占有了一席之地。

3.1 质量管理及其发展

3.1.1 质量管理的概念

质量管理是企业及社会各项管理中的一项重要管理内容，质量管理的职能是制定质量方针、制定质量管理的具体实施办法、组织人员共同参与质量管理活动、贯彻实施质量方针。根据ISO 9000：2000的定义，质量管理是指导和控制组织的与质量有关的相互协调的活动。质量管理通常包括制定质量方针、质量体系、质量控制、质量保证、质量改进等一系列活动。

1. 质量方针

质量方针又称为质量政策，是由组织的最高管理者正式发布的该组织的总的质量宗旨和质量目标。质量方针体现了组织对质量总的方向和目标，对企业而言，质量方针是企业质量行为的指导准则，反映企业最高管理者的质量意识，也反映出企业质量经营的目的与文化。也可以说是企业的质量管理理念。

2. 质量体系

质量体系是为实施质量管理所需的组织结构、职责、程序和资源等构成的有机整体。企业为实现质量目标，需要进行质量管理相应的体系构建，设置质量管理组织机构、明确质量管理岗位职责、拟定质量管理活动程序、配备必要的设备和合适的人员，使各种要素之间协调配合，保证质量方针的实现。

3. 质量控制

质量控制是为保持某一产品、过程或服务满足规定的质量要求所采取的作业技术和活动。也就是对商品质量形成过程中影响商品质量的因素采取一定的措施予以控制。

4. 质量保证

质量保证是为了提供足够的信任，表明实体能够满足质量要求，在质量体系中实施并根据需要进行实证的全部计划和有系统的活动。质量保证的目的是要争取人们的信任，其活动包括质量管理的全部阶段、全部因素、所有部门、全部人员和全部过程。根据不同的需要，可由第一方(组织自身)、第二方(客户)或第三方(评审机构)进行审核和验证，便于向人们提供信任。

5. 质量改进

质量改进是为向本组织及其顾客提供更多的收益，在整个组织内所采取的旨在提高活动和过程的效益和效率的各种措施。质量改进的目的是为了进一步提高本组织的收益，向顾客提供更多的收益，提高质量活动和过程的效益和效率。质量改进是通过改进过程来实现的，采取预防和纠错是实现质量改进的重要方法。

3.1.2 质量管理的发展阶段

质量管理成为一门科学，是科学技术、生产力长期发展的结果。质量管理科学的发展大体经历了质量检验管理阶段、统计质量管理阶段和全面质量管理阶段。

1. 质量检验管理阶段

该阶段从 20 世纪初期到 40 年代，是质量管理发展的初期阶段。质量管理还仅限于生产制造过程，仅限于产品质量检验，即依靠质量检验部门人员进行质量检验，杜绝不合格商品流入市场。这种质量检验管理是事后管理，不能在生产过程中及时预防次品和废品的产生，不能对生产进行预防控制，管理职能是比较弱的。

2. 统计质量管理阶段

该阶段从 20 世纪 40 年代到 50 年代，统计质量管理是运用数理统计和抽样检验方法，通过生产过程取得的大量数据进行统计分析处理，从中找出规律、发现问题，以保证产品质量，预防次品和废品的产生。这种统计质量管理是预防型管理，能够在设计和生产过程中发现并解决问题，将质量管理向前推进了一大步，但由于过分强调质量管理的统计方法，仅依靠少数技术部门、检验部门和部分管理部门，忽视了整个组织管理和员工的能动作用，在一定程度上限制了这种方法的普及和推广。

3. 全面质量管理阶段

该阶段从 20 世纪 60 年代一直延续至今。全面质量管理是质量管理科学发展的新阶段，该阶段将经营管理、技术管理、行政管理、人力资源管理、数理统计方法及企业文化紧密结合起来，从产品设计、原辅材料采购、生产和装配，到商品包装、运输、储存、销售、售后服务、商品用后废品处理为止，建立完整的质量管理工作体系，确保产品质量，满足消费者需求，使企业质量管理工作制度化、标准化和科学化，是一种全面的、全过程的、全员参与的质量管理。

3.2 全面质量管理

3.2.1 全面质量管理的概念

全面质量管理(Total Quality Management, TQM)是指一个组织以质量为中心,以全员参与为基础,目的在于通过让顾客满意和本组织所有成员及社会受益而达到长期成功的管理途径。全面质量管理不同于一般的质量管理,质量管理只体现了与质量相关的管理职能和管理活动,而全面质量管理适用于组织的所有管理活动和所有相关方,是质量管理的更高境界。

全面质量管理是 20 世纪 60 年代初由美国的著名质量管理专家爱德华·费根鲍姆最先提出的,在日本得到了广泛应用。全面质量管理是在传统的质量管理基础上,随着科学技术的发展和经营管理上的需要发展起来的现代化质量管理,现已成为一门系统性很强的科学。在我国,党的十五届四中全会提出,要"搞好全员全过程的质量管理",即是全面质量管理。自 1978 年以来,我国开始引进和推行全面质量管理,当时称为 TQC(Total Quality Control)。从多年的深入、持久、健康地推行全面质量管理的效果来看,它有利于提高企业的素质,有利于提高企业的质量意识,增强企业的市场竞争力。

全面质量管理从传统的质量管理符合性标准上升到以顾客满意为标准的质量观,将实施全面质量管理作为一项长期动态的战略工程。全面质量管理从过去的事后检验为主转变为预防改进为主;从管结果变为管因素,将影响质量的诸因素找出来,使产品形成全过程稳定受控;从局部管理变为系统管理,由仅管理制造控制,变为建立健全企业质量体系,实施全面的控制和管理。具体表现在以下几个方面。

(1) 全面质量管理是一种管理途径,不是一种简单的管理方法或管理模式和框架。

(2) 全面质量管理强调质量管理的中心地位,其他管理职能不能取代,一个组织必须围绕质量为中心开展活动。

(3) 全面质量管理强调组织部门最高管理者的支持、领导和参与,同时要求所有部门和所有人员参与到质量管理活动中去。

(4) 全面质量管理强调全员的教育与培训。

(5) 全面质量管理强调让顾客满意,包括组织内部的员工和所有相关方都受益。

(6) 全面质量管理强调谋求长期的、可持续的经济效益和社会效益。

3.2.2 全面质量管理的产生与发展

1961 年,费根鲍姆出版了《全面质量管理》,首先提出了全面质量管理的思想,这一思想在美国和世界范围得到了普遍的认同和接受,质量管理的历史从此翻开了新的篇章,进入了全面质量管理阶段。

20 世纪 50 年代,科学技术迅猛发展,出现了许多大型产品和复杂的系统工程,质量要求大大提升,对安全性、可靠性的要求更是越来越高,整个工程质量与试验研究、产品设计、试验鉴定、生产准备、辅助过程、使用过程等各个环节都有密切的关系,要求以系统的观点,全面控制产品质量形成的各个环节和阶段,单纯靠统计质量控制已无法满足要求。

与此同时,行为科学在质量管理中得到了应用,就是更重视人的作用,认为人受心理因素、生理因素和社会环境因素等多方面影响，因而必须从社会学、心理学的角度研究社会环境与人的相互关系，研究个人利益对提高工作效率和产品质量的影响，充分发挥人的能动作用，调动人的积极性。

此外，消费者权益保护意识开始觉醒，保护消费者权益运动的产生和发展，迫使政府制定相关法律，禁止企业生产和销售质量低劣的商品，要求企业对提供的商品质量承担法律责任和经济责任。商品制造商提供的商品不仅要求性能要符合质量标准，而且要求保证商品在售后的正常使用过程中，使用效果良好、安全、可靠、经济。在质量管理中提出了质量保证和质量责任问题，要求企业建立全过程质量保证系统，对商品质量实施全面管理。

费根鲍姆提出的全面质量管理思想顺应了质量管理的发展要求，全面质量管理思想很快在美国和其他各国得到了应用。费根鲍姆指出全面质量管理是为了能够在最经济的水平上，充分考虑满足用户要求的条件下进行市场研究、设计、生产和服务，把企业各部门的相关质量活动构成一种有效的体系。全面质量管理在美国获得令人瞩目的成功，各国纷纷效仿，并结合自己的国情进行了改造。

在日本，以石川馨为代表的一批质量管理专家引进了美国的全面质量管理经验，结合日本的特点进行了研究和实践，进一步发展了全面质量管理的思想，认为要提高产品质量首先要提高全公司的工作质量，应该把主要力量放在质量形成过程的初期，并且建立防止可能出现不合格产品的预防措施上。全面质量管理在日本得到了普及，丰富了全面质量管理的实践经验，并形成了一整套全面质量管理的理论和具有日本特色的全面质量管理体系。

我国于1978年开始推行全面质量管理，机械和纺织行业率先试点，其后，电子、化工、建筑等行业也相继推行全面质量管理。1980年，原国家经济委员会发布了《工业企业全面质量管理暂行办法》，明确规定了全面质量管理是提高质量、实现企业现代化的必由之路。实践证明，全面质量管理的推行，极大提高了企业管理水平，调动了广大职工参与企业管理的积极性，提高了工作质量和产品质量，取得了比较显著的经济效益。通过推行全面质量管理，我国逐步形成了具有中国特色的、以全面质量管理为核心的质量管理科学体系。

20世纪60年代以来，全面质量管理理论已被世界各国广泛接受，并得到了不断完善和提高，理论体系日益丰富和成熟，逐渐成为一门单独的学科。全面质量管理是一种全面、全过程和全员参与的质量管理途径，强调人的一切积极因素，根据系统论的观点把管理对象看成一个有机整体，分析系统各要素相互联系、相互作用的相关性，采取相应对策，使商品的设计、开发、生产、流通和消费全过程均处于监控状态，从而保证商品质量符合消费者或用户的需要。

3.2.3 全面质量管理的特点

1. 全面质量的管理

全面质量包括产品质量、过程质量和工作质量。全面质量管理的工作对象是全面质量，而不仅仅局限于产品质量，还注重过程质量和工作质量，不仅要保证产品质量，还要做到成本低廉、供货及时、服务周到。全面质量管理追求商品价值和使用价值的统一及质量和效益的统一，用最经济的手段生产用户满意的产品。

2. 全过程的管理

全过程的管理就是把质量管理活动贯穿于产品质量产生、形成和实现的全过程，对商品开发、设计、生产、流通、使用、售后服务及用后处置的全过程进行全面管理,建立所有环节在内的质量管理保证体系,做到防检结合,以防为主,将不合格商品消灭在质量形成过程中,防患于未然。

3. 全员参与的管理

全员参与就是企业全体人员都要参与到质量管理活动中。现代化大生产中,产品质量的形成几乎与每一个员工都有直接或间接的关系,企业所有部门、全体员工各尽其责,共同努力,才能生产出用户和市场满意的产品。

小思考

如何理解全面质量管理必须得到最高管理者的支持?

3.3 质量管理的基本方法

3.3.1 PDCA 循环

PDCA 循环又称戴明循环,是美国质量管理专家威廉·爱德华兹·戴明博士提出的。PDCA 循环的含义是将质量管理分为四个阶段,即计划(Plan)、执行(Do)、检查(Check)、处理(Action)阶段。PDCA 循环可分为四个阶段、八个步骤,如图 3.1 和图 3.2 所示。

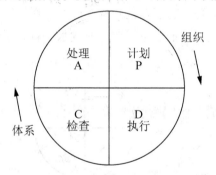

图 3.1　PDCA 循环四个阶段示意

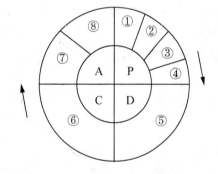

图 3.2　PDCA 循环八个步骤示意

1. 计划阶段

计划阶段(P)的主要任务是制订计划,根据存在的质量问题或用户对产品的质量要求,找出问题存在的原因和影响产品质量的主要因素,以此为依据确定质量方针、质量目标,制订具体的实施计划。计划阶段可分为以下四个步骤。

(1) 分析现状,找出存在的质量问题(①)。
(2) 找出影响质量的诸多因素(②)。
(3) 找出影响质量的关键因素(③)。
(4) 制订实施计划(④)。

2. 执行阶段

执行阶段(D)的主要任务是执行计划,即按照已经制订的计划,组织具体实施(⑤)。

3. 检查阶段

检查阶段(C)的主要任务是检查计划的执行情况,即对照计划检查执行效果,得出经验和教训(⑥)。

4. 处理阶段

处理阶段(A)的主要任务是将执行的结果进行处理总结。对成功的经验予以肯定,纳入标准,形成制度,以便今后执行;对失败的教训予以总结,防止今后再次发生;对尚未解决的遗留问题转入下一个 PDCA 循环,即找出经验教训,并使之标准化(⑦);遗留问题转入下一个 PDCA 循环(⑧)。

3.3.2 PDCA 循环的特点

1. 大环套小环,互相促进

PDCA 循环作为质量管理的一种科学方法,使用于任何一个组织的各个方面的工作。整个企业的质量改进可看出一个大的 PDCA 循环,目标分解到各个部门又形成各自部门的 PDCA 循环,目标进一步分解到班组和个人,又依次形成更小的 PDCA 循环。在统一的组织协调下,大环套小环,环环相扣,推动整个企业 PDCA 循环的进行,彼此协同,互相促进。

2. PDCA 循环推动质量管理工作水平的不断提高

PDCA 循环是周而复始进行的。每完成一次循环就有了新的目标和内容,质量管理工作也就向前迈进了一大步。每完成一次循环就解决了一批质量问题,质量水平就有了新的提高,如图 3.3 所示。

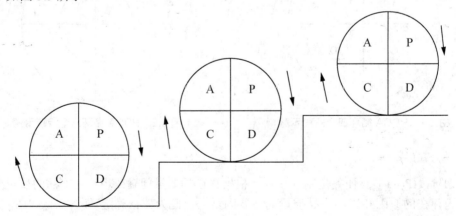

图 3.3　PDCA 循环推动质量管理工作水平的不断提高示意

3. 处理阶段是推动 PDCA 循环的关键阶段

PDCA 循环中的处理阶段是一个关键阶段,它具有承上启下的作用,通过分析总结,推动质量工作的标准化,既解决了本次循环中存在的质量问题,又能防止类似问题在下一个循环中发生。

小贴士

质量管理专家——戴明

戴明(1900—1993)博士(图3.4)是世界著名的质量管理专家,他对世界质量管理发展作出了卓越贡献。在日本以戴明命名的"戴明品质奖"至今仍是品质管理的最高荣誉。戴明学说对质量管理理论和方法产生了十分重要的影响。他认为质量是以最经济的手段制造出市场上最有用的产品,一旦改进了产品质量,生产率就会自动提高。

1950年,戴明针对日本工业振兴提出了"以较低的价格和较好的质量占领市场"的战略思想。20世纪80年代初,戴明提出长期的生产程序改进方案、严格的生产纪律及体制改革,并将一系列统计学方法引入美国产业界,以检测和改进多种生产模式。

戴明不仅仅是在科学的层面来改进生产程序,更用他特有的夸张语言强调:"质量管理98%的挑战在于发掘公司上下的知识诀窍。"他推崇团队精神、跨部门合作、严格的培训,以及同供应商的紧密合作。这些观念远远超前于80年代所奉为经典的"能动性培养"。

然而,戴明一直自觉地保持着一个局外人的身份。正因为如此,他的观念和方法才那么有效,同时又富有争议。个头很高的戴明往往会不假思索地在大庭广众对业界大腕出言不逊,可工人和工程师却对他崇敬有加。业余时间,戴明喜欢谱写教会礼拜歌曲。戴明赢得了众多首席执行官的爱戴,但也常遭白眼。

著名企业改造专家约翰·惠特尼说:"美国需要戴明这种震荡疗法。多亏了戴明,现在美国的首席执行官才真正理解程序的重要性。"许多质量管理专家认为,戴明的理论帮助日本从一个衰退的工业国转变成了世界经济强国。

图3.4 戴明博士

戴明的"十四要点"(Deming's 14 Points)成为20世纪全面质量管理的重要理论基础。

(1) 创造产品与服务改善的恒久目的:最高管理层必须从短期目标的迷途中归返,转回到长远建设的正确方向。把改进产品和服务作为恒久的目的,坚持经营,这需要在所有领域加以改革和创新。

(2) 采纳新的哲学:必须绝对不容忍粗劣的原料、不良的操作、有瑕疵的产品和松散的服务。

(3) 停止依靠大批量的检验来达到质量标准:检验其实是等于准备有次品,检验出来已经是太迟,且成本高而效益低。正确的做法是改良生产过程。

(4) 废除"价低者得"的做法:价格本身并无意义,只是相对于质量才有意义。因此,只有管理部门重新界定原则,采购工作才会改变。公司一定要与供应商建立长远的关系,并减少供应商的数目。采购部门必须采用统计工具来判断供应商及其产品的质量。

(5) 不断地及永不间断地改进生产及服务系统:在每一活动中,必须减少浪费和提高质量,无论是采购、运输、工程、方法、维修、销售、分销、会计、人事、顾客服务及生产制造。

(6) 建立现代的岗位培训方法:培训必须是有计划的,且必须是建立于可接受的工作标准上。必须使用统计方法来衡量培训工作是否奏效。

(7) 建立现代的督导方法:督导人员必须要让高层管理者知道需要改善的地方。当知道之后,管理者必须采取行动。

(8) 驱走恐惧心理:所有同事必须有胆量去发问,提出问题,表达意见。

(9) 打破部门之间的围墙:每一部门都不应只顾"独善其身",而需要发挥团队精神。跨部门的质量活动有助于改善设计、服务、质量及成本。

(10) 取消对员工发出计量化的目标:激发员工提高生产率的指标、口号、图像、海报都必须废除。很多配合的改变往往是在一般员工控制范围之外,因此这些宣传品只会导致反感。虽然无须为员工订下可计量的目标,但公司本身却要有这样的一个目标,即永不间歇地改进。

(11) 取消工作标准及数量化的定额:定额把焦点放在数量,而非质量。计件工作制更不好,因为它鼓励制造次品。

(12) 消除妨碍基层员工工作畅顺的因素:任何导致员工失去工作尊严的因素必须消除,包括不明何为好的工作表现。

(13) 建立严谨的教育及培训计划:由于质量和生产力的改善会导致部分工作岗位数目的改变,因此所有员工都要不断接受训练及再培训。一切训练都应包括基本统计技巧的运用。

(14) 创造一个每天都推动以上 13 项发生作用的高层管理结构。

(资料来源:http://baike.baidu.com/view/280972.htm。)

3.3.3 统计质量控制的常用方法

质量管理中要对数据进行收集、整理、分析、判断、处理,并以相关数据为依据进行质量改进,常运用统计质量控制的方法进行。

1. 排列图

排列图又称帕累托图,是找出影响产品质量主要因素的一种有效方法。排列图建立在帕累托原理的基础上。意大利经济学家维弗雷多·帕累托在分析社会财富分布状况时得出了"关键的少数和次要的多数"的结论。应用这一原理,在质量改进中,往往是少数的因素起着主要决定性影响,通过区分主要和次要影响因素,就可以用最少的努力获得最大的质量改进。

排列图由一个横坐标、两个纵坐标、几个按高低顺序排列的矩形及一条累积百分比曲线构成,如图 3.5 所示。排列图将影响产品的因素分为 A、B、C 三类。A 类指累计频率为 0%~80%,即为主要问题;B 类指累计频率为 80%~90%,即为次要问题;C 类指累计频率为 90%~100%,即为一般问题。

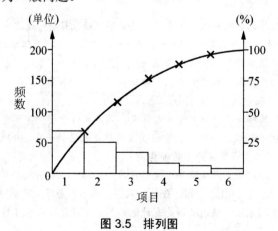

图 3.5 排列图

小贴士

帕 累 托

帕累托(1848—1923),图 3.6,意大利经济学家、社会学家,洛桑学派的主要代表之一。生于巴黎,瑞士洛桑大学教授。

帕累托运用立体几何研究经济变量间相互关系，发展了瓦尔拉的一般均衡的代数体系；提出在收入分配为既定的条件下，为了达到最大社会福利，生产资料配置所必须达到的状态，这种状态称为"帕累托最优"。

在社会学上，帕累托属于"机械学派"，他认为阶级在任何社会制度中都是永恒存在的，因而反对平等、自由和自治。

帕累托对经济学、社会学和伦理学作出了很多重要的贡献，特别是在收入分配的研究和个人选择的分析中，提出了帕累托最优的概念，并用无差异曲线来帮助发展了个体经济学领域。其理论影响了墨索里尼和意大利法西斯主义的发展。

帕累托因对意大利20%的人口拥有80%的财产的观察而著名，后来被约瑟夫·朱兰和其他人概括为帕累托法则(20/80法则)，后来进一步概括为帕累托分布的概念。帕累托指数是指对收入分布不均衡程度的度量。帕累托提出了精英理论，认为社会分层结构的存在是普遍和永恒的，但并不意味社会上层成员和下层成员的社会地位是凝固不变的。

图3.6　帕累托

(资料来源：http://baike.baidu.com/view/367153.htm.)

2. 直方图

直方图又称频率分布图，主要用于生产工序中的质量控制，能够直观掌握产品质量分布状态，并对产品质量特征值进行科学推断。直方图的绘制主要包括以下步骤。

(1) 收集数据。从一批产品中，抽出一定数量的产品作为子样，并记录其测量数据。

(2) 从测量数据中找出最大值和最小值。

(3) 数据分组，进一步计算组距。数据分组是为了反映产品质量分布状态，也是为了简化计算。分组不能过多或过少，否则都会影响分布状态。

(4) 确定频数和组中值，并制作频数表。频数是各组出现的次数，组中值计算公式为

$$组中值=(组内上界限+组内上界限)\div 2$$

(5) 根据频数表绘制直方图。直方图的纵坐标表示频数，横坐标表示质量特征值，在横坐标上画定组界，形成以组距为底边、频数为高的直方矩形，构成直方图，如图3.7所示。

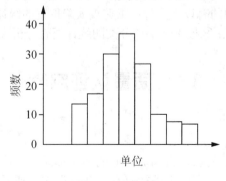

图3.7　直方图

3. 因果图

因果图又称鱼刺图、树枝图或特征因果图，是一种通过因果分析寻找影响产品质量主要原因的有效方法。主要从分析人(员工)、机(机器)、料(原料)、法(方法)、环(环境)等方面

寻找影响产品质量的原因，在找出影响产品质量的主要原因、次要原因、更次要原因基础上，分析和确定其中的关键原因，制定质量改进措施，并实施质量改进，直到解决质量问题为止。因果图如图 3.8 所示。

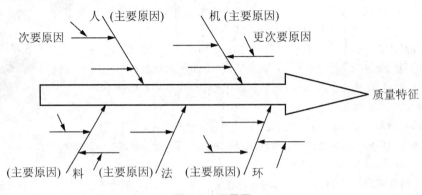

图 3.8　因果图

4. 控制图

控制图又称管理图。这是一种画有控制界限的图表，用来区分产品质量波动是由偶然原因引起还是系统原因引起的，分析和判断工序的稳定状态，从而判断产品质量是否处于可控状态。依据图表反映生产过程中的运动状态，并对生产过程进行分析、监督和控制。

5. 散布图

散布图又称为分散图或相关图，主要用于研究质量问题变量间的相互关系。在对原因进行分析的过程中，常遇到一些变量共处于一个系统中，它们相互关联、相互制约，在一定条件下，又相互转化。这些变量之间虽然有关系，但又不能由一个变量的数值精确求出另外一个变量的值，将两种有关数据列出，用"点"填在坐标上，观察两种因素之间的关系并进行分析，这种分析即为相关分析。在质量管理中可运用散布图观察分析质量特征的关系，从而进行质量改进。

6. 统计调查分析表

统计调查分析表是利用对收集的数据进行整理和粗略的分析，是一种最常用、最简单的方法。在质量管理中，常用的有以下几种：①调查缺陷位置的统计调查分析表；②工序内质量特征分布统计调查分析表；③按不合格项分类的统计调查分析表；④其他统计调查分析表。

3.4　质量认证制度

3.4.1　质量认证的概念

质量认证是由一个公认的认证机构对企业的质量体系、产品、过程或服务是否符合质量要求、标准、规范和有关政府法规进行鉴别，并提供文件证明的活动。

商品质量认证也称为商品质量合格认证，国际标准化组织(International Organization for Standardization，ISO)1983 年将合格认证定义为"用合格证书或合格标志证明某一产品或服务符合特定标准或其他技术规范的活动"，该组织 1986 年又将这一定义修订为"由可以充分信任的第三方证实某一经鉴定的产品或服务符合特定标准或其他技术规范的活动"。

原《中华人民共和国产品质量认证管理条例》中对产品质量认证定义为"依据产品标准和相应的技术要求，经认证机构确认并通过颁发认证书和认证标志来证明某一产品符合相应标准和相应技术要求的活动"。新的《中华人民共和国认证认可条例》中认证是指由认证机构证明产品、服务、管理体系符合相关技术规范、相关技术规范的强制性要求或者标准的合格评定活动。可以发现，认证由原来注重产品质量认证，发展到对产品、服务、管理体系的认证。

由此可见，质量认证的主体是第三方，质量认证的对象是产品或服务，质量认证的依据是国家正式颁布的标准和技术规范，质量认证的方式是认证证书或认证标志。质量认证是世界各国对产品质量和企业质量管理体系进行评价、监督、管理的通行做法，各国质量认证机构主要开展产品质量认证和质量管理体系认证的业务。

3.4.2 质量认证的发展

英国是质量认证实施最早的国家。1903年，英国工程标准委员会(现称为英国标准协会)首创世界第一个用于符合标准的认证标志"BS"标志或称"风筝标志"，该标志开始用于表示符合尺寸的铁路钢轨，于1922年按英国商标法注册，成为受法律保护的认证标志，一直沿用至今，在国际上享有很高的信誉。

20世纪30年代，质量认证制度有了较快发展，50年代在发达国家得到普及，60年代苏联和东欧国家陆续开始采用质量认证制度，70年代后发展中国家也开始重视质量认证。

20世纪70年代后，质量认证制度发展到了一个新阶段，开始跨越国界，建立起了若干区域质量认证制和国际认证制，如欧洲电子元器件委员会认证制、欧洲标准化委员(CEN)会认证委员会的合格认证制、国际电工委员会电子元器件质量认证制、国际电工委员会电工产品安全认证制等。质量认证受到了各国政府的高度重视，成为国际贸易中消除非关税壁垒的一种有效手段，质量认证证书成为商品进入国际市场的通行证，促进了国际贸易的发展。

为了进一步适应国际质量认证的需要，国际标准化组织理事会于1970年成立了认证委员会，1985年又改为合格认证委员会。该委员会的任务也由单一的合格认证逐步发展到合格认证、实验室认证、质量体系的评定，并制定了与ISO/IEC第三方认证制相应标准的原则法典，为实行国际质量认证制奠定了发展基础。

1978年9月，我国加入国际标准化组织，开始全面了解质量认证制度，此后三年，原国家标准总局(现称为国家标准化管理委员会)分别组织对国际标准化组织有关政策及主要发达国家的认证制度进行考察、分析和研究。从1980年我国着手开始实施质量认证工作。

1981年4月，我国开始认证试点工作，建立了第一个认证机构——中国电子元器件质量认证委员会(QCCECC)。1983年4月该认证委员会代表中国正式成为国际电工委员会电子元器件认证组织(IECQ)管理委员会成员，1987年5月被吸纳为全权成员国。中国电工产品认证委员会于1984年成立，1985年9月成为国际电工委员会电工产品认证组织(IECEE)管理委员会成员，1989年6月成为该组织认证机构委员会成员。

1991年，我国颁布实施了《中华人民共和国质量认证管理条例》、《产品质量认证委员会管理办法》、《产品质量检验机构管理办法》、《产品质量认证证书和认证标志管理办法》等，在此基础上，新修订的《中华人民共和国认证认可条例》于2003年8月20日国务院第18次常务会议通过，2003年11月1日起施行。我国质量认证制度进入了一个新的发展阶段。

1994年，原国家技术监督局成立了中国质量体系认证机构国家认可委员会(CNACR)。该委员会由有关各方代表组成，已经制定了《中国质量体系认证机构认可规则》和《中国质量体系认证实施程序规则》。同年，我国还成立了中国认证人员国家注册委员会(CRBA)，对通过严格国家考试的人员，颁发审核人员注册证书。

2001年4月，原国家技术监督局与国家出入境检验检疫局合并，组建中华人民共和国国家质量监督检验检疫总局(AQSIQ，简称国家质检总局)，并同时组建国家认证认可监督管理委员会(ANCA)，统一监督管理全国的认证认可工作。同时，将原中国进出口质量认证中心和原中国电工产品认证委员会秘书处合并，成立中国质量认证中心(CQC)。

目前，我国已成立了中国方圆认证委员会(CSMCC)、中国电子元器件质量认证委员会、中国电工产品认证委员会(CCEE)、中国水泥产品认证委员会、中国汽车安全玻璃认证委员会、中国白酒产品认证委员会、中国玩具产品质量认证委员会、中国环境标准产品认证委员会等12个认证委员会，分别管理不同类型产品的质量认证。

3.4.3 质量认证制度的意义

质量认证制度已被世界上许多国家所采用，是一种科学的质量监督制度，收到了明显的经济效益和社会效益。由于质量认证制度是由公正的认证机构对商品提供正确、可靠的质量信息，实施质量认证制度既符合买方的利益，又符合卖方的利益。

1. 保证商品质量，提高商品的市场竞争力

实行商品质量认证制度是许多国家保证商品质量的做法，经过认证的商品受到消费者的认可，在国际市场上也享有较高的信誉。特别是那些经过国际认证的商品，会得到各个成员国的普遍认可，无异于取得了通往国际市场的通行证，提高了商品的国际市场竞争力。

2. 提升了商品生产和经营者的信誉，增强了盈利能力

良好的商品信誉对企业至关重要，赢得消费者信任依靠商品的信誉。实施商品质量认证的商品因其所带有的认证标志受到消费者的普遍青睐，经营者也愿意接受这样的商品，经过质量认证的商品有利于占领市场、扩大市场。经过质量认证的商品提升了商品生产和经营者的信誉，增强了企业的盈利能力。

3. 促进企业建立健全商品质量保证体系

在实施商品质量认证时，质量认证机构要对申请认证的企业质量保证体系的有效性进行检查和评定，只有当质量保证体系符合认证机构规定要求时，才有取得质量认证的资格。经过质量专家对企业质量保证体系的多次检查和评定，将有效促进企业改进质量管理，促进企业建立健全商品质量管理保证体系。

4. 节约商品检验费用

企业采购生产所需要的原材料、零部件时，需要对这些产品进行检验，无论利用自己检验部门检验，还是委托专门检验机构检验，都需要花费一定的检验费用。如果每个企业都进行这种重复的检验活动，整个社会的检验费用的浪费无疑是十分巨大的。质量认证制度完全能够满足用户对质量信息的需求，没有必要每个企业再进行重复的检验，为整个社会节约大量的检验费用提供了可能。

5. 强制性安全认证制度有效保护了商品使用者的安全和健康

许多国家都通过政府颁布法令宣布对于有关人身安全和健康的商品实施强制性安全认证制度，这类商品必须经过国家指定的认证机构的强制安全认证，才能够在市场上销售。商

品的安全性直接关系到消费者的安全和健康,越来越受到世界各国政府和消费者的关心和重视。强制性安全认证制度有效保护了商品使用者的安全和健康,这也是企业应尽的社会责任。

3.4.4 我国产品质量认证标志

1. 方圆标志

方圆标志是由经国家认证认可监督行政主管部门批准,在中国注册的具有独立法人资格的第三方认证机构所颁发的认证标志,如图 3.9 所示。包括质量管理体系认证、环境管理体系认证、职业健康安全管理体系认证、食品安全管理体系(GB/T 22000)认证、乳制品生产企业(危害分析与关键控制点 HACCP)体系认证、乳制品生产企业(良好生产规范 GMP)认证、强制性产品认证、自愿性产品认证、产品安全认证、有机产品认证、饲料产品认证、防爆电气产品认证、GAP(良好农业规范)认证等。

(a) 产品合格认证标志

(b) 产品安全认证标志

(c) 质量管理体系认证标志

图 3.9 方圆标志

2. 中国强制性产品认证标志

中国强制性产品认证于 2002 年 8 月 1 日起实施,认证标志为"中国强制认证",即英文"China Compulsory Certification",英文缩写为"CCC"。认证标志的图案由基本图案、认证种类标注组成,如图 3.10 所示。

(a) 中国强制认证产品安全认证标志

(b) 中国强制认证产品安全与电磁兼容认证标志

(c) 中国强制认证产品电磁兼容认证标志

(d) 中国强制认证产品消防认证标志

图 3.10 中国强制认证产品标志

2003年8月1日前，我国强制性产品认证存在对内、对外两套认证管理体制，即原国家质量技术监督局对境内销售使用的产品实行安全认证，即"长城"认证；原国家出入境检验检疫局对进出口商品实行安全质量许可制度，即"CCIB"认证。2001年12月，国家质量监督检验检疫总局和国家认证认可监督管理委员会公布了强制性产品认证制度的"四个统一"，即实现统一目录；统一标准、技术法规和合格评定程序；统一标志；统一收费标准。2003年8月1日起，"长城"、"CCIB"认证标志停止使用，首批19个大类132种产品开始实施3C强制性安全认证标志。

3. 食品质量安全强制认证标志

QS是质量安全英文Quality Safety的缩写，获得食品质量安全生产许可证的企业，其生产加工的食品经出厂检验合格的，在出厂销售之前，必须在最小销售单元的食品包装上标注由国家统一制定的食品质量安全生产许可证编号，并加印或者加贴食品质量安全市场准入标志"QS"。该标志由"QS"和"质量安全"中文字样组成。标志主色调为蓝色，字母"Q"与"质量安全"四个中文字样为蓝色，字母"S"为白色，如图3.11所示。印有或贴有"QS"标志的食品，即意味着该食品符合了质量安全的基本要求。

图3.11　QS食品质量安全强制认证标志

自2004年1月1日起，我国首先在大米、食用植物油、小麦粉、酱油和醋五类食品行业中实行食品质量安全市场准入制度，对肉制品、乳制品、方便食品、速冻食品、膨化食品、调味品、饮料、饼干、罐头等第二批十类食品实行食品质量安全市场准入制度。

4. 中国绿色食品标志

绿色食品标志是由中国绿色食品发展中心在国家工商行政管理局商标局正式注册的质量证明商标。绿色食品是遵循可持续发展原则，按照特定生产方式生产，经专门机构认定，许可使用绿色食品标志商标的无污染的安全、优质、营养类食品。

我国的绿色食品分为A级和AA级两种，其中A级绿色食品生产中允许限量使用化学合成生产资料，AA级绿色食品则较为严格地要求在生产过程中不使用化学合成的肥料、农药、兽药、饲料添加剂、食品添加剂和其他有害于环境和健康的物质。按照农业部发布的行业标准，AA级绿色食品等同于有机食品。从本质上讲，绿色食品是从普通食品向有机食品发展的一种过渡性产品。绿色食品必须同时具备以下条件：产品或产品原料产地必须符合农业部制定的绿色食品生态环境质量标准；农作物种植、畜禽饲养、水产养殖及食品加工必须符合农业部制定的绿色食品的生产操作规程；产品必须符合绿色食品质量和卫生标准；产品外包装必须符合国家食品标签通用标准，符合绿色食品特定的包装、装潢和标签规定。

绿色食品标志由三部分构成，即上方的太阳、下方的叶片和中心的蓓蕾，如图3.12所示。标志图形为正圆形，意为保护、安全。整个图形表达明媚阳光下的和谐生机，提醒人们保护环境创造自然界新的和谐。识别绿色食品应通过"四位一体"的外包装。"四位一体"是指图形商标、文字商标、绿色食品标志许可使用编号和绿色食品防伪标志同时使用在一个包装产品上。绿色食品标志作为一种特定的产品质量的证明商标，其商标专用权受《中华人民共和国商标法》保护，这样既有利于约束和规范企业的经济行为，又有利于保护广大消费者的利益。

图3.12　绿色食品标志

5. 中国环境标志

具有中国环境标志的产品表明产品不仅质量合格，而且在生产、使用和处理处置过程中符合特定的环境保护要求，与同类产品相比，具有低毒少害、节约资源等环境优势。

中国环境标志由五部分组成，图形中心由太阳、山脉、水面三部分构成了一幅美丽和谐的大自然景象；第四部分由环环相扣的十个圆圈构成，表示自然界的生物链的相互制约、相互依存的关系，暗示着环境保护的重要性，若环境系统有一环打开，生物链就会遭到破坏；第五部分是外面的中英文——中国环境标志，如图3.13所示。

图3.13　中国环境标志

实施环境标志认证，实质上是对产品从设计、生产、使用到废弃物处理处置，乃至回收再利用的全过程的环境行为进行控制。它由国家指定的机构或民间组织依据环境产品标准或技术要求及有关规定，对产品的环境性能及生产过程进行确认，并以标志图形的形式告知消费者哪些产品符合环境保护要求，对生态环境更为有利。

"三鹿奶粉"事件始末

2008年6月28日，位于兰州市的解放军第一医院收治了首例患"肾结石"病症的婴幼儿，据家长反映，孩子从出生起就一直食用河北石家庄三鹿集团所产的三鹿婴幼儿奶粉。7月中旬，甘肃省卫生厅接到医院婴儿泌尿结石病例报告后，随即展开了调查，并报告卫生部。随后短短两个多月，该医院收治的患婴人数已迅速扩大到14名。

9月11日晚卫生部指出，近期甘肃等地报告多例婴幼儿泌尿系统结石病例，调查发现患儿多有食用三鹿牌婴幼儿配方奶粉的历史。经相关部门调查，高度怀疑石家庄三鹿集团股份有限公司生产的三鹿牌婴幼儿配方奶粉受到三聚氰胺污染。卫生部专家指出，三聚氰胺是一种化工原料，可导致人体泌尿系统产生结石。

9月11日晚，石家庄三鹿集团股份有限公司发布产品召回声明称，经公司自检发现2008年8月6日前出厂的部分批次三鹿牌婴幼儿奶粉受到三聚氰胺的污染，市场上大约有700吨。为对消费者负责，该公司决定立即对该批次奶粉全部召回。

9月13日，党中央、国务院对严肃处理三鹿牌婴幼儿奶粉事件作出部署，立即启动国家重大食品安全事故Ⅰ级响应，并成立应急处置领导小组。

9月13日，卫生部党组书记高强在"三鹿牌婴幼儿配方奶粉"重大安全事故情况发布会上指出，"三鹿牌婴幼儿配方奶粉"事故是一起重大的食品安全事故。三鹿牌的部分批次奶粉中含有的三聚氰胺，是不法分子为增加原料奶或奶粉的蛋白含量而人为加入的。

9月14日，卫生部部长陈竺带领有关司局领导及专家飞抵兰州，针对甘肃省有关三鹿奶粉事件应急处置工作展开专题调研。

9月15日，甘肃省政府新闻办召开了新闻发布会称，甘谷、临洮两名婴幼儿死亡，确认与三鹿奶粉有关。

省卫生厅发布公告，紧急呼吁立即停止给婴幼儿食用河北石家庄生产的三鹿牌婴幼儿奶粉，并提醒已食用过该奶粉的婴幼儿及时就诊。

石家庄三鹿集团股份有限公司副总裁张振岭，9月15日下午在河北省政府召开的新闻发布会上宣读了致社会各界人士和广大消费者的一封公开信，向因食用三鹿婴幼儿配方奶粉导致的患儿及家属道歉。

9月24日，内蒙古蒙牛乳业(集团)股份有限公司、内蒙古伊利实业集团股份有限公司、光明乳业有限责任公司、圣元营养食品有限公司、施恩(广州)婴幼儿营养品有限公司、北京三元食品股份有限公司等全国109家奶制品生产企业和北京超市发连锁股份公司、北京美廉美连锁商业有限公司、华联超市股份有限公司、家乐福(中国)管理咨询服务有限公司、天津华润万家生活超市有限公司、苏果超市有限公司等全国207家流通企业，23日联合发布"中国奶制品产销企业质量诚信宣言"。

在中国乳制品工业协会和中国连锁经营协会的倡导下，316家奶制品产销企业23日在京联合发表质量诚信宣言，向社会郑重承诺将严格遵守法律法规，自觉执行国家标准和行业标准，营造一个干干净净的奶制品市场。

(资料来源：http://news.cctv.com/society/20090115/107648.shtml。)

【点评】社会极度关注的三鹿奶粉系列刑事案件，2009年1月22日，分别在河北省石家庄市中级人民法院和无极县人民法院等四个基层法院一审宣判，其中原三鹿集团董事长田文华被判处无期徒刑，被告人张玉军、耿金平被判处死刑，其他18名被告人各获刑罚；2月12日石家庄市中级人民法院发出民事裁定书，正式宣布三鹿集团破产；3月4日三元集团有限责任公司正式入主三鹿。随着三鹿奶粉事件相关人员被判刑，三鹿集团破产，三元集团入主三鹿，似乎三鹿奶粉事件可以暂时告一段落，但其中许多问题仍值得我们反思，如质量安全意识、质量免检商品、质量保证体系、食品安全体系、食品安全预警体系、食品质量监督手段等，特别是企业的社会责任感的缺失更值得我们深思。

本 章 小 结

本章主要介绍了质量管理及其发展历程，介绍了质量管理的基本方法，重点介绍了全面质量管理以及产品质量认证制度。

商品质量　商品质量观　商品质量特性　商品质量指标

中国地理标志的认证与管理

中国地理标志是中国政府为保护原产地优质产品，而向经过有关部门认证的原产地产品颁发的产品地理标志，如图 3.14 所示凡通过中国地理标志认证的产品，均可在其产品表面张贴中国地理标志图样。中国地理标志的认证与管理等工作，遵循《中华人民共和国产品质量法》、《中华人民共和国标准化法》、《中华人民共和国进出口商品检验法》、《地理标志产品保护规定》、《与贸易有关的知识产权协议》等相关法律法规。中国地理标志的认证机构主要为国家质检总局。中国地理标志产品的保护，源于1999年推出的原产地域产品保护制度。截至2009年6月，中国政府已批准902项产品为地理标志产品。

所谓原产地域产品，是指"利用产自特定地域的原材料，按照传统工艺在特定地域内所生产的，质量、特色或者声誉在本质上取决于其原产地域地理特征并依照本规定经审核批准以原产地域进行命名的产品"(《原产地域产品保护规定》第2条)。中国在20世纪90年代引入这项概念，建立起原产地标志制度，不过仅用于单项商品的进出口活动。1999年8月，原国家质量技术监督局发布《原产地域产品保护规定》，正式将保护措施运用到中国国内的生产和贸易活动中去。2000年1月，政府批准了第一项(也是当年唯一一项)原产地域产品即绍兴酒作为试点。2001年起，这项制度开始全面推行，并成长迅速，在2001年、2002年、2003年和2004年，分别有6项、23项、31项和60项产品成为原产地域产品。

2005年7月起，国家质检总局发布《地理标志产品保护条例》，替代原先的《原产地域产品保护规定》，而之前已批准的原产地域产品也全部自动转成地理标志产品。在这份规定中，明确地理标志产品是指"产自特定地域，所具有的质量、声誉或其他特性本质上取决于该产地的自然因素和人文因素，经审核批准以地理名称进行命名的产品"。2005年，中国政府一共批准了67项产品为地理标志产品(原产地域产品)。

地理标志产品由国家质检总局负责审核。其审批过程一般有三道程序。首先由地方质检局等机构提出申请，国家质检总局组织专家委员会初审通过后予以公示。公示期最短为三个月，如果无异议，国家质检总局将会正式批准，并确定保护区域。此后，该产品将会制定出强制性国家标准，生产企业按国家标准通过评审后，可获得地理标志产品专用标志的使用权。

地理标志产品制度的实施，主要是为了保护地方特产和农民利益，打击假冒伪劣产品的泛滥。大部分地理标志产品在获得保护后，销量有了显著增长。这方面最著名的一个例子是，绍兴酒在开始实行原产地域产品保护后，日本等国销售的台湾省产"绍兴酒"份额从80%下滑到25%左右，真正绍兴产的绍兴酒销量都有大幅增长甚至是成倍增长。地理标志产品制度除了能起到保护作用外，还可以在一定程度上扩大产品的知名度。同时，中国的农产品行业之前大都采用粗放式的作坊生产经营方式，地理标志产品及其强制性国家标准的实行也可以部分起到提升产品质量、淘汰落后生产工艺的作用。

然而，地理标志产品制度的实施中也存在着一些问题。有的产品申报被指有助长垄断之嫌。例如，茅台酒的保护范围就被限定在茅台酒厂的厂区内，西峡山茱萸的生产也被宛西制药厂一家所独占。而余姚市在申报余姚杨梅时也遭到相邻的慈溪市的反对，最终慈溪产的杨梅只能以慈溪杨梅的名义独自申报。还有一些产品因为某些商户生产经营活动的不规范而蒙上污点。例如，金华火腿、镇江香醋、龙口粉丝等都曾被媒体曝光部分产品存在质量问题。

(资料来源：http://zh.wikipedia.org/wiki.)

(a)

(b)

图 3.14　中国地理标志

习 题

一、单项选择题

1. 商品质量认证的前提是(　　)。
   A．制定标准　　　B．申请　　　C．现场检查　　　D．颁发证书
2. 中国第一个认证委员会——中国电子元器件认证委员会于(　　)年成立。
   A．1978　　　B．1981　　　C．1980　　　D．1988
3. 我国强制性产品认证制度规定，认证合格产品加贴(　　)。
   A．CCIB 标志　　B．CCC 标志　　C．长城标志　　D．GB 标志
4. 商品质量认证的认证机构是可以充分信任的(　　)。
   A．第一方　　　B．第二方　　　C．第三方　　　D．第四方

二、多项选择题

1. 质量体系的建立和运行的依据是(　　)。
   A．质量方针　　B．质量目标　　C．质量策划
   D．质量控制　　E．质量保证
2. 对产品的全部性能要求依据标准进行认证，称为(　　)。
   A．安全认证　　B．综合认证　　C．全性能认证
   D．质量认证　　E．质量体系认证
3. 在我国取得商品质量认证的商品必须具备的条件是(　　)。
   A．符合企业标准　　　　　　B．符合国家标准
   C．符合行业标准　　　　　　D．质量稳定，能正常批量生产
   E．商品质量稳定

三、简答题

1. 简述商品质量认证。
2. 简述 PDCA 循环的步骤。

四、分析论述题

论述全面质量管理的特点。

五、实训题

试用因果图分析某企业出现产品质量问题的原因。

第4章 商品标准与标准化

【教学目标与要求】
- 了解商品标准的概念;
- 了解商品标准的分级;
- 了解商品标准化的概念与作用。

国内手机耳机标准2009年9月起正式统一

由于国内外各个品牌手机采用了不同种类的耳机接口标准,消费者新买一个手机就得换一副耳机。使用十分不便,从2009年9月1日起,由中国通信标准化协会组织制定的移动通信手持机有线耳机接口技术要求和测试方法标准(YD/T 1885—2009),业界称之为"手机耳机接口统一标准",于2009年9月1日起正式实施。

手机耳机接口不统一问题将会成为历史。新出台的"手机耳机接口统一标准"规定手机有线耳机接口为标准规格的同心连接器,包括插座端和插头端,手机侧面应使用插座端,并根据连接器直径尺寸的不同规定了2.5mm和3.5mm两种接口,对于两种接口也做了具体的技术要求。此外,为区别手机耳机接口,凡符合手机耳机接口统一标准规定的同心连接器接口,产品上均应使用标准有线耳机接口标志。

目前,国内外各品牌手机耳机接口真是五花八门。"手机耳机接口统一标准"实施后,会对厂商带来一定的冲击。众所周知,某品牌手机的非标准耳机接口必须要选购原装的配置耳机使用,剥夺了消费者的选择权利。同时,原装耳机价格不菲,还不能达到提升音质的效果。但耳机接口统一后,对消费者无疑是一大喜讯。由于规定了耳机接口尺寸为2.5mm和3.5mm两种接口,而且3.5mm的耳机接口都能支持高端的耳机产品。用户可以随意更换上自己喜爱的耳机产品,不仅充分体现个性化外,还可以享受到专业级别的视听享受。此外,该标准还规定了手机有线耳机接口的技术要求和测试方法,包括接口的物理结构、连接定义、标志、机械性能、安全防护性能、电气性能和环境适应性等内容,适用于手机有线耳机接口,以及与之连接的有线耳机和接口转换装置等,其他音频播放设备也可参照执行;不适用于数字传输方式的手机有线耳机接口。

有媒体认为这项规定会对众多手机厂商产生巨大的影响和冲击。此新规除了方便用户可以选择高性能耳机外,还可大幅降低用户更换手机时在耳机方面的成本。

(资料来源:http://www.cncn6.com/Article/2009/2138.html.)

【点评】手机耳机接口统一标准,大幅降低用户更换手机时在耳机方面的成本固然重要,更为重要的是节约了整个社会资源。统一产品标准将大大节约整个社会资源,这符合商品生产的可持续发展要求。

4.1 商品标准概述

4.1.1 商品标准的概念

标准是对重复性事务和概念所作的统一规定,它以科学、技术和实践经验的综合成果为基础,经过有关方面协商一致,由主管机构批准,以特定形式发布,作为共同遵守的准则和依据。

商品标准是一种技术标准,主要是对商品的品种、规格、等级、成分、结构、技术要求、试验检验方法、包装、标志、储存、保管、运输、使用和生产等方面所作的统一规定,是在一定时期和一定范围商品生产的技术依据,是评定商品质量的准则,对商品生产、检验、验收、监督、使用、维护和贸易有重要指导意义。

4.1.2　商品标准的作用

1. 商品标准是评定商品质量的准则

商品标准是判断商品质量优劣的依据。特别是在贸易中，买卖双方就商品质量发生争议时，商品标准是仲裁的准则和依据。商品生产部门必须按照商品标准进行生产，质量检验部门必须按照商品标准对商品进行检验。

《中华人民共和国标准化法》明确规定，企业生产的产品没有国家标准和行业标准的，应当制定企业标准，作为组织生产的依据。企业的产品标准须报当地政府标准化行政主管部门和有关行政主管部门备案。已有国家标准或者行业标准的，国家鼓励企业制定严于国家标准或者行业标准的企业标准，在企业内部适用。

2. 商品标准能促进商品质量的提高

商品标准体现了一个国家的技术经济政策，能够反映一个国家生产力发展水平的高低。制定标准的过程是科学的反映过程，使商品的设计、生产、加工、流通都建立在科学的基础上，更加合理，使商品质量得到保证。按照商品标准进行商品的生产经营就能够保证和促进商品质量不断提高。

3. 商品标准是突破贸易壁垒的重要手段

当今非关税壁垒已经成为各国贸易保护的重要手段，其中 30%以上是技术壁垒。发达国家凭借其先进的技术，制定各种苛刻的技术标准，使发展中国家的产品出口受到了极大制约。因而采用先进的国际商品标准进行商品生产，就可以获得进入国际市场的通行证，有效突破技术性贸易壁垒。

4. 商品标准是消费者维护合法权益的有效武器

《中华人民共和国消费者权益保护法》明确规定消费者享有知悉其购买、使用的商品或者接受服务的真实情况的权利，也就是说消费者对商品有知情权。消费者有权根据商品或者服务的不同情况，要求经营者提供商品的价格、产地、生产者、用途、性能、规格、等级、主要成分、生产日期、有效期限、检验合格证明、使用方法说明书、售后服务，或者服务的内容、规格、费用等有关情况。商品标准是消费者了解商品上述情况的有效途径，同时也是维护自身合法权益的依据。

知识链接

中华人民共和国消费者权益保护法

(1993 年 10 月 31 日第八届全国人大常委会第四次会议通过，1993 年 10 月 31 日中华人民共和国主席令第 11 号公布，自 1994 年 1 月 1 日起施行)

第一章　总　则

第一条　为保护消费者的合法权益，维护社会经济秩序，促进社会主义市场经济健康发展，制定本法。

第二条　消费者为生活消费需要购买、使用商品或者接受服务，其权益受本法保护；本法未作规定的，受其他有关法律、法规保护。

第三条　经营者为消费者提供其生产、销售的商品或者提供服务，应当遵守本法；本法未作规定的，应当遵守其他有关法律、法规。

第四条　经营者与消费者进行交易，应当遵循自愿、平等、公平、诚实信用的原则。

第五条　国家保护消费者的合法权益不受侵害。

国家采取措施，保障消费者依法行使权利，维护消费者的合法权益。

第六条　保护消费者的合法权益是全社会的共同责任。

国家鼓励、支持一切组织和个人对损害消费者合法权益的行为进行社会监督。

大众传播媒介应当做好维护消费者合法权益的宣传，对损害消费者合法权益的行为进行舆论监督。

第二章　消费者的权利

第七条　消费者在购买、使用商品和接受服务时享有人身、财产安全不受损害的权利。

消费者有权要求经营者提供的商品和服务，符合保障人身、财产安全的要求。

第八条　消费者享有知悉其购买、使用的商品或者接受的服务的真实情况的权利。消费者有权根据商品或者服务的不同情况，要求经营者提供商品的价格、产地、生产者、用途、性能、规格、等级、主要成分、生产日期、有效期限、检验合格证明、使用方法说明书、售后服务，或者服务的内容、规格、费用等有关情况。

第九条　消费者享有自主选择商品或者服务的权利。

消费者有权自主选择提供商品或者服务的经营者，自主选择商品品种或者服务方式，自主决定购买或者不购买任何一种商品、接受或者不接受任何一项服务。消费者在自主选择商品或者服务时，有权进行比较、鉴别和挑选。

第十条　消费者享有公平交易的权利。

消费者在购买商品或者接受服务时，有权获得质量保障、价格合理、计量正确等公平交易条件，有权拒绝经营者的强制交易行为。

第十一条　消费者因购买、使用商品或者接受服务受到人身、财产损害的，享有依法获得赔偿的权利。

第十二条　消费者享有依法成立维护自身合法权益的社会团体的权利。

第十三条　消费者享有获得有关消费和消费者权益保护方面的知识的权利。消费者应当努力掌握所需商品或者服务的知识和使用技能，正确使用商品，提高自我保护意识。

第十四条　消费者在购买、使用商品和接受服务时，享有其人格尊严、民族风俗习惯得到尊重的权利。

第十五条　消费者享有对商品和服务及保护消费者权益工作进行监督的权利。

消费者有权检举、控告侵害消费者权益的行为和国家机关及其工作人员在保护消费者权益工作中的违法失职行为，有权对保护消费者权益工作提出批评、建议。

第三章　经营者的义务

第十六条　经营者向消费者提供商品或者服务，应当依照《中华人民共和国产品质量法》和其他有关法律、法规的规定履行义务。

经营者和消费者有约定的，应当按照约定履行义务，但双方的约定不得违背法律、法规的规定。

第十七条　经营者应当听取消费者对其提供的商品或者服务的意见，接受消费者的监督。

第十八条　经营者应当保证其提供的商品或者服务符合保障人身、财产安全的要求。对可能危及人身、财产安全的商品和服务，应当向消费者作出真实的说明和明确的警示，并说明和标明正确使用商品或者接受服务的方法以及防止危害发生的方法。

经营者发现其提供的商品或者服务存在严重缺陷，即使正确使用商品或者接受服务仍然可能对人身、财产安全造成危害的，应当立即向有关行政部门报告和告知消费者，并采取防止危害发生的措施。

第十九条　经营者应当向消费者提供有关商品或者服务的真实信息，不得作引人误解的虚假宣传。

经营者对消费者就其提供的商品或者服务的质量和使用方法等问题提出的询问，应当作出真实、明确的答复。

商店提供商品应当明码标价。

第二十条　经营者应当标明其真实名称和标记。

租赁他人柜台或者场地的经营者，应当标明其真实名称和标记。

第二十一条　经营者提供商品或者服务，应当按照国家有关规定或者商业惯例向消费者出具购货凭证或者服务单据；消费者索要购货凭证或者服务单据的，经营者必须出具。

第二十二条　经营者应当保证在正常使用商品或者接受服务的情况下其提供的商品或者服务应当具有的质量、性能、用途和有效期限；但消费者在购买该商品或者接受该服务前已经知道其存在瑕疵的除外。

经营者以广告、产品说明、实物样品或者其他方式表明商品或者服务的质量状况的，应当保证其提供的商品或者服务的实际质量与表明的质量状况相符。

第二十三条　经营者提供商品或者服务，按照国家规定或者与消费者的约定，承担包修、包换、包退或者其他责任的，应当按照国家规定或者约定履行，不得故意拖延或者无理拒绝。

第二十四条　经营者不得以格式合同、通知、声明、店堂告示等方式作出对消费者不公平、不合理的规定，或者减轻、免除其损害消费者合法权益应当承担的民事责任。格式合同、通知、声明、店堂告示等含有前款所列内容的，其内容无效。

第二十五条　经营者不得对消费者进行侮辱、诽谤，不得搜查消费者的身体及其携带的物品，不得侵犯消费者的人身自由。

第四章　国家对消费者合法权益的保护

第二十六条　国家制定有关消费者权益的法律、法规和政策时，应当听取消费者的意见和要求。

第二十七条　各级人民政府应当加强领导，组织、协调、督促有关行政部门做好保护消费者合法权益的工作。

各级人民政府应当加强监督，预防危害消费者人身、财产安全行为的发生，及时制止危害消费者人身、财产安全的行为。

第二十八条　各级人民政府工商行政管理部门和其他有关行政部门应当依照法律、法规的规定，在各自的职责范围内，采取措施，保护消费者的合法权益。

有关行政部门应当听取消费者及其社会团体对经营者交易行为、商品和服务质量问题的意见，及时调查处理。

第二十九条　有关国家机关应当依照法律、法规的规定，惩处经营者在提供商品和服务中侵害消费者合法权益的违法犯罪行为。

第三十条　人民法院应当采取措施，方便消费者提起诉讼。对符合《中华人民共和国民事诉讼法》起诉条件的消费者权益争议，必须受理，及时审理。

第五章　消费者组织

第三十一条　消费者协会和其他消费者组织是依法成立的对商品和服务进行社会监督的保护消费者合法权益的社会团体。

第三十二条　消费者协会履行下列职能：

(一) 向消费者提供消费信息和咨询服务；
(二) 参与有关行政部门对商品和服务的监督、检查；
(三) 就有关消费者合法权益的问题，向有关行政部门反映、查询、提出建议；
(四) 受理消费者的投诉，并对投诉事项进行调查、调解；
(五) 投诉事项涉及商品和服务质量问题的，可以提请鉴定部门鉴定，鉴定部门应当告知鉴定结论；
(六) 就损害消费者合法权益的行为，支持受损害的消费者提起诉讼；
(七) 对损害消费者合法权益的行为，通过大众传播媒介予以揭露、批评。各级人民政府对消费者协会履行职能应当予以支持。

第三十三条　消费者组织不得从事商品经营和营利性服务，不得以牟利为目的向社会推荐商品和服务。

第六章　争议的解决

第三十四条　消费者和经营者发生消费者权益争议的，可以通过下列途径解决：

(一) 与经营者协商和解；
(二) 请求消费者协会调解；
(三) 向有关行政部门申诉；
(四) 根据与经营者达成的仲裁协议提请仲裁机构仲裁；

(五) 向人民法院提起诉讼。

第三十五条 消费者在购买、使用商品时，其合法权益受到损害的，可以向销售者要求赔偿。销售者赔偿后，属于生产者的责任或者属于向销售者提供商品的其他销售者的责任的，销售者有权向生产者或者其他销售者追偿。

消费者或者其他受害人因商品缺陷造成人身、财产损害的，可以向销售者要求赔偿，也可以向生产者要求赔偿。属于生产者责任的，销售者赔偿后，有权向生产者追偿。属于销售者责任的，生产者赔偿后，有权向销售者追偿。

消费者在接受服务时，其合法权益受到损害的，可以向服务者要求赔偿。

第三十六条 消费者在购买、使用商品或者接受服务时，其合法权益受到损害，因原企业分立、合并的，可以向变更后承受其权利义务的企业要求赔偿。

第三十七条 使用他人营业执照的违法经营者提供商品或者服务，损害消费者合法权益的，消费者可以向其要求赔偿，也可以向营业执照的持有人要求赔偿。

第三十八条 消费者在展销会、租赁柜台购买商品或者接受服务，其合法权益受到损害的，可以向销售者或者服务者要求赔偿。展销会结束或者柜台租赁期满后，也可以向展销会的举办者、柜台的出租者要求赔偿。展销会的举办者、柜台的出租者赔偿后，有权向销售者或者服务者追偿。

第三十九条 消费者因经营者利用虚假广告提供商品或者服务，其合法权益受到损害的，可以向经营者要求赔偿。广告的经营者发布虚假广告的，消费者可以请求行政主管部门予以惩处。广告的经营者不能提供经营者的真实名称、地址的，应当承担赔偿责任。

第七章　法律责任

第四十条 经营者提供商品或者服务有下列情形之一的，除本法另有规定外，应当依照《中华人民共和国产品质量法》和其他有关法律、法规的规定，承担民事责任：

(一) 商品存在缺陷的；
(二) 不具备商品应当具备的使用性能而出售时未作说明的；
(三) 不符合在商品或者其包装上注明采用的商品标准的；
(四) 不符合商品说明、实物样品等方式表明的质量状况的；
(五) 生产国家明令淘汰的商品或者销售失效、变质的商品的；
(六) 销售的商品数量不足的；
(七) 服务的内容和费用违反约定的；
(八) 对消费者提出的修理、重作、更换、退货、补足商品数量、退还货款和服务费用或者赔偿损失的要求，故意拖延或者无理拒绝的；
(九) 法律、法规规定的其他损害消费者权益的情形。

第四十一条 经营者提供商品或者服务，造成消费者或者其他受害人人身伤害的，应当支付医疗费、治疗期间的护理费、因误工减少的收入等费用，造成残疾的，还应当支付残疾者生活自助具费、生活补助费、残疾赔偿金及由其扶养的人所必需的生活费等费用；构成犯罪的，依法追究刑事责任。

第四十二条 经营者提供商品或者服务，造成消费者或者其他受害人死亡的，应当支付丧葬费、死亡赔偿金及由死者生前扶养的人所必需的生活费等费用；构成犯罪的，依法追究刑事责任。

第四十三条 经营者违反本法第二十五条规定，侵害消费者的人格尊严或者侵犯消费者人身自由的，应当停止侵害、恢复名誉、消除影响、赔礼道歉，并赔偿损失。

第四十四条 经营者提供商品或者服务，造成消费者财产损害的，应当按照消费者的要求，以修理、重作、更换、退货、补足商品数量、退还货款和服务费用或者赔偿损失等方式承担民事责任。消费者与经营者另有约定的，按照约定履行。

第四十五条 对国家规定或者经营者与消费者约定包修、包换、包退的商品，经营者应当负责修理、更换或者退货。在保修期内两次修理仍不能正常使用的，经营者应当负责更换或者退货。

对包修、包换、包退的大件商品，消费者要求经营者修理、更换、退货的、经营者应当承担运输等合理费用。

第四十六条　经营者以邮购方式提供商品的，应当按照约定提供。未按照约定提供的，应当按照消费者的要求履行约定或者退回货款；并应当承担消费者必须支付的合理费用。

第四十七条　经营者以预收款方式提供商品或者服务的，应当按照约定提供。未按照约定提供的，应当按照消费者的要求履行约定或者退回预付款；并应当承担预付款的利息、消费者必须支付的合理费用。

第四十八条　依法经有关行政部门认定为不合格的商品，消费者要求退货的，经营者应当负责退货。

第四十九条　经营者提供商品或者服务有欺诈行为的，应当按照消费者的要求增加赔偿其受到的损失，增加赔偿的金额为消费者购买商品的价款或者接受服务的费用的一倍。

第五十条　经营者有下列情形之一，《中华人民共和国产品质量法》和其他有关法律、法规对处罚机关和处罚方式有规定的，依照法律、法规的规定执行；法律、法规未作规定的，由工商行政管理部门责令改正，可以根据情节单处或者并处警告、没收违法所得、处以违法所得一倍以上五倍以下的罚款，没有违法所得的，处以一万元以下的罚款；情节严重的，责令停业整顿、吊销营业执照：

(一) 生产、销售的商品不符合保障人身、财产安全要求的；
(二) 在商品中掺杂、掺假、以假充真、以次充好，或者以不合格商品冒充合格商品的；
(三) 生产国家明令淘汰的商品或者销售失效、变质的商品的；
(四) 伪造商品的产地，伪造或者冒用他人的厂名、厂址，伪造或者冒用认证标志、名优标志等质量标志的；
(五) 销售的商品应当检验、检疫而未检验、检疫或者伪造检验、检疫结果的；
(六) 对商品或者服务作引人误解的虚假宣传的；
(七) 对消费者提出的修理、重作、更换、退货、补足商品数量、退还货款和服务费用或者赔偿损失的要求，故意拖延或者无理拒绝的；
(八) 侵害消费者人格尊严或者侵犯消费者人身自由的；
(九) 法律、法规规定的对损害消费者权益应当予以处罚的其他情形。

第五十一条　经营者对行政处罚决定不服的，可以自收到处罚决定之日起十五日内向上一级机关申请复议，对复议决定不服的，可以自收到复议决定书之日起十五日内向人民法院提起诉讼；也可以直接向人民法院提起诉讼。

第五十二条　以暴力、威胁等方法阻碍有关行政部门工作人员依法执行职务的，依法追究刑事责任；拒绝、阻碍有关行政部门工作人员依法执行职务，未使用暴力、威胁方法的，由公安机关依照《中华人民共和国治安管理处罚条例》的规定处罚。

第五十三条　国家机关工作人员玩忽职守或者包庇经营者侵害消费者合法权益的行为的，由其所在单位或者上级机关给予行政处分；情节严重，构成犯罪的，依法追究刑事责任。

第八章　附　则

第五十四条　农民购买、使用直接用于农业生产的生产资料，参照本法执行。

第五十五条　本法自1994年1月1日起施行。

4.2　商品标准的种类与级别

4.2.1　商品标准的种类

随着科学技术的进步和生产的日益现代化，标准已经发展成为种类繁多的复杂体系。目前已不能按照某一种依据将所有的标准进行划分，只能用不同的划分依据对标准进行划分。

1. 按标准化对象的内容不同分类

按标准化对象的内容不同分类，标准可分为技术标准、管理标准和工作标准。技术标准是指针对标准化领域中需要协调统一的技术事项所制定的标准，包括基础技术标准、产品标准、工艺标准、检测试验方法标准，以及安全、卫生、环保标准等。管理标准是指针对标准化领域中需要协调统一的管理事项所制定的标准，包括管理基础标准、技术管理标准、经济管理标准、行政管理标准和生产经营管理标准等。工作标准是指是指针对标准化领域中需要协调统一的各类人员的工作事项所制定的标准，也就是对工作的责任、权利、范围、质量要求、程序、效果、检验方法和考核办法所制定的标准。工作标准一般包括部门工作标准和个人岗位工作标准。

2. 按标准的表达形式不同分类

按标准的表达形式不同分类，标准可分为文件标准和实物标准。文件标准是指用特定的规范文件，通过文字、表格、图样等形式，表述商品的规格、质量、检验方法等有关技术内容的统一规定。商品标准大多数是文件标准，对难以用文字准确表述的质量要求，如色、香、味、手感、质感等，由标准机构或指定部门用实物制成与文件标准规定的质量要求完全或部分相同的标准样品，常用作评定商品质量等级的依据，如 GSB 61003—1987 就是汾酒实物标准。我国的粮食、茶叶、棉花、羊毛、蚕茧、名优白酒等商品都有实物标准样品。

3. 按标准的约束性不同分类

按标准的约束性不同分类，标准可分为强制性标准和推荐性标准。强制性标准是指由法律和法规规定要强制实行的标准，也称为法规性标准。推荐性标准是除强制性标准以外自愿采用、自愿认证的标准，又称为自愿性标准。《中华人民共和国标准化法》以下简称《标准化法》规定，凡涉及保障人体健康、人身财产安全的标准及法律、行政法规规定强制执行的标准均为强制性标准，其余标准为推荐性标准。强制性标准必须严格执行，凡不符合强制性标准的产品，禁止生产、销售和进口。

此外，商品标准按适用范围不同还可以分为生产型标准和贸易型标准、出口商品标准和内销商品标准；按商品标准的保密程度不同可分为公开标准和内控标准；按商品标准的成熟程度不同可分为试行标准和正式标准。

4.2.2 商品标准的级别

商品标准根据其适用领域和有效范围的不同，可以分为国际标准、区域标准、国家标准、行业或专业团体标准、地方标准、企业标准等不同级别，其目的是适应不同生产技术水平、不同管理水平，以及满足各种不同的经济技术要求，以便更有效地促进商品质量的提高和质量管理的改善。根据《标准化法》，我国的标准划分为国家标准、行业标准、地方标准和企业标准。

1. 国际标准

国际标准是指由国际权威组织制定，并为国际承认和通用的商品标准。通常是指国际标准化组织、国际电工委员会、国际电信联盟(ITU)制定的标准，以及国际标准化组织公布的国际组织所制定的标准。

国际标准化组织公布的国际组织有：国际计量局(BIPM)、国际人造纤维合成纤维标准化局(BISF)、国际食品法典委员会(CAC)、世界海关组织(WCC，其前身为关税合作理事会)、国际电气设备合格认证委员会(CEE)、国际照明委员会(CIE)、国际无线电干扰特别委员会(CISPR)、国际原子能机构(IAEA)、国际航空运输协会(IATA)、国际民航组织(ICAO)、国际辐射单位与测量委员会(ICRU)、国际乳制品业联合会(IDF)、国际图书馆协会联合会(IFLA)、国际制冷学会(IIR)、国际劳工组织(ILO)、国际海事组织(IMO)、国际橄榄油理事会(IOOC)、国际辐射防护委员会(ICRP)、国际兽疫防治局(OIE)、国际法制计量组织(OIML)、国际葡萄与葡萄酒局(IWO)、国际铁路联盟(UIC)、联合国教科文组织(UNESCO)、世界卫生组织(WHO)、世界知识产权组织(WIPO)、国际电信联盟(ITU)、万国邮政联盟(UPU)、联合国粮农组织(UNFAO)、国际羊毛局(IWS)、国际棉花咨询委员会(ICAC)等。

国际标准采用标准代号(如 ISO、IEC 等)、编号(标准序号—分布年号)和标准名称来表示，如图4.1所示。

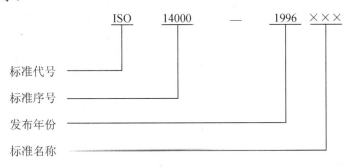

图 4.1　国际标准的代号和编号

2. 区域标准

区域标准是指由世界某一区域性标准化组织制定的，在本区域范围内执行的标准。国际上影响较大的区域标准有：欧洲标准化委员会制定的欧洲标准(EN)、欧洲电工标准化委员会(CENELEC)制定的标准、亚洲标准咨询委员会(ASAC)制定的标准、泛美技术标准委员会(COPANT)制定的标准、非洲地区标准化组织(ARSO)制定的标准等。

3. 国家标准

国家标准是指由国家标准化机构批准发布，在全国范围内统一实施的标准。我国国家标准主要包括重要的工农业产品标准，基本原料、材料、燃料标准，通用的零件、部件、元件、器件、构件、配件和工具、量具标准，通用的试验和检验方法标准，商品质量分等标准，广泛使用的基础标准，有关安全、卫生、健康和环境保护标准，有关互换、配合通用技术术语标准等。强制性国家标准代号为 GB，推荐性国家标准代号为 GB/T，其编号形式为顺序号加发布年份，中间加横线分开，如 GB 12514—2005、GB/T 14463—2008。

4. 行业标准

行业标准是指由行业主管部门或行业协会制定，在某一行业范围内统一实施的标准。我国行业标准一般是在没有国家标准的情况下，在行业内实施，包括行业范围内的主要产品标准，行业范围内通用的零件、配件标准，行业范围内设备、工具和原料标准，行业内的工艺规程标准，行业范围内通用的术语、符合、规则、方法等。我国约有 150 个专业标准化技术委员会参与行业标准的制定、修订和审查组织工作，相应的国家标准制定发布后，该行业标准即行废止。行业标准代号见表4-1，编号形式与国家标准相同。

表4-1 我国行业标准代号

行业标准名称	标准代号	主管部门	行业标准名称	标准代号	主管部门
包装	BB	中国包装工业总公司	轻工	QB	中国轻工业联合会
船舶	CB	国防科工委	汽车	QC	中国汽车工业协会
测绘	CH	国家测绘局	航天	QJ	国防科工委
城镇建设	CJ	住房和城乡建设部	气象	QX	中国气象局
新闻出版	CY	国家新闻出版广电总局	商业	SB	商务部
档案	DA	国家档案局	水产	SC	农业部
地震	DB	国家地震局	石油化工	SH	中国石油和化学工业协会
电力	DL	中国电力企业联合会	电子	SJ	工业和信息化部
地质矿产	DZ	国土资源部	水利	SL	水利部
核工业	EJ	国防科工委	商检	SN	国家质量监督检验检疫总局
纺织	FZ	中国纺织工业协会	石油天然气	SY	中国石油和化学工业协会
公共安全	GA	公安部	海洋石油天然气	SY（10000以后）	中国海洋石油总公司
广播电影电视	GY	国家新闻出版广电总局	铁路运输	TB	交通运输部
航空	HB	国防科工委	土地管理	TD	国土资源部
化工	HG	中国石油和化学工业协会	体育	TY	国家体育总局
环境保护	HJ	环境保护部	物资管理	WB	中国物资流通协会
海关	HS	海关总署	文化	WH	文化部
海洋	HY	国家海洋局	兵工民品	WJ	国防科工委
机械	JB	中国机械工业联合会	外经贸	WM	商务部
建材	JC	中国建筑材料工业协会	卫生	WS	卫生部
建筑工业	JG	住房和城乡建设部	稀土	XB	国家计委稀土办公室
金融	JR	中国人民银行	黑色冶金	YB	中国钢铁工业协会
交通	JT	交通部	烟草	YC	国家烟草专卖局
教育	JY	教育部	通信	YD	工业和信息化部
旅游	LB	国家旅游局	有色冶金	YS	中国有色金属工业协会
劳动和劳动安全	LD	人力资源和社会保障部	医药	YY	国家食品药品监督管理局
林业	LY	国家林业局	邮政	YZ	国家邮政局
农业	NY	农业部			

5. 地方标准

地方标准是指在没有国家标准和行业标准的情况下,需要在某一地区内统一使用的标准。地方标准由省、自治区、直辖市标准化行政主管部门制定、审批和发布,并报国务院标准化行政主管部门备案。在公布和实施相应的国家标准或行业标准后,该地方标准即行废止。

6. 企业标准

企业标准是指由企业制定发布、在该企业范围内统一使用的标准。企业生产的产品没有国家标准和行业标准时,应当制定企业标准,作为企业组织生产、经营活动的依据。已有国家标准和行业标准时,企业也可以制定高于国家标准和行业标准的企业内部控制标准,以提高产品质量,争创名优产品。企业标准一般由企业组织制定、批准和发布实施,报当地政府标准化行政主管部门备案。企业标准代号为"Q/",各省、自治区、直辖市颁布的企业标准应在 Q 前加省、自治区、直辖市的汉字简称,如北京市为京"Q/",斜线后为企业代号和编码。

 小思考

商品国际标准对我国进出口贸易有什么影响?

4.3 商品标准化

4.3.1 标准化的产生与发展

标准化最早产生于人类语言的标准化和生产工具的标准化,随着人类文明程度的提高,在商品交换过程中,标准化也得到普及和应用,主要表现在商品计量器具、统一货币的使用。

我国标准化产生的历史可追溯到公元前 221 年,秦始皇统一六国后,统一了法律、货币、度量衡、车轨、文字,开始推行标准化。例如,烽火台为正方形,边长 2.4 丈(1 丈=3.33 米),高 3.6 丈;所修的长城规定下宽 1.8 丈,上宽 1.62 丈。到了汉朝标准化已被广泛运用到各个领域。

从世界范围看,标准化的发展是伴随着社会化大生产发展而发展的,社会化大生产的突出特点是规模大、分工细、协作广泛,必须依靠一种技术手段建立稳定的生产协作关系,使相互联系的生产过程形成一个有机联系的整体。标准化这种技术手段适应了稳定的生产协作关系的建立。

1845 年,英国人瑟·韦特瓦尔提出了将螺钉、螺母规格尺寸统一的建议,标准化开始在社会化大生产过程中运用。现代标准化在社会化大生产过程中的发展大致经历了四个阶段。

第一阶段为 19 世纪末~20 世纪初,为标准化的初创阶段。1898 年,美国成立了材料与实验协会,开始在材料领域推行标准化工作;1901 年,英国成立了世界第一个国家级标准协会——英国标准协会;1906 年世界最早的国际性标准团体——国际电工委员会成立。

1898—1901 年,美国工程师弗雷德里克·温斯洛·泰罗创建了科学管理理论体系,这就是人们所说的"泰罗制"。泰罗在伯利恒钢铁公司将他的理论进行试验,并且大获成功,为标准化应用和推广奠定了基础。泰罗科学管理的特点是从每一个工人抓起,从每一件工具、每一道工序抓起,在科学实验的基础上,设计出最佳的工位设置、最合理的劳动定额、标准化的操作方法和最适合的劳动工具。其标准的作业条件包括标准化的操纵方法、标准化的工具、机器和材料,以及作业环境标准化。在此之前,工人的操作方法、使用的工具及操作工序往往是根据自己的或师傅的经验来确定的,缺乏科学的依据。泰罗认为必须用科学的方法对工人的操作方法、使用的工具,劳动和休息时间的搭配,以至机器的安排和作业环境的布置等进行全面的分析,消除各种不合理的因素,把各种最好的因素结合起来,从而形成一种标准的作业条件。

第二阶段为第二次世界大战前,是标准化在企业内部推广阶段。1913年,福特汽车公司创立了全世界第一条汽车流水装配线,这种流水作业法后来被称为"福特制",并在全世界广泛推广。这种制度是在实行零部件标准化的基础上组织大批量生产,并使一切作业机械化和自动化,成为劳动生产率很高的一种生产组织形式。这个时期标准化在企业得到了广泛的推广和应用。

第三阶段为第二次世界大战后至20世纪50年代,是国家标准化的发展阶段。1947年,国际标准化组织成立,目前已有100多个国家和地区成立了国家和地区性标准化组织机构。

第四阶段为20世纪50年代后,是国际标准化的发展阶段。随着经济全球化迅猛发展,国际标准化工作越来越被世界各国重视。在现代工业发展中,由于生产过程系列化,因此迫切要求形成标准化系统。其特点是以系统最优化为目标,应用数字方法和计算机进行最佳处理,建立与经济、技术发展水平相适应的标准化体系。

国际标准化发展也呈现出许多新的特点,如国际标准的趋同性;各国加紧争夺国际标准的制定权;各国运用标准来保护国内市场;各国标准化过程中分权化明显等。

 小贴士

国际标准化组织

国际标准化组织简称ISO,是世界上最大的非政府性标准化专门机构,是国际标准化领域中一个十分重要的组织。其宗旨是在全世界促进标准化及有关活动的发展,以便于国际物资交流和服务,并扩大知识、科学、技术和经济领域中的合作。它显示了强大的生命力,吸引了越来越多的国家参与其活动。

国际标准化组织的前身是国家标准化协会国际联合会和联合国标准协调委员会。1946年10月,25个国家标准化机构的代表在伦敦召开大会,决定成立新的国际标准化机构,定名为国际标准化组织。大会起草了国际标准化组织的第一个章程和议事规则,并认可通过了该章程草案。1947年2月23日,国际标准化组织正式成立。

(资料来源:http://baike.baidu.com/view/42488.htm。)

4.3.2 商品标准化的概念

标准化是指在经济、技术、科学及管理等社会实践中,对重复性事务和概念,通过制定、发布和实施标准,达到统一,以获得最佳经济秩序和社会效益的全部活动。

商品标准化是指在商品生产和流通各环节中制定、发布及推行商品标准的活动。主要包括商品名词术语统一化、商品质量标准化、商品质量管理与质量保证标准化、商品分类编码标准化、商品零部件通用化、商品品种规格系列化、商品检验与评价方法标准化、商品包装、储运、养护标准化和规范化等。

4.3.3 商品标准化的作用

标准化是商品经济的一项重要的基础工作，是衡量一个国家生产技术水平和管理水平的尺度，是一个国家现代化水平的重要标志，对提高生产技术水平，提高商品质量，促进贸易经济发展，提高社会经济效益等方面有十分重要的意义。

(1) 标准化是现代化商品生产和流通的必要前提，是巩固和发展专业化协作的基本条件。现代化商品生产是以先进的科学技术和生产高度社会化为特征的复杂的生产组合。生产的连续性和节奏性要求各生产部门专业化协作关系日益紧密，标准化是各生产部门进行生产技术统一和协调的有效手段。在现代化商品生产和流通中，只有通过标准化，才能使生产各个部门和环节有机联系起来，使社会再生产过程得以顺利进行，以获得最佳经济效益。

(2) 标准化是建立最佳生产经营秩序，实现现代化科学管理及全面质量管理的基础。商品标准是企业管理目标在质量方面的具体化和定量化，只有通过制定各种技术标准和管理标准，推行标准化，才能实现科学管理及全面质量管理。

(3) 标准化是提高商品质量和合理发展商品品种、提高企业竞争力的技术保证。商品质量标准既是企业管理的目标，又是衡量商品质量高低的技术依据。商品质量标准对于提高商品质量、合理开发商品新品种、降低商品成本、提高企业竞争力有十分重要的意义。

(4) 标准化是合理利用资源、保护环境、节能减排、促进经济全面可持续发展和提高社会经济效益的有效手段。商品标准化的任何一种形式都会有助于合理利用资源、保护环境、节能减排、促进经济全面可持续发展和提高社会经济效益。

(5) 标准化是积累实践经验，推广应用新技术，促进技术进步的桥梁。新工艺、新材料、新技术、新产品研制开发成功，通过技术鉴定后，纳入相应的新标准，有利于迅速推广和应用，收到显著的社会经济效益。

(6) 标准化是国际贸易的纽带和调节工具。积极采用国际标准，能有效突破国际贸易技术壁垒，提高商品的国际竞争力，发展对外贸易。

麦德龙——标准化商品的供应链管理

德国麦德龙超市集团(METRO Group)，成立于1964年，以其崭新的理念和管理方式在德国及欧洲其他19个国家迅速成长并活跃于全世界。它是世界第三大商业集团，也是欧洲最大的从事批发业务的大型连锁公司，更是Fortune 500强企业之一。麦德龙还是国际知名的现购自运(C&C)经销系统的领头公司，主要瞄准集团消费和中小商店等批量购买者。

动态管理是供应链管理的目标之一，其目的就是要降低商品库存。因此，有效的物流跟踪与库存控制，是整个供应链在最优化状态下运行的基本保证。电子化商品管理系统是管理物流的关键，能在任何时间知道有哪些存货，进了多少，放在哪里，卖了多少，这样就能对整个经营进行操控。如果能控制整个经营，当然也可以控制成本。

在麦德龙，电脑控制系统掌握了商品进销存的全部动态，将存货控制在最合理的范围。当商品数量低于安全库存，电脑就能自动产生订单，向供货单位发出订货通知，从而保证商品持续供应和低成本经营。

如果能随时对进销存的动态有清晰的了解，就可以及时发现问题，作出快速反应，避免损失的发生，从而能在降低库存的同时，提高顾客满意度。麦德龙最大的优势就是从一开始就建立了信息管理系统。早在20世纪70年代，麦德龙的最高领导层就将信息管理的概念带进麦德龙的物流管理。麦德龙有自己的软件开发公司(MGI)，它的电脑专家专门为麦德龙开发设计了一套适合其管理体制的商品管理系统。

中国供应链管理存在的问题就是没有对物流管理进行严格的标准化掌控。麦德龙的经营秘诀就是所有麦德龙的分店都一个样，麦德龙将很成功的模版复制到每个商场，包括商场的外观和内部布置及操作规则，所有商场实施标准化、规则化管理。这些规则包括购买、销售、组织等各个方面。就像工厂的机械化操作一样，每个人都知道自己要做什么，应该怎么做，规则非常明确。从与供应商议价开始，直到下单、接货、上架、销售、收银整个流程，都是由一系列很完善的规则控制这套动作。

无论做什么，都不要忘了供应链的另一端是客户，这是最重要的。有时，人们一味地追求标准化，而忽略了客户。麦德龙整个供应链的运作，则是由顾客的需求来拉动的。因而，它能站在客户的角度去思考，提供更加完善的商品和服务。

麦德龙主要针对专业客户，如中小型零售商、酒店、餐饮业、工厂、企事业单位、政府和团体等。其供应链管理的特色之一就是对顾客实行不收费的会员制管理，并建立了顾客信息管理系统。

如果麦德龙不限定客户，让所有人都来，那么其运营成本就要增加，管理难度也必然加大。

麦德龙只关注目标客户，知道他们需要什么，因此麦德龙可以控制品种数目。如果麦德龙服务所有人，就需要更多的投入、更多的供应商、更多的洽谈……这就是成本。从技术的角度讲，限制客户范围可以提高经营效率。

麦德龙的信息系统不但能详尽反映销售情况，提供销售数量和品种信息，而且还记录了各类客户的采购频率和购物结构，准确反映客户的需求动态和发展趋势，使麦德龙能及时调整商品结构和经营策略，对顾客需求变化迅速作出反应，从而最大程度地满足顾客需求。

别人是等待客户，麦德龙则是主动接近客户。在中国，麦德龙每家店有15个客户咨询员，他们每天都跑出去拜访客户，了解客户需求。麦德龙按照客户离麦德龙商店的路程远近，将客户分类，对他们进行重点分析和研究。同时，麦德龙还对其客户(特别是中小型零售商)提供咨询服务。除定期发送资料外，麦德龙还组织客户顾问组，对客户购物结构进行分析，同主要客户进行讨论，帮助客户做好生意。

在整个供应链上，不仅仅需要企业内部各个环节能有效地完成各自的工作，更需要供应商与企业之间、企业与客户之间的无缝对接。

麦德龙的价格优势，来自于从采购到销售有一套严谨的，标准化的管理程序。而这一套标准化管理一直延伸到供应商处的供货流程。麦德龙给供应商们专门制作了供货操作手册，包括凭据、资料填写、订货、供货、价格变动、账单管理、付款等过程的方方面面。麦德龙通过这种规范化采购运作的延伸，把供应商纳入自己的管理体系，将供应商的运输系统组合成为它服务的社会化配送系统，从而大大降低了企业的投资，实现了低成本运营。

麦德龙的核心价值观就是寻求与供应商建立长久的关系，为共同的利益合作。麦德龙采用中央采购的形式就是一种双赢的形式。如果麦德龙有8个商店，每个商店都有一个采购部门，就有8个采购部门，运作成本很高；如果只有一个采购部门，运作成本就低多了。而且，集合订购数量多，得到的价格更优惠，实行中央采购有助于降低运作成本，也便于管理。同时，麦德龙的供应商也从中受惠。例如，如果麦德龙在其他地方开店，供应商不必在当地设办事处，他们只需和麦德龙总部联系就可以了，中央采购也节省了供应商的运作成本。

同时，有的供应商还可从麦德龙的互联网站点上直接下载订单，降低订单处理成本。为了进一步降低供应商的成本，麦德龙还为供应商提供某些管理协助，如选择最快，最节省成本的送货路线。麦德龙在同供应商交易时，能严格遵守合同所规定的交易期限，按时结算，而且批量大、周转快，加上它奉行的双赢策略，所以供应商都愿以最低价位向其出售商品。

(资料来源：http://www.examda.com/wuliu/anli/20060821/111817242-2.html.)

【点评】麦德龙的巨大成功，得益于其供应链管理的方方面面，不仅在于对物流的各个流程进行整合，实现了供应链无缝对接，提高了物流运作效率，使商品以最快的速度到达最终用户；在确保质量和品种的前提下坚持天天低价的经营方针，牢牢掌握商品价格的话语权；而标准化管理无疑是其成功的秘诀。

4.3.4 商品标准化的形式

商品标准化形式就是指商品标准化的存在方式，也就是标准化过程的表现形式。商品标准化有多种表现形式，每种形式都表现出不同的标准化内容，针对不同的标准化内容和任务，采用不同的方法，可达到不同的目的。

商品标准化的形式是由标准化的内容所决定的，并随着标准化内容的发展而变化。标准化的形式又有其相对的独立性和自身的继承性，并反作用于内容，影响内容。标准化过程就是标准化内容与形式辩证统一的过程。商品标准化的形式主要有简化、统一性、系列化、通用化、组合化和模数化。

案例分析

欧盟官员赶来温州宣读"CR 法规"

欧洲联盟(以下简称欧盟)的"CR 大棒"被拉锯四年之后，还是狠狠地砸了下来。2006 年 10 月 24 日，欧盟标准化委员会、健康和消费者保护委员会等官员一行将抵达温州，向浙江打火机厂商宣布欧盟"CR 法规"和具体实施细则。

浙江省外经贸厅公平贸易局的官员说，这项决定 2006 年 10 月初已由商务部重申，除了规定日期内销完存货外，从 2007 年 3 月 11 日起，出口欧盟一次性打火机必须加装防儿童开启装置(CR 装置)，新奇打火机将遭禁售。

围绕打火机 CR 标准的贸易纠纷由来已久。1994 年美国通过了保护儿童的 CR 法案，致使众多浙江打火机厂商退出美国市场。欧盟从 2002 年起，曾数次试图推出 CR 标准，但均因企业据理力争而未果。

时任温州市烟具协会常务副会长黄发静认为，并非温州打火机企业没有能力在产品上加装 CR 装置，而是该项装置必须经过检测机构认证后，才能通过欧盟标准化委员会验收。加装 CR 装置的最大障碍还在于欧盟。黄会长说："被欧盟承认的打火机检测机构均在欧美国家，所以要想真正通过 CR 法规，还是由欧盟说了算。"欧盟通过这一法案，进一步掌握了话语权。

温州打火机品种繁多、价格相对较低，但 CR 装置的检测费却贵得惊人：每一款打火机至少需要 2 万美元，加上检测周期至少需要 3 个月，对大多数温州打火机生产商来讲，都会大大提高出口成本。

一些温州打火机企业认为，即使加装了 CR 装置，还必须面对欧盟打火机厂商的侵权诉讼。CR 法案要求的安全锁知识产权，目前大多掌握在欧、美、日等国的生产商手中。

"很多欧盟企业都为自己的 CR 装置申请了专利，如果我们也装了一个类似的，他们就会告我们侵犯专利权。"黄发静说，这一方案出台后，浙江打火机厂家将进退两难。

据温州烟具协会统计，温州市拥有打火机生产企业 500 多家，年产金属外壳打火机 8 亿只，出口占总量 80%，占世界金属打火机市场份额 70%，国内市场占 90%份额。占全球市场份额的八成以上。欧盟目前是温州打火机最大的出口市场，CR 标准实施后，至少会影响一半以上的打火机出口。

(资料来源：http://www.21etm.com/bencandy.php?fid=41&id=16471，2009-06-17)

【点评】产品技术标准已成为今后国际贸易中的最为常用的非关税壁垒，技术性壁垒是实施贸易保护的有效手段。中国产品要进入国际市场，就必须使自己的产品超越国际标准，这是唯一可靠的途径。

小贴士

CR 法案

欧盟打火机 CR 法案经历了 1998 年的起草、2002 年之后连续四年的谈判、交涉，最终于 2006 年 5 月正式讨论通过。CR 意为"CHILD-RESISTANCE"，它要求在打火机上添加防止儿童开启的装置，以此提高打火机的安全性能。

本 章 小 结

本章主要论述了商品标准的概念、商品标准的作用和分级，以及商品标准化。商品标准根据其适用领域和有效范围的不同，可以分为国际标准、区域标准、国家标准、行业或专业团体标准、地方标准、企业标准等不同级别。商品标准化是指在商品生产和流通各环节中制定、发布及推行商品标准的活动。

关键术语

标准　商品标准　商品标准化

知识链接

ISO 9000 质量管理体系系列标准和 ISO 14000 环境管理体系系列标准

ISO 9000 标准是国际标准化组织在 1994 年提出的概念，是指由 ISO/TC 176 制定的国际标准。TC 176 即为国际标准化组织质量管理和质量保证技术委员会，是国际标准化组织中第 176 个技术委员会，它成立于 1980 年，专门负责制定品质管理和品质保证技术的标准。ISO 9000 不是指一个标准，而是指一族标准的统称。企业常选用以下三个标准——ISO 9001: 1994《质量体系　设计、开发、生产、安装和服务的质量保证模式》，ISO 9002: 1994《质量体系　生产、安装和服务的质量保证模式》，ISO 9003: 1994《质量体系　最终检验和试验的质量保证模式》。2000 年对 ISO 9000 族标准进行了修订，四个核心标准是 ISO 9000《质量管理体系基础和术语》、ISO 9001《质量管理体系要求》、ISO 9004《质量管理体系业绩改进指南》和 ISO 19011《质量和环境管理体系审核指南》。

环境问题已成为制约经济发展和人类生存的重要因素。ISO 14000 是国际标准化组织制定的环境管理体系国际标准。ISO 14000 已经成为目前世界上最全面和最系统的环境管理国际化标准，并引起世界各国政府、企业界的普遍重视和积极响应。已颁布的主要标准有 ISO 14001:1996《环境管理规范及使用指南》、ISO 14004:1996《环境管理体系原则、体系和支撑技术指南》、ISO 14010:1996《环境审核指南通用原则》、ISO 14011:1996《环境审核指南审核程序、环境管理体系审核》、ISO 14012:1996《环境审核指南审核员资格要求》、ISO 14050:1998《环境管理术语》、ISO 14031:1999《环境管理环境绩效评估指导纲要》等。

习 题

一、单项选择题

1. 根据《中华人民共和国标准化法》，我国的标准划分不包括的类别有( )。
   A．国家标准　　　B．行业标准　　　C．地方标准
   D．企业标准　　　E．国际标准
2. 国际贸易中，一些难以用文字表达商品质量的产品，如土特产、某些工艺品，常常使用( )作为交货和验收的依据。
   A．技术标准　　　B．文件标准　　　C．实物标准　　　D．强制性标准
3. 所谓内控标准，主要指的是( )的一种类型。
   A．行业标准　　　B．企业标准　　　C．地方标准　　　D．商业标准
4. 国家标准代号为"GB/T"，是指( )标准。
   A．推荐性　　　　B．强制性　　　　C．行业　　　　　D．地方

二、多项选择题

1. 按标准化对象的内容不同分类，标准可分( )。
   A．技术标准　　　B．管理标准　　　C．工作标准　　　D．地方标准
2. 商品标准按照表现形式不同可以分为( )。
   A．试行标准　　　B．正式标准　　　C．文件标准
   D．实物标准　　　E．公开标准
3. 按标准的约束性不同分类，标准可分为( )。
   A．技术标准　　　B．管理标准　　　C．强制性标准　　D．推荐性标准

三、简答题

1. 简述商品标准的作用。
2. 简述标准化的作用。

四、分析论述题

论述商品标准在国际贸易中的作用。

五、实训题

调查流通领域标准化实施情况。

第5章 商品分类

【教学目标与要求】
- 了解商品分类的概念及其作用;
- 掌握商品分类原则和方法;
- 了解商品分类标志;
- 熟悉商品编码。

导入案例

某购物网站商品分类列表

家电
大家电 | 厨房电器 | 个人护理 | 居家电器

手机通信
GSM手机 | 联通3G手机 | 移动3G手机 | 电信3G手机 | CDMA手机 | 手机配件 | 对讲机电脑产品
电脑整机 | 移动存储 | 电脑外设 | 电脑软件 | DIY配件 | 网络设备 | 电脑附件

宠物
零食 | 清洁美容用品 | 服装饰品 | 日常用具 | 玩具 | 保健品 | 医疗用品

厨卫用品
厨房用品 | 卫浴用品 | 香熏用品 | 保温容器

家具/建材
家具 | 建材

纺织用品
床品套件 | 被子 | 枕头/保健枕 | 枕套/枕巾 | 床单/床罩/床裙 | 床褥/床笠/床垫 | 毯子 | 靠垫类 | 婚庆床品 | 儿童床品 | 被套 | 毛巾 | 浴巾 | 浴衣/浴裙 | 布艺/罩/帘 | 其他

时尚家饰
十字绣/刺绣 | 工艺摆设 | 装饰画/挂饰/壁饰 | 地垫/地毯 | 鱼缸 | 其他

清洁
清洁工具 | 家居清洁 | 衣物清洁保养 | 空气净化除湿 | 其他

生活日用
收纳 | 衣架 | 指甲刀/剪刀 | 衣物整理 | 眼罩 | 伞 | 净味 | 其他 | 创意家居 | 园艺用品

礼品收藏
ZIPPO打火机 | 其他品牌打火机 | 瑞士军刀 | 工艺礼品 | 时尚礼品 | 商务礼品 | 日用礼品 | 个性定制礼品 | 古玩 | 字画 | 流通纪念币 | 运动纪念品 | 邮票 | 金银 | 鲜花快递 | 人民币 | 其他

珠宝饰品
珠宝 | 饰品

箱包皮具
皮具礼盒 | 旅行包/拉杆箱 | 电脑包 | 商务公文包 | 钥匙包/票卡夹 | 皮带/腰带 | 钱包/钱包 | 休闲男包 | 时尚女包 | 双肩背包 | 单肩/斜挎包 | 摄影包/相机包 | CD包/手机袋

钟表眼镜
钟表 | 眼镜

女鞋
布鞋/绣花鞋/舞蹈鞋 | 商务休闲鞋 | 正装鞋 | 靴子 | 凉鞋 | 拖鞋

男鞋
雨鞋 | 布鞋 | 商务休闲鞋 | 正装鞋 | 凉鞋 | 拖鞋 | 靴子

儿童服饰
童装 | 童鞋 | 帽子/围巾/手套/袜子

母婴用品
妇女卫生用品 | 孕产妇用品 | 喂养用品 | 婴儿服饰 | 寝居用品 | 婴儿洗护 | 防尿用品 | 出行用品 | 奶粉 | 辅食 | 婴儿防护 | 小电器 | 保健食品 | 出生纪念品 | 游泳用品 | 其他

玩具
遥控玩具 | 教育类玩具 | 棋牌/益智玩具 | 乐器玩具 | 毛绒玩具 | 典型男孩玩具 | 典型女孩玩具 | 婴儿玩具(6个月~2岁) | 幼儿玩具(2~6岁) | 艺术类玩具 | 室外玩具 | 儿童自行车 | 其他玩具

运动服装服饰
休闲服装 | 卫衣 | 运动香水/护肤 | 服饰配件 | 运动表 | 运动裤 | 运动外套 | 运动包 | 运动T恤 | 运动套装

运动鞋
休闲鞋 | 沙滩鞋 | 板鞋 | 经典/复古鞋 | 运动文化鞋 | 硫化鞋 | 网羽鞋 | 足球鞋 | 篮球鞋 | 跑步鞋/慢跑鞋

办公文品
办公整理类 | 书写工具 | 纸张本册 | 办公文具 | 书包 | 学习文具 | 画画和美术 | 旗帜 | 书信文件类 | 办公家具 | 其他

美妆
香水 | 彩妆 | 男士专区 | 口腔护理 | 护肤 | 个人护理 | 美体纤身 | 化妆工具

食品
休闲零食 | 保健品 | 冲调食品 | 茶叶 | 地方特产 | 副食粮油 | 有机食品 | 进口食品 | 酒 | 饮料

运动器材
台球用品 | 棋牌系列 | 瑜伽系列 | 壁球系列 | 乒乓球系列 | 轮滑系列 | 足篮排球 | 网羽球拍 | 极限运动系列 | 护具 | 冰雪运动 | 健身器材 | 健身器具 | 棒垒用品 | 搏击用品 | 弓箭用品

户外装备
户外打火机 | 攀岩装备 | 户外眼镜 | 望远镜 | 户外包 | 户外运动鞋 | 探险用品 | 野营用品 | 户外服装 | 户外刀具

【点评】购物网站大多按照商品的用途或主题进行商品分类,利用下拉菜单可进一步细分,这是符合消费者习惯的,好的商品分类既有利于消费者选购商品,又有利于商家销售商品。应特别注意商品名称的规范性和准确性。

5.1 商品分类及其作用

5.1.1 商品分类的概念

1. 分类

任何集合总体都可以根据一定的标志或特征,逐次划分或归纳为若干局部集合体,使局部集合体特征更趋一致。这种将集合总体科学地、系统地逐次划分或归纳的过程称为分类。

分类水平反映着科学技术水平,在人类科学研究和社会实践中,对事物进行分类是一种重要的科学研究方法,可以将复杂的事物和现象系统化、条理化,使人们对事物有更加系统的认识,从而更好地认识世界和改造世界。

2. 商品分类

商品分类是指根据一定的目的,为满足某种需要,选择适当的商品属性或特征作为分类标志,将商品集合体科学地、系统地逐次划分为不同层次类别的过程。

商品品种繁多,特征各异,使用性能各不相同,有必要对商品进行分类。对商品分类时,要考虑分类商品的属性、特征,还要考虑分类商品管理上的需要和要求,有时还要兼顾分类商品在传统和习惯上的管理方法等。

商品品种是指商品具体名称所对应的商品。商品细目是对商品品种的详尽区分,包括商品的规格、花色、质量等级等,能够更加具体地反映商品特征。

5.1.2 商品分类的作用

1. 商品分类为商品科学化管理奠定了基础

商品种类繁多,特征多样,用途各异,价值悬殊,只有将商品科学分类,商品生产经营活动各环节中计划、统计、核算、储运、销售、进出口等工作才能顺利进行和开展。随着信息技术的广泛运用，对商品的分类和编码提出了更新、更高的要求，这些新技术的应用，离不开科学的商品分类和编码系统的支持，同时使商品管理更加科学化。

2. 商品分类有利于商品标准化的实施

通过科学的商品分类，可使商品名称和类别统一化、标准化，避免造成商品生产和销售上的困难。商品分类是编制商品目录的基础，科学、系统的商品分类能使商品目录条理清晰、层次分明，为商品标准化和企业标准化创造良好的条件。

3. 商品分类有利于商品经营管理和消费者选购

科学的商品分类有利于商品经营者科学有效地进行商品采购管理、陈列管理、销售管理，及时掌握经营业绩，便于对经营商品进行统计、分析，以及进行经营决策。同时基于商品分类而设计的商场合理布局有助于消费者对商品进行选购。

4. 商品分类有利于开展商品研究和教学工作

科学的商品分类有利于将众多商品的个性特征归纳为每类商品的共性特征，便于全面地分析、评价商品的质量，研究商品质量的变化规律，为商品流通的各个环节、新商品和新品种开发提供科学依据。教学过程中，商品分类使相关教学内容系统化、专业化，便于理解和掌握，有利于商品理论知识的传授和研究。

5.2 商品分类的原则和方法

5.2.1 商品分类的原则

1. 科学性原则

商品分类应符合客观要求；商品名称应统一、科学、准确；应选择分类对象最稳定的基本属性作为分类依据；分类层级划分要科学合理，每个分类层级只能采用一个分类标志。

2. 系统性原则

以分类对象最稳定的基本属性或特征为基础，将选定的分类对象按照一定归类原则和排列顺序予以系统化，使每个分类对象在体系中都占有一个位置，并反映它们彼此之间的关系。

3. 拓展性原则

商品分类应满足商品不断发展、更新和变化的需要。要求在建立商品分类体系时，应留有足够的空位，以便安置新出现的商品，不至于打乱已建立的商品分类体系，或将已建立的商品分类体系推倒重来，并且还要考虑到低层级商品分类体系的进一步拓展和细化。

4. 兼容性原则

兼容性是指各商品分类体系之间应具有良好的对应与转换关系。建立商品分类体系要尽可能与原有的分类体系保持一定的连续性，使分类体系之间能够相互衔接和协调，特别要考虑与国际通用的商品分类体系的对应和协调。随着商品编码系统和商品信息技术的不断发展和完善，商品分类也越来越趋于标准化，这样便于不同商品分类和编码体系的信息交换要求。

5. 实用性原则

商品分类是为了更好地满足商品科学化管理的需要，只要在这个前提之下，在商品经营管理中经济的、合理的、实用的商品分类，都是可取的。

5.2.2 商品分类的方法

1. 线分类法

线分类法也称层次分类法，是将确定的商品集合总体按照一定的分类标志，逐次地分成若干层级类目，每个层级又分为若干类目，排列成一个有层级并逐级展开的商品分类体系。其表现形式为大类、种类、小类、细目等。

线分类法应用广泛，在国际贸易和我国商品流通领域中，许多商品分类都采用了线分类法。例如，纺织纤维的线分类法见表5-1。

表5-1 纺织纤维的线分类法

大 类	中 类	小 类	细 目
纺织纤维	天然纤维	植物纤维	棉纤维、麻纤维等
		动物纤维	羊毛纤维、蚕丝纤维等
	化学纤维	人造纤维	黏胶纤维、富强纤维、醋酸纤维
		合成纤维	锦纶、涤纶、维纶、丙纶等

线分类法的优点是层次好，能较好地反映类目之间的逻辑关系，既符合信息手工处理的传统习惯，又利于计算机对信息的处理；但结构弹性较差，当分类结构确定后，不易改动。采用线分类法进行商品分类时应考虑留有足够的后备容量。

2. 面分类法

面分类法也称平行分类法，是将确定的商品集合总体按照不同的分类标志划分为相互之间没有隶属关系的若干分类集合，每个分类集合中的相应类目按一定排列顺序组配在一起，就形成了一个新的符合类目。例如，服装的面分类法见表5-2。

表5-2 服装的面分类法

服 装 面 料	式 样	款 式
纯棉	男装	中山装
纯毛	女装	西装
真丝	童装	夹克
棉涤		衬衫
毛涤		连衣裙

面分类法的优点是结构具有较大弹性，能较好地适应机器处理，易于添加和修改类目；缺点是各面的组配类目较为繁多，不便手工处理，不能充分利用容量，有时复合类目就没有实际意义，如真丝男装、连衣裙等。一般面分类法多作为线分类法的辅助方法。

5.3 商品分类标志

5.3.1 商品分类标志的概念

商品分类标志是编制商品分类体系和商品目录的重要依据，按其适用性可分为普遍适用分类标志和局部适用分类标志。普遍适用分类标志是以所有商品种类共有的特征、性质、功能等划分，如形态、体积、产地、原材料、加工方法、用途等；局部适用分类标志是以部分商品共有的特征划分，如化学组成，包装形式，动植物部位，颜色，形状，加工特点，保藏方法，播种收获季节，电器功率等。

5.3.2 常用的商品分类标志

1. 以商品用途作为分类标志

以商品用途作为分类标志进行商品分类，是商业经营中较为常见的一种商品分类方法。商品用途是商品使用价值的重要标志，它决定于商品使用价值，也是实现商品使用价值的基础，同时是探讨商品质量的重要依据。在商业经营过程中，根据商品用途的不同，通常将商品分为生产资料商品和生活资料商品。

以商品用途进行商品分类，便于比较和分析具有相同用途商品的质量水平和性能差异，以及市场需求和商品销售状况，有利于商品生产企业改进和提高商品质量，开发新产品，扩大商品品种规格，也便于经营者对商品的经营管理和消费者对商品的对比选购。对于多用途商品一般不宜采用这种分类标志。

2. 以商品原材料作为分类标志

商品的原材料是决定商品质量、性能和特征的重要因素之一。由于商品原材料在质量和性能上差异很大，使一些商品在特性和特征上也具有较大差异，如毛料服装和皮革服装，纯棉服装和真丝服装等。这些商品在成分、结构、性能、加工、包装、储运、使用条件等方面都有很大差异。

以原材料分类标志进行商品分类，适用于原料性商品和原料对质量影响较大的商品，对于由多种原料制成的商品则不适用。

3. 以商品生产加工工艺作为分类标志

商品生产加工工艺不同，其质量特征会有很大的差异，会形成不同的商品品种类别。例如，茶叶根据加工工艺可以分为红茶(发酵茶)、绿茶(不发酵茶)、乌龙茶(半发酵茶)。这种分类标志适用于选用多种生产工艺生产的商品。对于那些生产工艺不同，但产品质量、特征不会产生实质性区别的商品，一般不宜以加工工艺作为分类标志。

4. 以商品主要成分或特殊成分作为分类标志

商品的化学成分是形成商品质量和品种、影响商品质量的重要因素。一般商品分为主要成分和辅助成分，商品的主要成分往往决定了商品的质量、性能、用途等。例如，化肥根据主要成分可分为氮肥、磷肥、钾肥等，钢材也可以根据其所含特殊成分分为碳钢、硅钢、锰钢等。

5. 以商品形式作为分类标志

以商品形式分类，商品可分为有形商品和无形商品。有形商品是指看得见、摸得着，以实物形式进行交易的商品；而无形商品是指服务，是以活劳动形式满足消费者需要而进行交易的一种活动。

5.4 商品目录与商品分类编码标准

5.4.1 商品目录

商品目录是指在商品分类和编码的基础上，用数码、文字、字母和表格等全面记录和反映商品分类体系的文件形式。也就是说，商品目录是由国际组织、国家、行业或企业依据其任务、服务对象、管理范围，将商品种类用一定的书面形式，并经过一定批准程序固定下来的商品明细总表。

商品目录又称为商品分类目录，一般包括商品名称、商品代码(或编号)、商品分类体系三个部分。编制商品目录工作，就是在进行商品分类。只有依据商品分类原则编制的商品目录，才能使商品分类清晰，有利于商品管理的科学化、信息化、高效化。商品目录根据其编制的主体、目的、对象、内容的不同，形式也多种多样。

根据商品目录适用范围的不同，商品目录一般可分为国际商品目录、国家商品目录、行业(部门)商品目录及企业商品目录四类。

1. 国际商品目录

国际上广泛应用和国际公认的商品目录主要有世界海关组织制定的《商品名称和编码协调制度》(Harmonized Commodity Description Coding System，HS)、联合国统计署组织制定的《国际贸易标准分类》(Standard International Trade Classification，SITC)、联合国统计署与原欧共体统计部门共同制定的《主要产品分类》(Center Product Classification，CPC)、关于供商标注册用的商品和服务的国际分类的尼斯协定中的《商标注册用商品和服务国际分类表》(Internation Classification of Goods and Service for Purpose of the Registration of Marks)等。

2. 国家商品目录

国家商品目录是指由国家指定专门机构编制，在各行业中实行分类统一指导的全国性商品目录。例如，我国的国家标准GB/T 7635—2002《全国主要产品分类与代码》、日本的《商品分类编码》，以及美国的《联邦物资编目系统》等都属于此类商品目录。

3. 行业(部门)商品目录

行业(部门)商品目录是指由行业或行业主管部门编制的，为该行业(部门)共同采用的商品目录，如我国原商业部编制的标准SB/T 10135—1992《社会商业商品分类与代码》，原国家商检局(现已合并为国家质检总局)编制的《商检机构实施检验的进出口商品种类表》，海关总署编制的《中华人民共和国海关统计商品目录》、《中华人民共和国海关进出口商品规范申报目录》等。

4. 企业商品目录

企业商品目录是指由商品生产、储运、批发、零售和服务性企业自行编制的，通常仅适用于本企业生产经营管理需要的商品目录。例如，零售企业的商品目录一般包括全部商品目录和必备商品目录。全部商品目录是零售企业制定的应该经营的全部商品种类目录。必备商品目录是零售企业制定的经常必备的最低限度商品种类目录。必备目录确定后，再根据消费者需要加以补充和完善，形成零售企业全部商品目录。

上述商品目录虽然使用范围不同，但也存在紧密联系。例如，国家商品目录应充分考虑与国际商品目录的协调和衔接，以便商品信息的交流和处理，也有利于商品的国际流通。同样，行业(部门)商品目录及企业商品目录的编制也必须符合国家商品目录的分类原则和指导思想，并在此基础上结合行业(部门)及企业的具体情况，进行必要的细化和补充。商品目录应相对稳定，以便各类商品信息具有可比性，有利于协调商品流通工作。但商品目录也不是一成不变的，应随着商品经济的发展予以适时调整和修订，以便使商品目录在商品流通过程中发挥更大作用。

5.4.2 商品编码

1. 商品编码及其作用

商品编码又称为商品代码，是指根据一定规则赋予某类商品或某种商品以相应的代码。商品编码一般由字母、数字和特殊标记组成。商品编码往往是商品目录的重要组成部分，商品分类与代码构成了商品目录的完整内容。

商品编码是建立商品分类体系和商品目录的基础，合理的商品编码又是商品分类的重要手段，是商品分类体系的组成部分；商品编码可以使繁多的商品条理化、系统化、有序化，容易识别，便于记忆，便于统计和管理等业务工作，可以有效提高工作效率和可靠性，有利于对商品进行统一的社会管理。商品编码的标准化和全球化还有利于促进国际贸易的发展。

2. 商品编码的基本原则

为实现商品编码的标准化，必须建立统一的商品分类编码系统，在进行商品编码时应遵循以下基本原则。

(1) 唯一性原则。在同一个商品编码集中，每一个商品代码只能代表一类商品，即每一个编码商品只能有唯一的代码。

(2) 稳定性原则。商品代码确定后应在一定时期内保持稳定，不能经常或轻易变更，以保证商品分类编码系统的稳定性。

(3) 层次性原则。商品编码要层次清楚，能够清晰反映商品分类关系、分类体系及目录内部固有的逻辑关系。

(4) 可扩充性原则。编码时要留足备用代码，当需要增加商品新类目或删减旧类目时，不需要破坏编码结构再重新编码。

(5) 合理性原则。商品编码结构应与商品科学分类体系和商业经营实际需要相适应。

(6) 简明性原则。商品编码应简明、易记、易校验，尽可能减少代码长度，这样既便于手工操作，减少差错率，又便于计算机处理。

(7) 统一性和协调性原则。商品编码要同国家商品分类编码标准相一致，与国际通用商品分类编码制度相协调，便于实现信息交流和信息共享。

3. 商品编码的种类

根据商品编码所用的符号类型划分，商品编码可分为数字型代码、字母型代码、数字-字母混合型代码和条形码四种。商品分类编码中，普遍采用的是数字型代码和条形码。

(1) 数字型代码。数字型代码是用一个或若干个阿拉伯数字表示分类商品的代码。其特点是结构简单，使用方便，易于计算机进行数码信息处理，是目前国际上普遍采用的一种代码。

(2) 字母型代码。字母型代码是用一个或若干个字母表示分类商品的代码。通常用大写字母表示大类商品，用小写字母表示其他类目。其特点是便于人们识别、记忆，符合人们的使用习惯，但不便于计算机处理信息，所以不常使用，通常用于分类对象较少的情况。

(3) 数字-字母混合型代码。数字-字母混合型代码是由数字和字母混合型组成的代码。其特点是集数字代码和字母代码的优点于一身，结构严谨，有良好的表现形式，具有直观性，符合人们的使用习惯。但由于代码构成形式复杂，计算机输入效率低，错码率较高，给人们的使用带来了不便，在实际的分类编码中较少使用。国际上也只有极少数国家在商品分类时采用这种代码。

(4) 条形码。条形码是将表示一定信息的字符代码转换成一组黑白相间、粗细不同的平行线条，按一定的规则排列组合成为特殊图形符号，条形码下方对应排列了条形码所代表的数字。条形码是计算机输入的一种特殊代码，用光电扫描器即可将条形码信息迅速输入计算机，并由计算机程序进行商品信息的储存、分类、统计、处理等一系列活动。由于条形码操作简单、高效可靠，已被广泛应用在多个领域。

4. 商品编码的方法

对于使用数字代码进行商品分类编码，常用的方法有顺序编码法、层次编码法、平行编码法和混合编码法四种。

(1) 顺序编码法。顺序编码法是按商品类目在分类体系中先后出现的次序，依次赋予顺序代码。为了满足信息处理的要求，多采用代码数位相同的等长码。顺序编码法使用简便，通常用于容量不大的编码对象集合体。编码时应留有储备码，以便商品目录增加后使用。

(2) 层次编码法。层次编码法是按商品类目在分类体系中的层次顺序，依次赋予对应的数字代码。层次编码法主要用于线分类体系，由于分类对象是按层级归类的，所以在赋予类目代码时，这个编码过程也是按层级依次进行，按分类层级给每一个分类类目赋予对应的代码。

层次编码法层级分明，逻辑关系明晰，能够正确反映出分类编码对象的属性或特征，以及相互关系。其不足之处是弹性较差，为弥补这一不足，经常需要预先留出相当数量的备用码，使得数码冗余。该编码方法适用于编码对象相对稳定的商品集合体。

(3) 平行编码法。平行编码法适用于面分类体系，是对每一个分类面确定一定数量的码位，代码标示各组数列之间的并列平行关系。平行编码法的优点是编码结构有较好的弹性，可以增加分类面的数目，必要时还可以更换个别类面。其不足是代码过长，冗余度大，不便于计算机控制和管理。

(4) 混合编码法。混合编码法是层次编码法和平行编码法的结合。由于在商品分类过程中人们常常将线分类法和面分类法结合起来使用，在编码过程中也就出现了混合编码法。就是将分类对象的各种属性和特征分列出来，对其中的一些属性或特征用层次编码法表示，其余的属性或特征用平行编码法表示，这样可以优势互补。

5.4.3 重要的商品分类编码标准

1. 商品名称和编码协调制度

1983 年，世界海关组织制定了《商品名称和编码协调制度》(The Harmonized Commodity Description Coding System，HS)，主要应用于海关对外贸易统计和进出口关税征收，又称税则目录。其分类原则是按原料或基本材料加工处理的程度、功能和用途等属性来划分商品类别。HS 包括有 21 个大部类、97 章和 1 241 个分章，其中的 930 个分章又进一步划分若干子类目，共有 5 019 个单独的商品细类目。世界海关组织每隔 4 年对 HS 修订一次，已有 150 多个国家在使用 HS，全球贸易总量 90%以上的货物都是以 HS 进行分类的。

2. 国际贸易标准分类

1950 年，联合国统计署组织制定了《国际贸易标准分类》(Standard Internation Trade Classification，SITC)，这是一种主要用于国际贸易统计的商品分类目录。标准共分 10 个大类、68 章、261 个组、1 033 个分组、分组中的 720 个分组又进一步分为 2 085 个小类，共计 3 118 个基础类目。该标准于 1951 年由联合国经济和社会理事会推荐给各成员国使用。SITC 颁布实施以后经历了数次修订，除门类框架不动以外，其他类目随着层次的增加变动也相应扩大。SITC 按原料、半制品、制成品分类并反映商品的产业部门来源和加工程度。该标准目录使用 5 位数字表示，第 1 位数字表示类，前两位数字表示章，前 3 位数字表示组，前 4 位数字表示分组。2006 年 3 月，联合国公布了 SITC 第四次修订版。

3. 主要产品分类

联合国统计署为了协调各类产品分类目录，考虑到 HS、SITC 等使用的局限性，产生了对全部产品进行统一分类的设想。1976 年，联合国统计署批准了《活动和产品分类综合体系》(Integrated System of Classification of Activities and Products)，并于 1977 年开始正式使用。联合国统计署和欧洲共同体(欧盟的前身)统计部门在以后的十年间成立了分类联合小组，举行会议并进行研讨，讨论发展一个包括货物和服务的新的分类体系，称为 CPC。

1987 年，联合国统计署在第 24 届会议上讨论了第一个完整的 CPC 草案，1989 年在第 25 届会议上讨论修改并通过了最终草案，定名为《暂行主要产品分类》(Provisional Center Products Classification，PCPC)。1997 年，联合国统计署在第 29 届会议上，对已实施六年的 PCPC 进行修订，并定名为《主要产品分类》(CPC，1.0 版)，取代 PCPC。1998 年 CPC 正式公布使用。

CPC 吸取了其他商品分类编码标准的分类原则的优点，确保了各种重要的国际商品分类目录之间的协调一致与相互兼容。CPC 基本涵盖了商品、服务和资产等全部产品的分类编码，适用于各种不同类型的数据处理和统计。CPC 是按产品的物理性质、加工工艺、用途等基本属性和产品的产业来源来划分。理论上《主要产品分类》的全部编码系统可形成 65 610 个类目，实际只使用了其中的 10 个大部类、71 个部类、294 个大类、1 162 个中类和 2 093 个小类，共有 3 630 个类目。可见其编码系统还有很大的发展和扩充空间。

4. 全国主要产品分类与代码

20 世纪 80 年代初，由于全国工业普查的需要，在当时的国民经济统一核算标准化领导小组的领导下，由原国家计划委员会、原国家经济委员会、国家统计局、原国家标准局(现称为国家标准化管理委员会)等 30 多个部委的专家共同努力，制定出了我国第一部较系统、较全面的国家标准 GB/T 7635—1987《全国工农业产品(商品、物资)分类与代码》。该标准在当时的国民经济统一核算、产品统计、物资管理等方面发挥了重要的作用。1997 年，开始对 GB/T 7635—1987 进行修订，选择了 CPC 作为新标准的研制依据，确定了该标准的主题结构等效采用 CPC 的总体原则，以保证分类编码的科学性、拓展性、便利性，又要兼顾与国际标准接轨和与国内现行有关标准的协调。新修订的 GB/T 7635—2002《全国主要产品分类与代码》由五大部分组成，依次为大部类、大类、中类、小类和细类。新标准经过反复协调修改，广泛征求意见，2002 年 8 月 9 日正式发布，2003 年 4 月 1 日起实施。

5.5 商品条码

5.5.1 商品条码的概念

商品条码是指由国际物品编码协会(International Article Numbering Association)和美国统一编码委员会(Universal Code Council, UCC)规定的，用于表示商品标志代码的条形码，包括 EAN 商品条码和 UPC 商品条码。商品条码由一组规则排列的条、空及对应的字符所构成，代表一定的信息，商品的条、空组合部分称为条码符号，对应的字符部分称为商品标志代码，由一组阿拉伯数字组成。

商品条码一般印在商品包装上，条码符号和条码代码是相对应的，表示的信息一致，条码符号用于条码识读设备扫描识别，商品标志代码供人识读。

5.5.2 商品条码的产生与发展

20 世纪 40 年代，美国的乔·伍德兰德和伯尼·西尔沃研究出了代码及相应的识别设备，并于 1949 年获得了专利。1973 年，美国统一编码委员会(Uniform Code Council, UCC)制定了通用商品代码 UCP 条码，并成功用于商业流通领域，极大地推动了条码技术应用和推广。

1974 年，英国、联邦德国、法国、意大利等 12 个欧洲国家的制造商和销售商代表决定成立欧洲条码系统筹备委员会，并在 UPC 条码的基础上开发了与 UPC 条码兼容的 EAN 条码。1977 年，欧洲 12 国正式成立了欧洲物品编码委员会(European Article Numbering Association，EAN)，EAN 条码在除北美以外的各大洲迅速普及和推广。

1981 年，欧洲物品编码委员会正式更名为国际物品编码协会，仍沿用 EAN 简称，全球物品标志系统基本形成。

1989 年，EAN 与 UCC 签署合作协议(EAN/UCC 联盟Ⅰ)，双方积极采取合作行动，并共同开发了 UCC/ EAN-128 应用标志条码，用于对物流单元的标示等。但这种较单一的技术应用合作已无法适应全球经济一体化的需求和发展。1997 年 7 月，EAN 与 UCC 签署了新的合作协议(EAN/UCC 联盟Ⅱ)，两大组织采取了进一步合作行动。2002 年 11 月，UCC

正式加入 EAN，并宣布 2005 年 1 月 1 日，EAN 条码正式在北美地区使用，这一地区新的条码用户将使用 EAN 条码标示商品。EAN 真正成为国际性物品编码组织。

1989 年，中国物品编码中心成立，负责全国范围的商品条码管理工作。1991 年，中国物品编码中心代表中国加入 EAN。

5.5.3 商品条码的种类

商品条码根据编码主体的不同，可分为厂家条码和商店条码，一般所说的商品条码主要指厂家条码。厂家条码和商店条码的主要区别在于编码场所、编码内容及商品对象不同。

1. 厂家条码

厂家条码是生产厂家在生产过程中直接印在商品包装上的条码，它不包括商品价格信息。常用的主要有 EAN 条码和 UPC 条码两大编码系统，在商品流通过程中，又可以分为消费单元条码和储运单元条码。消费单元条码是指通过零售渠道直接售给最终用户的商品包装单元的条码，可分为标准版(EAN 13，UPC-A)和缩短版(EAN-8，UPC-E)；储运单元条码是指由若干消费单元组成的稳定和标准的集合，是储运业务所必需的商品包装单元的条码，储运单元条码通常采用 ITF-14 条码和 UCC/EAN-128 条码。

通常所说的厂家条码多指 EAN 条码和 UPC 条码的消费单元条码，即 EAN-13 和 EAN-8 (图 5.1)，或 UPC-A 和 UPC-E，主要用于超级市场等销售市场的单件商品，其中 UPC 条码主要在美国和加拿大地区使用。

图 5.1 常用厂家条码示例

EAN-13 商品条码由上部的条码符号和下部的供人识别的字符组成，条码符号由左侧空白区、起始符、左侧数据符、中间分隔符、右侧数据符、校验符、终止符、右侧空白区等八个部分构成，如图 5.2 所示。EAN-8 商品条码主要用于印刷面积较小的零售商品包装上，其条码符号结构与 EAN-13 商品条码基本相同，主要区别在于压缩了左、右侧数据符及条、空模块数量。

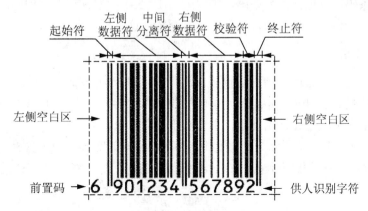

图 5.2 EAN-13 商品条码示例

EAN-13 商品条码中的字符由前缀码、厂商识别码、商品项目代码和校验码组成。前 3 位数字是前缀码，由 EAN 统一分配，我国目前商品使用的 EAN/UPC 系统前缀码有 7 个，即中国大陆为 690、691、692、693、694；中国台湾为 471；中国香港为 489；中国澳门为 958。第 4～7 位数字是厂商识别码，表示商品生产的厂家、商店、公司及商品代理商，我国的厂商识别码由中国物品编码中心统一分配、注册；第 8～12 位数字是商品项目代码，由厂商自行编码，表示商品名称、规格、分类等；第 13 位数字是校验码，是为了校验整个代码的正确性。

另外，期刊和图书也采用了 EAN-13 商品条码表示期刊号和图书号，前缀"977"用于期刊号(ISSN)，前缀"978"用于图书号(ISBN)。

2. 商店条码

商店条码又称为店内条码，简称店内码，是指商店为便于商品管理，对商品自行编制和使用的条码标志。商店条码可分为两类，一类是用于变量消费单元的店内码，如鲜肉、水果、蔬菜、熟食等散装商品是按基本计量单位计价，以随机数量销售的，编码应由零售商完成；另一类是用于定量消费单元的店内码，种类商品是按照商品件数计价销售的，编码应由生产商完成，但往往生产商的商品没有申请使用条码或条码不能被识别，为便于商店扫描结算，商店必须编制和使用店内码。

 小思考

技术对商品管理有什么影响？

5.6 物流条码

物流条码是指由 EAN/UPC 制定并用于商品单元的全球物流统一标志条码。商品单元由消费单元、储运单元和货运单元组成。

1. 消费单元条码

消费单元条码通常也称商品条码，主要采用 EAN-13 商品条码，应用于商品零售业，我国的超市已广泛使用。其结构特点前面已有介绍，这里不再赘述。

2. 储运单元条码

储运单元是为便于搬运、储存运输等由消费单元组成的商品包装单元，又可以分为定量储运单元和变量储运单元。储运单元条码一般采用 ITF-14 条码和 UCC/EAN-128 条码，我国部分商品配送中心已经开始使用，主要用于商品外包装箱。

储运单元条码相应可以分为定量储运单元条码和变量储运单元条码。其中常用的 ITF-14 条码由矩形保护框、左侧空白区、起始符、条码字符、终止符、右侧空白区组成，如图 5.3 所示。

图 5.3 ITF-14 条码示例

3. 货运单元条码

货运单元条码是常用的一种物流条码,也是国际物流普遍使用的全球通用物流条码。我国部分物流企业和生产企业已开始使用 UCC/EAN-128 条码。UCC/EAN-128 条码是一种连续非定长条码,能更多标示货运单元需要表示的信息,如商品批号、数量、规格、生产日期、有效期、交货地等。

案例分析

G4M:个性化定位商品分类

G4M(Gifts for Men)是一家新西兰礼品商店,专门经营男士礼品。它的独特之处就在于它的商品并不是按照传统的类别来分类,而是按照人的个性化需求进行分类。G4M 将男士按照性格分成六种类型,店铺里众多的商品种类的选择、店内整体设计,以及商品布局都是基于这六种男士类型。

以下是 G4M 精心设计的六种男士类型。① Action Man:积极,做事大胆尝试,全力以赴;身体健康,精力充沛;充满自信,与人友善,乐于助人,社交场合中的焦点人物。② Team Guy:喜欢运动,尤其是户外运动;具备团队精神,是值得信赖的人。③ Style Merchant:具有和他的时尚外形相搭配的悠闲的自信;知道自己想要什么,应该做什么;成熟但是具有部分童心——使生意充满乐趣。④ King of the Castle:家庭至上者;喜欢在家里或车库做各种修理工作;幽默、随和;喜欢和家人、朋友在一起。⑤ The Lone Ranger:具有丰富想象力的思想者和战略家,具备解决问题和面对创造性挑战的耐心。⑥ League of His Own:独特的,反传统的,难以琢磨的,想法与众不同。

G4M 商店不仅按上述六种男士类型来规划选择自己经营的商品,而且店内设计也参照这种分类,六张代表六种男士类型的头像成为了商店设计的主体,在店内随处可见,作为指示牌和广告牌。如果顾客在浏览店里的商品后,仍然无法确定购买何种商品作为礼物,G4M 还可以为顾客提供一种选择——礼品购物券。这个购物券的特别之处在于它是木质的,漂亮得本身可以作为礼物,一般有 $50、$100、$250 等多种选择。就连礼品箱也是个性化设计,分为好几种样式。

G4M 还开设了网上商店,顾客可以在网上商店中搜索、挑选和购买商品。这个网上商店为顾客提供了多种解决方案,顾客只要说明礼品接受人的年龄范围、性格类型、礼品赠送的特定场合及购买礼品的预算,G4M 就可以提供出详细的解决方案供选择。

(资料来源:http://lsx.jpkc.gdcc.edu.cn/show.aspx?id=446.)

【点评】在商品经营管理中,不一定拘泥于传统的商品分类方法,只要是经济的、合理的、实用的商品分类方法,对商品经营有利,能够树立服务消费者的意识,能够方便消费者选购,都是可取的、可行的。

本章小结

本章主要论述商品分类的概念及其作用(任何集合总体都可以根据一定的标志或特征,逐次划分或归纳为若干局部集合体,使局部集合体特征更趋一致。这种将集合总体科学地、系统地逐次划分或归纳的过程称为分类);阐述了商品分类原则和方法及商品分类标志(商品分类应具有科学性原则、拓展性原则、兼容性原则、实用性原则);介绍了商品条码及其种类。

关键术语

商品分类　商品分类标志　商品条码

知识链接

超市商品分类原则

不同种类的商品有不同的分类方法,超市商品分类原则最有效的就是按照消费者的习惯分类,超市商品分类原则就是要把消费者可能购买的关联商品放在一起。

1. 超市商品分类原则一:大分类的分类原则

在超市,大分类的划分最好不要超过十个,比较容易管理。不过,这仍须视经营者的经营理念而定,业者若想把事业范围扩增到很广的领域,可能就要使用比较多的大分类。大分类的原则通常依商品的特性来划分,如生产来源、生产方式、处理方式、保存方式等,类似的一大群商品集合起来作为一个大分类,例如,水产就是一个大分类,原因是这个分类的商品来源皆与水、海或河有关,保存方式及处理方式也皆相近,因此可以归成一大类。

2. 超市商品分类原则二:中分类的分类原则

1) 根据商品的功能和用途不同分类

根据商品在消费者使用时的功能和用途不同分类,比如在糖果饼干这个大分类中,划分出一个"早餐关连"的中分类。早餐关连是一种功能及用途的概念,提供这些商品在于解决消费者有一顿"丰富的早餐",因此在分类里就可以集合土司、面包、果酱、花生酱、麦片等商品来构成这个中分类。

2) 根据商品的制造方法不同分类

有时某些商品的用途并非完全相同,若硬要以功能和用途来划分略显困难,此时可以就商品制造的方法近似来加以网罗划分。例如:在畜产的大分类中,有一个称为"加工肉"的中分类,这个中分类网罗了火腿、香肠、热狗、炸鸡块、薰肉、腊肉等商品,它们的功能和用途不尽相同,但在制造上却近似,因此"经过加工再制的肉品"就成了一个中分类。

3) 根据商品的产地不同分类

在经营策略中,有时候会希望将某些商品的特性加以突出,又必须特别加以管理,因而发展出以商品的产地来源做为分类的依据。例如:有的商店很重视商圈内的外国顾客,因而特别注重进口商品的经营,而列了"进口饼干"这个中分类,把属于国外来的饼干皆收集在这一个中分类中,便于进货或销售的统计,也有利于卖场的演出。

3. 超市商品分类原则三：小分类的分类原则

1) 根据功能和用途不同分类

该种分类与中分类原理相同，也是以功能和用途来作更细分的分类。

2) 根据规格包装型态不同分类

分类时，规格和包装型态可作为分类的原则。例如：铝箔包饮料、碗装速食面、6kg米，都是这种分类原则下的产物。

3) 根据商品的成分不同分类

有些商品也可以根据商品的成分不同分类，例如100%的果汁，"凡成分100%的果汁"就归类在这一个分类。

4) 根据商品的口味不同分类

根据商品的口味不同分类，例如"牛肉面"也可以作为一个小分类，凡牛肉口味的面，就归到这一分类来。分类的原则在于提供分类的依据，它源自于商品概念。而如何活用分类原则，编订出一套好的分类系统，都是此原则的真正重点所在。

(资料来源：http://salesaura.tbshops.com/Html/news/109/54143.html)

 小贴士

世界海关组织

世界海关组织，前身为1953年成立的海关合作理事会，总部设在比利时的布鲁塞尔。这是一个国际性的海关组织，是为统一关税、简化海关手续而成立的政府间协调组织。世界海关组织通常每年6月在布鲁塞尔举行一次会议。

习　　题

一、单项选择题

1．国际物品编码协会正式成立于(　　)年。
　　A．1973　　　　　B．1977　　　　　C．1981　　　　　D．1989

2．中国物品编码中心于(　　)年正式代表中国加入EAN。
　　A．1978　　　　　B．1981　　　　　C．1989　　　　　D．1991

3．UCC是指(　　)。
　　A．美国统一编码委员会　　　　　　B．欧洲物品编码委员会
　　C．国际物品编码协会　　　　　　　D．美洲编码委员会

4．线性分类法，也称为(　　)。
　　A．层次分类法　　B．平行分类法　　C．面分类法　　D．商品归类法

二、多项选择题

1．下列分类中按加工方法作为分类标志的是(　　)。
　　A．红茶、乌龙茶、绿茶
　　B．蒸馏酒、发酵酒、配制酒
　　C．洗发剂、染发剂、护发剂
　　D．油性发用香波、护发香波、去头屑香波

2. 商品分类的基本方法包括( )。
　　A．点分类法　　　　B．线分类法　　　　C．面分类法　　　　D．标志分类法

三、简答题

1. 简述商品分类的基本方法。
2. 简述商品分类标志。

四、分析论述题

论述商品分类的基本原则。

五、实训题

比较两家超市商品分类陈列的不同及其特点。

第6章 商品包装

【教学目标与要求】
- 了解商品包装的概念及其作用;
- 掌握商品包装设计原则和技术方法;
- 了解商品包装标志与商标。

导入案例

创意包装改变品牌形象

作为一家有50多年历史的酿酒企业，北京红星股份有限公司(以下简称红星公司)生产的红星二锅头历来是北京市民的餐桌酒，一直受到老百姓的喜爱。由于在产品包装上一直是一副"老面孔"，红星二锅头始终在白酒低端市场徘徊，无法获取更高的经济效益。

随着红星青花瓷珍品二锅头的推出，红星二锅头第一次走进了中国高端白酒市场。红星青花瓷珍品二锅头在产品包装上融入中国传统文化元素。酒瓶外观采用仿清乾隆青花瓷官窑贡品瓶型，酒盒图案以中华龙为主体，配以紫红木托，整体颜色构成以红、白、蓝为主，具有典型中华文化特色。该包装在中国第二届外观设计专利大赛颁奖典礼上荣获银奖。国家知识产权局负责人在看了此款包装以后表示，"这款产品很有创意，将中国的传统文化与白酒文化结合在一起，很成功"。

红星公司市场部有关负责人表示，红星青花瓷珍品二锅头酒的推出，使得红星二锅头单一的低端形象得到了彻底的颠覆，不但创造了优异的经济效益，还提高了公司形象、产品形象和品牌形象。红星青花瓷珍品二锅头酒在红星公司50多年发展史上具有里程碑意义。据了解，红星青花瓷珍品二锅头在市场上的销售价格高达200多元，而普通的红星二锅头仅为五六元。

据该负责人介绍，除了红星青花瓷珍品二锅头以外，红星公司还相继推出了红星金樽、金牌红星、百年红星等多款带有中国传统文化元素包装的高档白酒。

(资料来源：http://shunguizhi.blog.sohu.com/64342367.html.)

【点评】商品包装是商品的重要组成部分，好的商品包装能够有效地提升商品的品牌形象，但值得注意的是一些商品的过度包装问题，这是对商品包装认识的误区。

6.1 商品包装概述

6.1.1 商品包装的概念

商品包装是指在商品流通过程中为保护商品、方便储运、促进销售，按一定的技术方法而采用的容器、材料及辅助材料的总称。同时也指为了达到上述目的而采用的容器、材料及辅助材料的过程中施加一定技术方法等的操作过程。

商品包装包含两个方面的含义：一是指盛装商品的容器，即包装物，如纸箱、塑料桶、麻袋等。二是指采用定技术方法包扎商品的过程，如商品装箱、商品捆扎等。

6.1.2 商品包装的功能

商品包装是商品的重要组成部分，是附属于商品的特殊商品。随着商品包装的发展，对商品包装功能的开发也越来越多，但最基本的功能主要有保护功能、容纳功能、便利功能、促销功能等。

1. 保护功能

商品在流通过程中，会受到外界各种因素的影响，可能发生物理、化学、生物学等变化，影响商品质量。商品包装能够有效地保护商品质量完好和数量完整，保护功能是商品包装最主要的功能。商品包装能够使商品和外界有效分开，减少外界因素对商品的损害，防止商品使用价值的下降。同时，对于危险商品采用特殊包装能够防止对环境、人类及生物的伤害。

2. 容纳功能

许多商品本身没有一定的集合形态，如液体商品、气体商品、粉状商品等，没有商品包装，这样的商品就无法运输、储存和销售。商品包装的容纳功能有利于商品的流通和销售，还有利于结构复杂的商品形成外观整齐的包装单元，便于商品运输、储存，降低商品流通费用。

3. 便利功能

商品包装的便利功能是指商品包装能够为商品从生产领域向流通领域和消费领域转移提供一切方便。包括方便运输、方便装卸、方便储存、方便配送、方便销售、方便识别、方便携带、方便开启、方便使用、方便回收、方便处理等。商品包装的便利功能既有利于商品经营者组织商品流通销售，又有利于消费者购买使用。

4. 促销功能

精美的商品包装对商品起到美化、宣传和促销作用。商品包装运用文字、图案、色彩、造型等手段引起消费者的购买欲望，通过装潢艺术的特有语言向消费者传递了商品信息，美化了商品，宣传了商品，促进了商品销售，并增加了商品的附加值。

小思考

商品包装艺术性与经济性有什么关系？

6.1.3 商品包装的分类

商品包装种类繁多，选用的分类标志不同，商品包装分类也就不同。

1. 按商业经营习惯不同分类

按商业经营习惯不同分类，商品包装可分为内销包装、外销包装和特殊包装。内销包装是在国内销售的商品所采用的包装，具有简单、经济、实用的特点；外销包装是出口国外销售的商品所采用的包装，对商品包装在性能上要求更高；特殊包装是对工艺美术品、文物、精密仪器、军需品等所采用的包装，由于这些商品的特殊性，对商品包装的防压、抗震、抗冲击等性能要求更高，包装成本也较高。

2. 按商品流通过程中作用不同分类

按商品流通过程中作用不同分类，商品包装可分为运输包装和销售包装。运输包装是指用于商品运输和储存的包装，又称为外包装和大包装。运输包装一般体积较大，外形尺寸标准化程度高，坚固耐用，印刷有明显的物流识别标志，主要功能是保护商品、方便运输、方便装卸、方便储存；销售包装是指一个商品作为一个销售单元的包装形式或几个商品构成一个小的整体销售单元的包装形式，又称为内包装和小包装。销售包装一般体积较小，要求美观、安全、卫生、新颖，便于携带，印刷精美，装潢设计要求较高，对商品起到美化、宣传和促销的作用，同时还起到树立品牌形象、防止假冒商品的作用。

3. 按包装材料不同分类

按包装材料不同分类，商品包装可分为纸制包装、木制包装、金属包装、塑料包装、玻璃陶瓷包装、纤维制品包装、复合材料包装等。

4. 按包装容器形状不同分类

按包装容器形状不同分类，商品包装可分为包装袋、包装桶、包装箱、包装盒、包装瓶、包装罐等。

5. 按包装技术方法不同分类

按包装防护技术方法不同分类，商品包装可分为防水包装、防潮包装、防锈包装、防震包装、防虫包装、防尘包装、防爆包装、防冻包装、防热包装、无菌包装、真空包装、充气包装、保鲜包装、贴体包装、易开包装、喷雾包装等。

6. 按包装使用次数不同分类

按包装使用次数不同分类，商品包装可分为一次性使用包装、多次使用包装、周转使用包装。

7. 按包装内容物不同分类

按包装内容物不同分类，商品包装可分为食品包装、药品包装、化妆品包装等。

6.2 商品包装材料

6.2.1 商品包装材料的概念

商品包装材料是指用于制造商品包装容器和用于商品包装运输、包装装潢、包装印刷的材料、辅助材料及其他包装相关材料的总称。包装材料分为主要包装材料和辅助包装材料。纸和纸板、木材、金属、塑料、玻璃、陶瓷、天然纤维和化学纤维、复合材料等属于主要包装材料；黏合剂、涂料、油墨、填充材料、捆扎材料、钉铆材料等属于辅助包装材料。

6.2.2 商品包装材料的基本要求

商品包装材料应满足包装功能的需要，根据现代商品包装所具有的使用价值来看，包装材料应具有以下几个方面的性能。

1. 具有保护商品的性能

保护商品的性能是指商品包装具有保护内装商品，防止商品在流通过程中损伤、散失、变质等性能。商品包装的保护性能主要取决于包装材料的相关性能，如机械强度、防潮性、防水性、耐酸碱腐蚀性、耐热性、耐寒性、透光性、透气性、耐紫外线性、耐油性、无毒卫生性等。

2. 具有易加工性能

易加工性能是指包装材料具有良好的加工特性，容易加工成所需要的容器，便于包装，且易于黏合、印刷、美化等。

3. 具有外观装饰性能

外观装饰性能是指包装材料的形、色、纹理的美观性。包装的外观装饰性主要取决于包装材料的自身特性，如透明度、光泽等。

4. 具有易回收处理性能

易回收处理性能是指包装材料要有利于环境保护，有利于节省资源。包装材料在加工中不污染环境，废弃后容易回收、可再生、易处理等。

6.2.3 主要商品包装材料的特点

商品包装材料很多，常用的包装材料有纸和纸板、塑料、金属、木材、玻璃和陶瓷、纺织品、复合材料等。

1. 纸和纸板

纸和纸板是最主要的包装材料，其用量已在各种包装材料中居首位，其中瓦楞纸箱应用最为广泛，其产值约占整个包装材料产值的45%左右。纸制包装材料重量轻、成本低，有较好的弹性和较强的耐压强度，易加工成型，印刷性能较好；便于密封、捆扎、搬运，易于标准化，有利于商品物流；可回收再生利用，对环境污染小。纸制包装防潮耐湿性较差，其耐压性和密封精度也不及玻璃瓶和金属罐。

随着纸制包装新技术、新产品的不断推广应用，新型纸制包装容器的性能大为提高和拓展，特别是纸制复合包装，性能已相当优越，可使商品包装具有防潮、防漏等多种性能，可部分替代玻璃瓶和金属罐。例如，复合纸盒从内至外是由聚乙烯(两层)、铝箔、聚乙烯、纸板、印刷油墨、聚乙烯(或蜡层)复合而成的，可供果蔬汁或其他饮料包装用。

2. 塑料

塑料在包装中的用量仅次于纸和纸板，塑料包装发展迅速，塑料薄膜、塑料袋、编织袋、复合塑料薄膜等应用广泛。塑料包装物理性能好，质轻，有较好的可塑性，易加工成型；其化学性能好，耐酸碱，不锈蚀，防渗漏；光学性能较好，透明，有光泽等。但一些塑料包装易对环境造成污染。

塑料包装用途广泛，可用做各种商品的包装物，作为包装用的塑料主要有聚乙烯、聚氯乙烯、聚丙烯等。随着技术的发展，一些新型的塑料包装不断出现，如生物可降解塑料、光降解塑料等，塑料作为包装材料又焕发了新的生命力。

3. 金属

金属作为包装材料已有很长的历史，我国在春秋战国时期，就采用青铜制作各种容器，南北朝时期就有以银作为盛酒容器的记载。金属包装材料主要有薄钢板、马口铁(镀锡低碳薄钢板)、镀锌低碳薄钢板、铝、铝合金等，其强度好，易加工成型，密封性好，防漏防潮，有些金属材料易锈蚀。金属材料可制成桶、盒、罐、铁丝笼等容器。

4. 木材

木材作为包装材料主要是指由树木加工而成的木板或木屑颗粒黏合成的板材，木材结构优良，长期用来制作运输包装，适用于大型的机械、五金交电、自行车及仪器仪表等商品的外包装。随着人们环保意识的增强和包装技术的发展，木材逐渐被纸板和其他包装材料所取代，在包装材料中的比重也越来越低，但在一定范围内还会长期使用。

5. 玻璃和陶瓷

玻璃和陶瓷具有良好的机械强度和化学稳定性，耐酸耐碱，可回收利用，不易变形，是液态商品的良好容器，尤其适用于要求较高的食品包装。特种玻璃还可以拉成极细的长丝，与其他材料制成复合包装材料。玻璃和陶瓷比重较大，易破碎，运输装卸不便。

6. 其他材料

纺织品、竹、柳、藤、草及复合材料等也是常用的商品包装材料，在礼品包装、农副产品包装、外贸工艺品包装中常常用到。

6.3 商品包装设计原则

商品包装设计应遵循适用性、安全性、方便性、美观性、促销性、经济性、标准化和环境友好性等原则。

1. 适用性原则

适用性原则可以说是商品包装设计的总原则，包括商品包装对于被包装商品的适用性，对于商品流通环节的适用性，以及对于商品及其包装的使用者的适应性。

2. 安全性原则

安全性原则要求包装设计要充分保证所装商品的完好无损及原有质量，包装设计应根据所包装的商品特征和特性选用包装材料，采用一定的包装技术，设计合理结构形态的包装容器来实现其安全性。在包装设计过程中，必须充分考虑商品包装对相关接触人员是否安全，防止商品包装在生产、流通、销售、处理过程中对相关接触人员的损害，还要考虑到商品包装材料不能含有有毒物质，并且不与商品成分发生化学反应而形成有毒物质，同时要保证包装材料不对环境产生污染破坏。

3. 方便性原则

方便性原则要求包装设计要便于包装实现机械化、自动化生产，便于物流的装卸、储运，便于销售的陈列展销，便于消费者携带、开启和使用，同时要考虑方便识别。例如，物流单元的条码标志识别可用于货物追踪、交接验收、库存盘点等，提高了商品管理的科学性。

4. 美观性原则

美观性原则要求包装设计要具有美的造型、美的色彩和美的图案。优美的商品包装设计，能够激发消费者的购买欲望，美化人们的生活，培养人们健康、高尚的审美情趣，给人们带来美的享受。

5. 促销性原则

促销性原则要求包装设计要考虑商品属性与商品包装的关系，做到商品包装的造型、图案、文字、色彩与商品内容相称，使商品包装能够准确抓住消费者心理，促进商品销售；要充分利用商品包装的媒介作用，通过图案、色彩、文字及实物的组合，表现商品的属性及特征，宣传商品，推销商品；要突出商品的商标、品牌，可采用各种艺术表现手法，增强商品包装上商标、品牌对消费者的视觉冲击力；还要考虑不同民族、不同地区、不同国家的文化和社会风俗，以适应不同市场、不同文化的消费者需要。

6. 经济性原则

经济性原则要求包装设计必须做到以最小的财力、物力、人力和时间获得最大的经济效果。在保证商品包装功能的条件下，选择价格相对低廉的包装材料降低成本；在不影响包装质量的前提下，采用经济、简单的生产工艺方法降低成本；在满足包装强度的要求下，应选用质量较轻的包装材料，缩小包装体积，实现包装规格标准化，以提高运输装卸能力和仓库容量利用率，较少流通费用，降低成本；还应考虑商品包装与所装商品的价值相称，避免过度包装和过弱包装。

7. 标准化原则

标准化原则要求包装设计要考虑适应商品运输、装卸、堆码、储存等流通环节的要求，实现商品包装的标准化。要合理确定商品包装的形态、体积、重量等，以适应人工搬运的能力和机械搬运的效率；要考虑商品包装外形尺寸标准化，以适应广泛采用的机械化装卸设备及集装箱的运用；要考虑商品包装的抗压强度，以适应商品包装的高层堆码并节省仓储空间。

8. 环境友好性原则

环境友好性原则要求包装设计既要保证商品包装的功能性完好，又要考虑尽可能减少商品包装对环境的不利影响。在商品包装设计时，应尽量选用可回收、可降解、可再生的包装材料；包装材料的生产及包装生产工艺不能损害生态环境并且应该节能减排；包装材料的生产及包装生产工艺不能损害生产者和使用者的身体健康；包装中尽可能少用或不用妨碍包装废弃物回收处理的有害添加剂；包装材料的使用要注意节约资源，合理开发利用可再生资源作为包装材料。

6.4 商品包装技术方法

商品包装技术方法是指包装操作时采用的技术和方法，通过包装技术方法使商品和包装能够形成一个统一的整体。包装技术方法与包装的各种功能密切相关，特别是包装的保护功能。采用各种包装技术是为了更合理地、有针对性地保证不同特性商品的质量。随着商品包装技术的不断发展，有时多种包装技术方法会组合使用，从而获得更好的商品保护效果。

1. 真空包装与充气包装

真空包装是将商品装入气密性容器，抽取容器内空气，使密封后的容器达到预定真空度的一种包装方法。真空包装能防止商品氧化，有效抑制霉菌和其他好氧微生物的繁殖。

充气包装是将商品装入气密性容器，用氮气等惰性气体置换容器中原有空气的一种包装方法。充气包装主要用于食品包装，能有效抑制细菌等微生物的繁殖，减缓食品的氧化作用和呼吸作用，延长食品的保质期。

2. 泡罩包装与贴体包装

泡罩包装是将商品封合在用透明塑料薄片形成的泡罩与底板之间的一种包装方法。

贴体包装是将商品放在由能透气纸板或塑料薄片制成的底板上，上面覆盖加热软化的塑料薄片(膜)，通过底板抽真空，使塑料薄片(膜)紧密贴覆在商品上，且四周封合在底板上的一种包装方法。

这两种包装方法通常用于日常小商品包装，包装透明直观，保护性好，便于销售。

3. 收缩包装

收缩包装是以收缩薄膜为包装材料，包裹在商品外面，通过适当加热，使薄膜受热自动收缩紧包商品的一种包装方法。收缩包装适用于食品、日用工业品和纺织品等，具有包装方便、简洁，气密性、防潮性、防污染性强等特点，既适用于销售包装，又适用于运输包装。

4. 无菌包装

无菌包装是先将食品、容器和包装辅料灭菌，然后在无菌环境中进行包装盒密封的一种包装方法，适用于液体食品包装，可满足消费者对食品的安全、卫生、可口等的要求。

5. 防潮包装

防潮包装是选用气密性包装材料，阻隔水蒸气对包装内商品的影响，使商品在规定期限内处于低于临界相对湿度环境中，以保护商品的一种包装技术方法。常用的防潮包装材料有铝箔纸、耐油纸、玻璃纸、塑料薄膜、玻璃器皿等，常用的防潮技术有加干燥剂、抽真空、充气、多层密封等。

6. 硅窗气调包装

硅窗气调包装是在塑料袋上烫接一块硅橡胶窗，通过硅橡胶窗上的微孔调节袋内气体成分的一种包装方法。

7. 缓冲包装

缓冲包装是指为了减缓商品受到的冲击和震动、确保商品外形和功能完好而设计的具有缓冲减震作用的一种包装。缓冲包装材料主要有泡沫塑料、瓦楞纸版、弹簧等。

8. 集合包装

集合包装是指将若干包装件或商品组合成一个合适的运输单元或销售单元。集合包装具有安全、快速、简便、经济、高效的特点。常见的集合包装主要有集装箱、托盘、集装袋等。

案例分析

药品过度包装成风

一盒药才只有3片,6个药瓶里的药装进1个药瓶才刚刚装满……难怪有人形象地比喻,现在的药品包装是"三斤胡桃四斤壳"。时下,药品过度包装问题严重。在消费者眼中,包装越正规的药越可靠,为了迎合这种心理,药品企业将包装的成本计入药价,每一次包装的"升级"都给涨价提供了堂而皇之的借口!而国家质检总局《限制商品过度包装条例》也仅仅处于起步阶段,这也给了药品企业豪华包装产品以可乘之机。

一位消费者向健康时报反映,他吃的骨化三醇胶丸,一瓶只有10粒,每次医生给开一个月的,需要吃6瓶。为了方便,他每次把6个药瓶的药全部装进1个瓶子里,差不多刚刚装满。

医生给他开的盐酸莫西沙星片,90多元一盒,每盒只有一板,上面只有3片药,每天1片,盒子空荡荡的。

据调查,药品包装的重量占药品总重近20%。医药销售人员随机分别取出10种中西药及保健品,其包装都是最小包装,通过测量发现,西药、中药、保健品的包装重量分别占总重量的19.5%、13.6%、28.9%。

很多药品包装,豪华程度不说,随手拿起一盒药品发现都是包装大,药品少。例如,高血压患者经常服用的苯磺酸氨氯地平片,长长的纸盒里只有一板,稀拉拉地放着7粒。美扑伪麻片,右边橘黄色头像格外引人注意,十几厘米长的一个盒子,剥开纸盒,里面是片铝塑泡罩包装,只有10粒药。阿莫西林克拉维酸钾分散片,空荡荡的盒子里只有两板药,每12小时服用一次,一次2~4片,共12片,如果按照每次服3片计算,一盒药仅能用两天。中药同样如此,如胖大海甘草含片,即使说明书夹在里面,轻轻一摇,药盒里仍是咣咣当当地响,里面装有3板药,每板10颗,铝塑封装,每板药只占药盒面积的1/3。

消费者在质疑是在吃药还是在吃包装?过度包装,使商品价值与包装价值严重不成比例,有欺诈和暴利之嫌,不仅造成资源的极大浪费,而且还造成社会的不正之风,是畸形消费的一种表现。

(资料来源:http://www.21food.cn.)

【点评】商品的过度包装表现在包装材料用量过多、体积过大、装潢奢华、成本过高,大大超过了商品包装所需要的程度,使消费者产生了华而不实的感觉。这种过度包装不仅没有起到对商品的美化和促销作用,由于增加了消费者不必要的消费支出,反而引起消费者反感,商品包装同样需要适度,重视商品包装,更应重视商品的内在质量。过度包装问题不仅反映在药品包装上,其他商品包装也同样存在,特别是月饼包装。商品过度包装增加了消费者经济负担,也给国家和社会带来很大的资源浪费。

6.5 商品包装装潢

商品包装装潢是指对商品包装的装饰,包括对包装形体结构、图案、文字说明等的整体设计的艺术表现和制造。包装物是包装装潢的载体,包装物和包装装潢是不可分割的统一体,共同体现出商品包装对商品的保护、美化等功能。

6.5.1 商品包装的装潢设计

1. 装潢设计方案

商品包装的装潢设计方案应包括两个部分,即包装设计方案和装潢设计方案。商品的包装和装潢是不可分割的统一体,在进行包装设计和装潢设计时,必须同时进行,整体考虑设计方案。装潢设计方案是装潢设计的基础，它运用实用装饰技术来表现商品并传达商品信息，完成设计构想，即完成装潢设计定位。装潢设计定位一般包括品牌定位、产品定位和消费者定位三个方面。

1) 品牌定位

商品的品牌或商标是商品的标志，不仅表现了商品的质量，而且代表了企业的形象和信誉，是企业重要的无形资产。商品的品牌或商标是商品信息的重要内容，在装潢设计定位中要重点考虑商品的品牌定位。品牌定位包括商品的生产厂家、产品命名、产品的牌号选定，包括包装标志、造型、图案、文字、色彩选定等。

2) 产品定位

产品定位是指通过商品包装直接告诉消费者包装内的商品是什么，产品的主要品质特性、功能用途、使用保管方法是什么。不同种类、不同特点、不同使用功能的商品，其产品定位的表现方法也是不同的。产品定位使消费者通过商品包装就能够对商品有较深入的认识和了解。

3) 消费者定位

消费者定位包括对消费者的年龄、性别、职业、生活方式、风俗习惯、宗教信仰等要有针对性，特别是出口商品的包装装潢设计要符合不同国别的社会文化、民族风俗、地理环境、气候条件等，对色彩、动植物偏好、禁忌物品等需慎重选定图案。

2. 装潢图案设计

商品包装的装潢图案多采用照片、漫画、装饰纹样、浮雕等表现形式。装潢图案能够使人产生触景生情的联想，达到充分表现商品特征的目的。装潢图案的表现方法一般常用的有具象表现法、抽象表现法和象征表现法三种。

1) 具象表现法

具象表现法是根据商品具体形象进行装潢图案设计的方法，根据商品形态力求形似，以显现商品的形体结构和外部形象，使消费者能够直观、真实地认识和了解商品。具象表现法适用于适用性和艺术性兼有的装饰性商品、礼品、玩具、床上用品、各类器皿、文具体育用品、食品等。装潢图案最常用的具象图形是摄影和绘画。

摄影是再现商品外观形态的重要手段，可以真实、生动地表现商品外观形态和色彩，对消费者选购有直接感染力和诱惑力，能够获得满意的装潢效果。例如，商品产地的风土人情、地域特色、人物摄影等都能够较好地表现商品的基本属性、商品的销售对象等，起到表现商品某些属性的作用。

绘画需要根据产品的宣传及消费者偏好对商品包装进行艺术加工和图案组合，使装潢画面更具表现力。例如，运用古典风格的画面可以表现商品的古朴名贵；运用民族风俗和民间装饰性画面可以表现商品的地域特色；运用喷笔画和水彩画技法表现商品的形态，具有很好的层次效果。

2) 抽象表现法

抽象表现法是对商品具体形象的概括与抽象的描绘进行装潢图案设计的方法。抽象表现法运用点、线、面的组合创造出新的视觉形式，形象、生动地将商品的品质特性传达出来，使人们在视觉形象之外产生嗅觉、味觉、听觉、美感及质感等。这种方法特别适于表现那些不易辨认特性、特征及使用效果的商品，如医药品、化妆品、食品、音像制品等。

3) 象征表现法

象征表现法是以其他事物具体形象寓意商品的形象特征及功能用途的表现方法。有些商品的性能特点难以用商品自身形象表现,以其他事物可以形象地表现商品的品质特性,如运用松、鹤表现中药的延年益寿作用。这些图案设计常采用夸张的手法,为了突出商品某些性能特点,以达到强烈诱导效果。

3. 装潢文字设计

文字是语言的书面符号,是人类进行交流和文化传承的重要工具。在包装装潢设计中,文字是包装装潢设计的重要组成部分,能够直观地传递商品信息。包装装潢上的文字可分为主体文字和说明文字两类。主体文字主要传递商品品牌、品名等信息,是包装装潢文字的主体部分。主体文字设计应考虑文字大小、位置、色彩、明暗程度等,在装潢画面中应有突出的视觉效果。说明文字主要用来说明商品的规格、品种、成分、产地、用途、使用方法等,作用主要是宣传商品、指导消费。说明文字不需要过多的艺术加工,要求文字字体端正、书写规整,易于识别和阅读。

6.5.2 商品包装装潢的色彩运用

色彩是在包装装潢设计中是最具有吸引力、记忆力、诱惑力的元素,也最具有表现力和艺术影响力。色彩运用的好坏直接影响包装装潢的效果,在包装装潢设计中,合理运用色彩尤为重要。

1. 以色彩突出商品特性

以色彩突出商品特性,会获得商品包装装潢的极佳效果。包装装潢的图案、文字都需要配色,以形象的色彩直观地表现商品特性,达到突出商品特性的效果,给人以美的享受。例如,用暖色设计参茸补酒的包装装潢,突出了商品的温和大补之功效;用蓝、白色设计食品的包装装潢,突出了商品的清洁卫生;用粉红色、玫瑰色设计化妆品的包装装潢,突出了商品的富贵高雅;用红、蓝、黑设计五金、机械的包装装潢,突出了商品的坚实、精密、耐用等特性。

2. 合理运用色彩的情感作用

色彩对人的情感作用是极其复杂的。色彩可以使人高兴,可以使人悲伤,可以使人快乐,也可以使人愤怒,同样可以使人烦躁、忧郁、紧张、轻松、安定,色彩对人的心理影响很大。对于包装装潢设计而言,合理运用色彩是非常重要的,色彩有时会直接影响消费者的购买选择。例如,婚庆用品多采用红色包装,会使人感到喜悦、吉庆、欢快;医药品采用素雅的淡色包装,会使人感到安静、健康、清新;文体用品采用红色、蓝色或鲜艳色彩包装,会使人感到活跃、轻松、明快、跳跃、精力充沛等。对于包装装潢设计中色彩的选择和运用,要具有针对性,根据商品的种类、用途、销售对象的不同进行科学的选定,这样在包装装潢设计中才能取得最佳设计效果。此外,色彩的选择和运用还应针对不同国家、不同地区有所区别。例如,中国人对红色情有独钟,阿拉伯人更偏爱绿色,而黄色是巴西人首选,橙色则是荷兰人的最爱。包装装潢设计要充分研究不同时期的流行色,使商品包装充分体现时代风貌和时代特色。

3. 合理运用色彩增强商品竞争力

商品包装装潢设计的最终目的就是要表现商品、美化商品，增强商品竞争力。商品包装装潢设应选用引人注目的色彩，格调应鲜明，能够反映商品的独特风采和突出效果。例如，洋河大曲蓝色经典系列酒的包装恰当运用了蓝色，形成了以蓝色为基调的海之蓝、天之蓝、梦之蓝等系列商品装装潢设计，深度挖掘了色彩的内涵，传递了商品所要表达的理念，提升了商品的文化品位，增强了商品竞争力。

案例分析

洋河大曲蓝色经典系列包装获得两项大奖

在北京人民大会堂召开的 2007 年中国"包装之星"设计作品评比活动颁奖大会上，洋河蓝色经典以其精美高雅、新颖别致的包装设计，一举荣获"世界之星"、"包装之星"两项大奖。"世界之星"颁奖大会将于 2008 年在非洲加纳举行。

此项评比活动是由中国包装总公司、中国包装联合会、世界包装组织(World Packaging Organisation, WPO)和"世界之星"包装奖作品推荐组委会共同主办的。世界包装组织主席基斯•皮尔森等各界权威人士出席了大会。洋河蓝色经典包装在此次严格而竞争激烈的评比中同时获得两项大奖，充分说明该品牌的成功开发是外在包装、内在品质、文化品味等全方位精心打造的结果。

作为洋河近年来成功开发的主导品牌之一，洋河蓝色经典自 2003 年 9 月面市以来，以独有的"蓝色文化"内涵、"绵柔"风格口味及全新的营销模式迅速占领了高端白酒市场，成为中国绵柔型白酒第一品牌和国内高档白酒的"奇葩"。其所掀起的洋河"蓝色风暴"席卷大江南北。2004 年，洋河蓝色经典全年销售突破 7 600 万元。2005 年该产品销售同比增长 269%。2006 年同比增长 140%。2007 年洋河蓝色经典继续保持 100%以上的增长幅度，在整个销售中占据较大比重。短短几年，洋河蓝色经典获得了消费者最喜爱的白酒品牌、消费者购物首选品牌、中国白酒工业十大创新品牌等多项荣誉，而洋河蓝色经典营销计划也被评为中国十大创新营销案例。

目前，洋河蓝色经典经过不断地改造、创新，正以其内外兼优、魅力四射、备受青睐的市场风采，在洋河酒厂加快市场全国化的征程中发挥着更大作用。

(资料来源：http://www.chinayanghe.com/article/s/580553-316001-0.htm.)

【点评】商品包装装潢是商品包装的重要组成部分，已成为传递商品信息、表现商品特性的重要载体。商品包装装潢不仅仅起到美化商品的作用，还能够传递企业文化理念，提升商品品牌价值。商品包装装潢中色彩的合理运用是打造商品品牌的一个有效突破口。

6.6 商品包装标志

6.6.1 销售包装标志

销售包装标志是标注在商品销售包装上的产品标志，可以用文字、符号、数字、图案及其他说明物等表示。销售包装标志的内容基本可以分为两个部分。第一部分是标注的内容，包括商品名称，生产者名称和地址，商品标准编号，产品质量检验合格证明，生产许可证标记，商品的规格、等级、数量、净含量、主要成分名称和含量及其他技术要求，生产日期，安全使用期或失效期，警示标志或警示说明，安装、维护及使用说明等。第二部分是可以选择标注的内容，包括商品产地、认证标志、名优称号、名优标志、商品条码等。

6.6.2 运输包装标志

运输包装标志是在运输包装外面印刷的，用简单文字、图形表示的特定记号和说明事项，是商品在储存、运输、装卸等物流环节中不可缺少的信息标志。按表现形式不同可分为文字标志和图形标志两种；按内容不同可分为收发货标志、包装储运图示标志和危险货物包装标志。

1. 收发货标志

收发货标志是运输包装件上商品分类图示标志及其他的文字说明排列格式总称，是运输过程中识别货物的标志，也是一般贸易合同、发货单据和运输保险文件中记载有关标志事项的基本部分。收发货标志通常印刷在运输包装上。国家标准 GB 6388—1986《运输包装收发货标志》中对收发货标志的尺寸、字体、颜色、标志方式、标志位置等均有具体规定。

2. 包装储运图示标志

包装储运图示标志是根据不同商品对物流环境的适应能力，在运输包装上用醒目、简洁的图形和文字标明货物在装卸、运输及储存等物流过程中应注意的事项。国家强制性标准 GB/T 191—2008《包装储运图示标志》中对包装储运图示标志的种类、名称、尺寸、颜色及使用方法等均有具体规定，具体示例如图 6.1 所示。

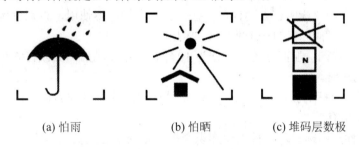

(a) 怕雨　　　　　　(b) 怕晒　　　　　　(c) 堆码层数极

图 6.1　包装储运图示标志示例

3. 危险货物包装标志

危险货物包装标志是用来标明化学危险品的专用标志，为了引起人们的特别警惕，标志通常采用特殊的彩色或黑白菱形图示。危险货物包装标志包括爆炸品标志、易燃气体标志、不燃气体标志、有毒气体标志、易燃液体标志、易燃固体标志、自燃物品标志、遇湿易燃物品标志、氧化剂标志、有机过氧化物标志、剧毒品标志、有毒品标志、有害品标志、感染性物品标志、放射性物品标志、腐蚀品标志、杂类标志等。国家标准 GB 190—2009《危险货物包装标志》中对危险货物包装标志的图案、尺寸、颜色及使用方法等均有具体规定，具体示例如图 6.2 所示。

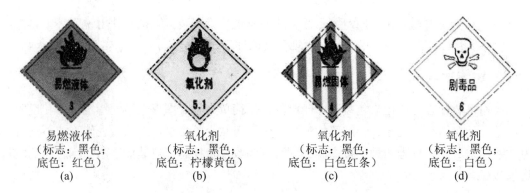

图 6.2　危险货物包装标志示例

6.7　商　　标

商标是将一个企业的商品或服务与另一个企业的商品或服务区别开的标记。商品生产者或经营者在自己的商品上附加显著标志，以区别同类产品不同的生产者或经营者。商标经过工商行政管理部门登记注册并予以公布后，禁止他人使用，享有专用权，并受到法律保护。

6.7.1　商标的主要特征

商标主要具有以下特征。

(1) 独占性。商标经国家工商行政管理总局商标局核准注册后，商标申请人拥有商标的独家使用权，未经商标所有人的许可，任何其他人均不得使用，否则就构成侵犯商标专用权。这是商标与其他标记的一个非常重要的区别。

(2) 时效性。我国注册商标的使用期为 10 年，使用期满后，必须在 6 个月内重新提出申请，进行续展注册。

(3) 区域性。商标的独占使用权是有一定区域限制的，这种商标独占使用权只在商标注册国范围内使用有效。

(4) 可让渡性。商标权是一种工业知识产权，是企业的重要无形资产，可以予以转让。较为常见的做法是对其他企业使用本企业商标进行授权许可。

(5) 增值性。随着企业经营规模的扩大和知名度的提高，商标也会自行增值。

6.7.2　商标的作用

商标具有以下作用。

(1) 商标最基本的作用是识别同类产品不同的生产者和经营者，在商品宣传中突出商标，让消费者记住商标，达到促销的目的。

(2) 商标从一定程度反映了商品的质量与特色，有利于消费者选购，保护消费者利益，也有利于有关部门对商品质量进行监督和审查。

(3) 商标有利于企业平等的市场竞争和开拓市场。商标经过国家商标管理机构注册，获得了使用专有权，任何假冒、伪造使用都是违法行为。这有利于维护企业的信誉和经济利益。

(4) 商标具有美化和宣传商品的作用。商标是商品标准装潢的重要内容，对美化和宣传商品起着重要的作用。立意深刻、构思巧妙、新颖别致的商标，具有标记性和艺术性，好的商标在商品包装上醒目突出，能够提升企业商品形象，提高商品知名度，起到良好的商品宣传作用。

6.7.3 商标的分类

商标包括以下几种分类。

1. 按商标的结构不同分类

商标按其结构不同可分为文字商标、图形商标和组合商标等。文字商标是指以文字和字母构成的商标，由中文、外文、拼音、数字构成的商标都属于文字商标。文字商标在世界各国使用较为普遍，主要是特点较为简明，便于称谓，有些具有一定含义，可以使消费者产生亲近感。有些文字商标使用人名或企业名称缩写，使消费者加深了对商品生产者和经营者的认识和了解，树立了企业形象，如"吉列"刀片、"张小泉"剪刀、"TCL"彩电等。文字商标也有不足之处，就是受到民族和地域的限制，一些文字商标在其他国家不便于识别，影响了其信息的传递。图形商标是指由图案构成的商标，图形商标不受国家、地区的语言限制，图形比较直观，艺术性强，富有感染力，形象易懂易记，缺点是不便呼叫，不便传播。组合商标是指以文字和图形相互组合构成的商标，其有图形易于识别，有文字易于呼叫，便于传播，在现代商标设计中占有越来越重要的地位。

2. 按商标的用途不同分类

商标按其用途可分为营业商标、商品商标、等级商标、服务商标等。营业商标是指以生产或经营企业的名称、标记作为商标，即用商号或厂标作为商标；商品商标是指为了将一定规格、品种的商品与其他规格、品种的商品区别开来所使用的商标；等级商标是为了区别同一品种商品的不同等级，如有的商标图形相同，却采用不同的颜色以区别不同质量的商品；服务商标是指金融、运输、广播、建筑、旅馆等服务行业将自己的服务与他人的服务区别开来而使用的商标。

3. 按商标的使用者不同分类

商标按其使用者不同可分为制造商标和销售商标。制造商标是指表示商品制造者的商标，又称生产商标；销售商标是指经营者销售商品而使用的商标，又称为商业商标。

4. 按商标的管理不同分类

商标按其使用者目的不同可分为联合商标、防御商标、证明商标等。联合商标是指同一商标所有人在同一种或类似商品上注册的若干近似商标，这些商标中首先注册的或主要使用的为主商标，其余的为联合商标。防御商标是指商标所有人为了防止他人在不同类别的商品上使用其商标，而在非类似商品上将其商标分别注册。例如，知名品牌"娃哈哈"不仅在国家工商行政管理总局商标局注册了"娃哈哈"商标，还同时注册了一系列相近或相似商标，如"哈娃娃"等可能被竞争对手窥伺的商标，"哈娃娃"等就是"娃哈哈"的防御商标。证明商标是指由对某种商品或服务具有监督能力的组织所控制，而由该组织以外的单位或个人使用于其商品或服务，用以证明该商品或服务的原产地、原料、制造方法、质量或其他特定品质的标志，如我国的"绿色食品标志"商标。

6.7.4 商标的设计原则

商标的设计应遵循以下原则。

(1) 商标的设计应符合法律。《中华人民共和国商标法》(以下简称《商标法》)是商标设计的重要依据,商标的设计必须严格遵守《商标法》的相关规定。销往国外的商品,商标还要符合商品所销国家的法律规定。

《商标法》规定,同中华人民共和国的国家名称、国旗、国徽、军旗、勋章相同或者近似的,以及同中央国家机关所在地特定地点的名称或者标志性建筑物的名称、图形相同的;同外国的国家名称、国旗、国徽、军旗相同或者近似的,但该国政府同意的除外;同政府间国际组织的名称、旗帜、徽记相同或者近似的,但经该组织同意或者不易误导公众的除外;与表明实施控制、予以保证的官方标志、检验印记相同或者近似的,但经授权的除外;同"红十字"、"红新月"的名称、标志相同或者近似的;带有民族歧视性的;夸大宣传并带有欺骗性的;有害于社会主义道德风尚或者有其他不良影响的图案文字等都不能作为商标。此外,县级以上行政区划的地名或者公众知晓的外国地名,不得作为商标。但是,地名具有其他含义或者作为集体商标、证明商标组成部分的除外;已经注册的使用地名的商标继续有效。

(2) 商标的设计应与目标市场相适应。商标必须与目标市场相适应,商品的名称、图案、色彩、发音等都要考虑目标市场的风俗习惯、审美观、价值观、语言等方面的要求,这样商标才能被目标市场消费者所接受。

(3) 商标的设计应具有审美性和显著特征。商标设计必须符合艺术法则,能充分表现其美观性,并符合大众审美心理,给人以美的享受。商标的美表现为简洁、易读、易记,同时要有较强的视觉冲击,特色鲜明,富有感染力。

(4) 商标的设计应有利于商品销售。商标要符合商品或服务的特点,要充分考虑商品的特点和用途,以免产生不良效果。例如,"敌杀死"是一个很好的用于杀虫剂的暗示性商标,绝对不能用在药品和饮料上。

(5) 商标应具有时代感。商标是企业形象的核心,既表明了商品的质量,又是识别商品的依据,代表了企业的商誉。随着时间的推移,商标应逐渐改造和完善,既要具有连续性,易于识别,又要富于时代感;既要具备现代化、国际化的特征,又要保持相对稳定性。

案例分析

杜康酒商标之争

河南两家杜康酒厂 2009 年 3 月 29 日在洛阳市签署了战略合作协议,结束多年商标争夺战,握手言和。而"杜康"商标大战仍未结束,河南杜康状告陕西杜康一案,也正在北京市第一中级人民法院开庭审理。

据陕西杜康酒业集团总裁说,河南杜康投资集团以陕西白水杜康商标侵权为由,向北京市第一中级人民法院起诉。此次国家工商总局和商标评审委员会列为第一和第二被告,陕西杜康酒业集团列为第三被告,其起诉的理由是商标侵权,认为杜康这个商标是河南的,而非陕西白水杜康的。

陕西杜康酒业介绍说,白水杜康镇杜康村村民认为自己是酒圣杜康的后代,每年都举行祭祀活动。"白水两字摞在一起就是泉字,它有泉水酿酒,酿酒文化源远流长"。白水杜康从最初的家庭作坊式生产到国有企业，乃至今日的现代化民营企业，其悠久的酿酒文化本身就足以说明问题。陕西杜康酒业认为杜康商标的官司以及这些年的商标纷争的确让企业互损。

陕西杜康也表示"绝不能把老祖宗的牌子在自己手中丢掉"。两省三地三个酒厂近30年互相争夺"杜康"商标。

"对酒当歌，人生几何……何以解忧，唯有杜康。"曹操的一首《短歌行》使杜康酒名扬天下。杜康，传说是黄帝手下的一位大臣，因他"始作秫酒"，后世将他尊为酿酒鼻祖。三国时，曹操吟咏出"慨当以慷，忧思难忘。何以解忧，唯有杜康"的千古绝唱，让"杜康"闻名四海。但关于杜康的来历，在历史典籍中记载很少，杜康酒自明朝起也已失传。

然而，千年之后，围绕着"杜康"商标，两省三地生产"杜康酒"的厂家却陷入几十年的商标争夺战中，事实上3个酒厂都与"杜康"有关。据了解，失传已久的杜康酒的恢复，跟周恩来总理有关。1972年9月，周恩来总理设宴招待日本首相田中角荣，对中国传统文化有着浓厚兴趣的田中首相向周恩来询问杜康名酒，周恩来当即请郭沫若介绍了杜康酒的历史，并承诺一定让田中角荣喝上杜康酒。随后在20世纪70年代，河南省的伊川县、汝阳和陕西省白水县，先后办起了杜康酒厂，开始研制生产杜康酒。伊川杜康酒业有限公司坐落于洛阳龙门石窟以南15公里处，属夏王朝中心区之一，传说是杜康造酒的地方。公司的前身为伊川杜康酒厂，始建于1968年，1972年开始重新研制生产杜康酒；1975年，与伊川相邻的汝阳县，目睹伊川杜康酒厂兴旺发达的情景，遂在位于传说中杜康当年造酒的遗址——杜康村筹建汝阳酒厂。后来，"汝阳酒厂"更名为"河南省杜康酒厂"；史料记载杜康生卒于白水，1976年，陕西省白水县也建起了"杜康酒"的厂子。

鉴于当时特定的历史环境，加之政府管理部门保护商标的意识比较淡薄、法律法规不健全等历史原因，3家酒厂均以"杜康"命名，而未将"杜康"作为商标注册。

1980年，国家工商总局等部门联合发出《关于改进酒类商品商标的联合通知》，要求酒的商标应当同其特定名称统一起来。伊川、汝阳、白水3家酒厂先后以杜康传人的名义，申请在本企业的酒类商品上注册杜康商标。自此，第一轮杜康商标争夺战打响了。

在申请商标的过程中，3家酒厂均以"史料记载"为据，以杜康文化发源地为基础，力述自己为正宗的杜康传人。伊川酒厂认为：我国夏商周断代工程在伊川发掘出土的酒器，可以证实杜康造酒的渊源始于伊川地区。汝阳酒厂则称：其厂址位于汝阳县杜康村，该村的历史遗迹证明杜康村为杜康酒遗址。白水酒厂提出：杜康为白水县人，并葬在白水，曾在该县酿酒，故白水县实为杜康故地，该县杜康酒为正宗杜康。3家酒厂的争论也得到当地政府的支持。为了争夺"杜康"这块金字招牌，当时河南省政府、陕西省政府分别致函国家工商总局、轻工业部、商业部，均提出杜康酒遗址在自己省内，应由本省企业承担恢复历史传统名酒的责任。

为协调杜康商标的注册和使用，国家商标局于1983年7月将伊川、汝阳、白水3方召集到北京，以求座谈解决。3方"杜康传人"达成一致意见：由伊川酒厂注册"杜康"商标，允许汝阳、白水两家共同、无偿使用，即采用一家注册，许可两家共同使用的方法处理这个历史遗留问题。至此，第一轮杜康商标的争夺大战以和解平息，3方"杜康传人"一度偃旗息鼓。商标问题得到了初步解决。

签订协议后，伊川、汝阳、白水3家酒厂共同使用杜康商标，从此开创了杜康酒新时期的辉煌。不但国内紧俏，而且出口海外多个国家，被国家主管部门授予了各类荣誉奖项，3家酒厂均成为当地的利税支柱。

但随着市场竞争日趋激烈，3家酒厂在销售、广告宣传等方面逐渐出现了分歧，以致3家酒厂对当初杜康商标由伊川酒厂注册、3家共同使用的协议产生了分歧。1989年8月，河南汝阳酒厂向国家商标局提出了"杜康河"、"杜康泉"、"杜康村"商标的注册申请，这一申请的提出，拉开了长达15年的第二轮杜康酒的"商标内战"。

伊川和汝阳是洛阳市下辖的两个邻县，历史上汝阳也称伊阳，两县分别有伊川杜康与汝阳杜康两家酒厂，相距十多公里。然而，针对"杜康"品牌的争夺，双方激战十几年，业界称之为"两伊战争"。2005年新年伊始，"杜康"商标纠纷再次达到白热化。北京市高级法院对杜康商标争议案作出终审判决，撤销国家工商行政管理总局商标评审委员会"准予杜康村、杜康泉、杜康河商标注册"的裁决。很多人以为长达十多年的"杜康村"、"杜康泉"、"杜康河"商标纠纷案终于有了结论,而围绕杜康商标的其他商标争议却刚刚开始。

2006年,"杜康"丢掉了商务部颁发的"中华老字号"的招牌。据悉,一个重要原因就是"在打官司的同时,忽视了对历史遗产的呵护与传承"。相关人士表示多年的纷争严重损害了"杜康"的品牌形象,浪费了3家酒厂的精力,耽误了20多年的宝贵时间。"杜康"50亿元价值大幅缩水。

"煮豆燃豆萁,豆在釜中泣"。这是曹操儿子曹植的名诗。曹植的诗恰如其分地概括了这场商标之战的特点,同时也为这场商标之争的结束指明了出路。

(资料来源:http://xian.qq.com/a/20090403/000015.htm.)

【点评】市场经济是法制经济,法律的漏洞、人们法治意识的淡薄,以及对商标保护意识的淡薄造成了市场的乱象。历史问题需要历史学家客观、公正地进行科学考证,是非曲直自有评说,而市场问题和法律问题还是需要市场和法律手段来解决。

本 章 小 结

本章主要论述了商品包装的概念及其作用:商品包装是指在商品流通过程中为保护商品、方便储运、促进销售,按一定的技术方法而采用的容器、材料及辅助材料的总称;阐述了商品包装设计原则和技术方法;介绍了商品包装标志与商标。

关键术语

商品包装 运输包装 销售包装 商标

知识链接

《商标法》修改稳步推进

《商标法》第三次修改工作正在稳步推进中,现行《商标法》在施行过程中,因国际、国内经济社会环境变化而面临的新挑战和难题有望随着修订工作的逐步完成得以解决。

《商标法》是新中国知识产权领域第一部法律,于1982年8月23日通过。1983年3月1日施行以来,《商标法》为保护注册商标专用权、促进我国经济发展发挥了重要作用。《商标法》经过了1993年和2001年两次修改。1993年修改的主要内容为开始注册和保护服务商标,加大对商标侵权行为的打击力度;2001年修改的目的是为了与世贸组织规则相协调,主要修正内容为扩大商标权主体和客体的范围,明确将地理标志纳入商标保护体系,明确保护驰名商标,引入对商标确权程序的司法审查,禁止恶意抢注行为及增加工商机关的查处手段。自我国2001年加入世界贸易组织以来,国际和国内贸易迅速发展,经济社会环境也发生了很大变化,现行《商标法》面临许多新的挑战和问题。

为了适应经济发展的需要,2003年年底,国家工商总局启动《商标法》的修改工作。经过6年的调研、论证,10余次专家会议讨论,8次书面征求各界意见,起草10余稿,国家工商总局于2009年11月18日将《商标法(修订送审稿)》正式报请国务院法制办审议。

习 题

一、单项选择题

1. 商品包装最基本的功能是( )。
   A．美化　　　　　B．保护　　　　　C．便利　　　　　D．促销
2. 适用于棉花商品的包装方法是( )。
   A．容器包装　　　B．捆扎包装　　　C．封合包装　　　D．包裹包装
3. 不属于商标按结构划分项的是( )。
   A．文字商标　　　B．图形商标　　　C．组合商标　　　D．艺术商标
4. 假冒他人注册商标、产品、包装及其装潢、产地、厂址，假冒认证及生产许可证等质量标志，掺杂使假，不能满足规定要求和需要特征的质量不合格产品，称为( )。
   A．伪劣商品　　　B．代用商品　　　C．合格商品　　　D．授权商品

二、多项选择题

1. 包装的功能包括( )。
   A．保护　　　　　B．容纳　　　　　C．便利　　　　　D．促销
2. 商标的主要特征有( )。
   A．独占性　　　　B．区域性　　　　C．可让渡性　　　D．时效性
3. 商品包装设计的原则有( )。
   A．适用性　　　　B．安全性　　　　C．美观性　　　　D．环境友好性
4. 商标按其用途可分为( )。
   A．营业商标　　　B．商品商标　　　C．证明商标　　　D．等级商标

三、简答题

1. 纸箱包装的优越性有哪些？
2. 简述商品包装主要技术方法。
3. 简述商标的主要特征。

四、分析论述题

论述商品包装在物流中的作用。

五、实训题

拆看分析利乐包装的结构设计，谈谈自己的看法。

第7章 商品检验

【教学目标与要求】
- 了解商品检验的概念及其内容;
- 熟悉商品抽样方法和商品检验方法;
- 了解商品质量分级方法。

我国首次批捕逃避商品检验犯罪嫌疑人

南京检验检疫局联合公安机关曾侦破一起"钢管变米糕"逃避商品检验案件，犯罪嫌疑人何某被检察机关依法批捕，这是全国首例立案查处的逃避商品检验犯罪案件。

2006年12月间，华山国贸(宁波)有限公司与上海运函国际货运有限公司宁波分公司等企业原本要向欧盟市场出口米糕，但考虑到出口米糕的检验检疫要求高，出口难度大，为了逃避商品检验，于是他们采取"偷梁换柱"手法，骗取出口"钢管"的检验检疫出口货物换证凭条，以"米糕"冒充"钢管"出口。

该批米糕在欧盟市场销售时被检查出含有转基因成分，欧盟委员会将此情况通报给我国政府。国家质检总局、江苏检验检疫局高度重视，责成南京检验检疫局迅速查明情况，严厉打击逃避商品检验违法犯罪行为。

为了尽快查明案件真相，南京检验检疫局立即向公安机关报案。两名犯罪嫌疑人——上海运函国际货运有限公司宁波分公司负责人何××、华山国贸(宁波)有限公司职员魏×被抓获。依照《中华人民共和国刑法》的相关规定，违反进出口商品检验法的规定，逃避商品检验，情节严重的，处三年以下有期徒刑或者拘役，并处或者单处罚金。2007年9月30日，南京市建邺区人民检察院依法批准，对犯罪嫌疑人何××执行逮捕。

江苏检验检疫法律专家介绍，犯罪嫌疑人对国际贸易的政策、法律、法规及相关的贸易流程较为熟悉，对我国进出口货物的报检、报关程序非常清楚，犯罪行为发生后不易发觉，案件侦破难度大。同时，这类案件危害大、影响极坏，严重损害了我国产品的形象和国家的信誉。检验检疫部门应增强风险意识，加大执法把关力度，确保我国对外贸易健康发展。

(资料来源：http://paper.people.com.cn/rmrb/html/2007-11/19/content_32730826.htm.)

【点评】商品检验检疫是商品进出口的重要环节，对进出口商品严格执行商品检验检疫制度，不仅有利于维护企业和消费者的权益，更有利于维护国家的利益，以及国家的形象和信誉。

7.1 商品检验概述

7.1.1 商品检验的概念

商品检验是指商品的供货方、购货方或第三方在一定条件下，借助某种手段和方法，按照合同、标准，或有关法律、法规、惯例，对商品的质量、数量、规格及包装等方面进行检验，作出是否合格或验收及等级的判定；或为维护买卖双方的合法权益，解决由于各种风险造成损失而发生的争议，便于商品交接结算而出具有关证书的业务活动。

商品的质量检验是商品检验的核心内容，狭义的商品检验一般就是指商品的质量检验，商品的质量检验在早期的质量管理阶段发挥了重要的保证商品质量的作用，在全面质量管理不断发展和完善的今天，由于质量预防和控制并非总是有效，商品检验仍然是质量管理工作的一项重要内容。

商品质量检验包括商品的成分、规格、等级、性能和外观等的质量检验，是根据合同、标准和有关规定，或申请人的请求，对商品的使用价值所表现出的各种特性，运用感官或化学、物理手段进行测试和鉴别，目的是判别和确定商品质量是否符合合同或标准中规定的商品质量条件。

7.1.2 商品检验的作用

1. 为商品标准化提供科学依据

商品标准是衡量商品质量的尺度，商品检验是按照商品标准对商品进行检验判定的，而商品标准的制定又是建立在大量商品检验数据、资料和经验基础上的，商品检验为商品标准化提供科学依据。

2. 是商品质量管理的重要手段

商品检验是商品质量管理的重要手段，也是企业实施全面质量管理和建立质量管理保证体系的重要环节，只有严格商品质量检验才能对可能出现的质量问题起到预防、控制和把关的作用，从而保证商品质量，做好商品质量管理工作。

3. 对流通环节商品质量起到了监督作用

对流通环节商品进行检验，能够保证合同的有效执行，防止假冒伪劣商品进入市场，维护了消费者的合法权益，对流通环节商品质量起到了监督作用。

4. 为商品物流提供了可靠的参考

在商品运输和存储期间对商品进行检验，可及时了解商品品质的变化，以便科学运输和存储，减少商品损失，保证商品在物流过程中的质量。

7.1.3 商品检验的种类

1. 根据商品检验内容不同分类

(1) 外观检验。是指对商品外观质量进行检验，如检验外观是否存在缺陷、色泽调和是否适度、结构是否牢固等。

(2) 内在质量检验。是指通过一定的检验技术和方法对商品内在质量进行检验，如商品的成分、物理性能、化学性能、机械力学性能、卫生安全性能等。

(3) 包装检验。是指对商品的包装标志、包装材料、包装方法等进行检验，检查商品包装牢固程度和完好性，内外包装是否符合运输、储存和销售的相关规定和要求，对商品是否有污染或不利影响，包装标志是否清晰等。

2. 根据商品检验目的不同分类

(1) 生产检验。是指商品生产者为了在市场竞争中维护企业信誉，达到保证产品质量的目的，而对原材料、半成品和成品进行的检验活动。

(2) 验收检验。是指商品的采购方为了维护自身及消费者的权益，保证所采购的商品符合合同或商品标准规定而进行的检验活动。

(3) 第三方检验。是指买卖双方之外的第三方，应有关方面的请求或指派，以公正、中立、权威的身份，依据有关法律、合同和商品标准对商品进行的检验活动。第三方检验维护了国家权益、买卖双方权益及消费者权益，可以及时协调各方矛盾，有利于商品流通的顺畅进行。

3. 根据商品流向不同分类

(1) 内销商品检验。是指国内的商品经营者、用户及商品监督检验机构依据国家有关法律、法规、技术标准、合同等对内销商品进行的检验活动。

(2) 进出口商品检验。是指国家进出口商品检验机构依据国家有关法律、法规、技术标准、合同及相关国际贸易惯例与公约等对进出口商品进行的法定检验、公证鉴定和监督管理检验活动。

① 法定检验是商品检验机构根据国家法律、法规的规定，对指定的进出口商品执行强制性的检验。列入《商检机构实施检验的进出口商品种类表》的法定检验商品，未经检验或检验不合格的不得进口或出口。

② 公证鉴定是进出口商品检验鉴定机构应当事人申请，办理规定范围内的进出口商品的检验鉴定业务，并出具证明，作为办理进出口事务的有效凭证，如品质、数量证明，残损鉴定，海损鉴定，运输工具的运载鉴定等。

③ 监督管埋是国家商品检验鉴定机构通过行政管理手段，对进出口商品有关企业的检验部门和检验人员进行监督管理；对生成企业的质量体系进行评审；对进出口商品进行抽查检验等，是国家商检机构对进出口商品实施检验管理的重要手段。

4. 根据商品检验场所不同分类

(1) 现场检验。是指在商品存放的现场，利用简单仪器或感官对商品的包装、外部损伤进行的检验活动。

(2) 实验室检验。是指在实验室利用检验仪器、仪表及物理化学的方法对商品性能进行的检验活动。

5. 根据商品破损性不同分类

(1) 破损性检验。是指为取得必要的质量信息，经测定、试验后的商品遭受一定程度破坏的检验，如罐头、饮料等的检验。

(2) 非破损性检验。是指经测定、试验后的商品仍能发挥正常使用性能的检验，也称为无损检验，如电器类商品、纺织品类商品等的检验。

6. 根据商品检验数量不同分类

(1) 全数检验。是对被检验的整批商品逐个进行的检验。适用于商品批量小、质量特性少且质量不稳定、较贵重的商品检验。其优点是能提供较全面的质量信息；缺点是检验量大、费用高，检验人员易疲劳，从而导致错检或漏检现象发生。

(2) 抽样检验。是按照确定的抽样方案，从被检验商品中随机抽取少量样品，组成样本，再对样本进行逐一测试的检验形式。其优点是适用于商品数量较大的商品检验，有利于节省检验时间和费用，加快商品贸易交接。缺点是检验不完整，提供的商品质量信息较少，可能导致检验结果和实际商品质量有差异，适合商品质量差异较小的商品。

(3) 免于检验。是指对于生产技术和检验条件较好、质量控制完备、产品质量长期稳定的生产企业所生产的商品，在企业自检合格后，商业企业可以直接收货，免于检验。对于涉及安全、卫生及有特殊要求的商品不能免检。

7.1.4 商品检验的程序

商品检验工作的一般流程如图 7.1 所示。

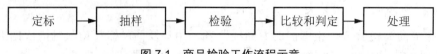

图 7.1 商品检验工作流程示意

1. 定标

定标是指在检验工作前根据合同或标准规定，明确检验技术要求，掌握检验的手段和方法及商品合格判定的原则，制订商品检验计划，并确定检验批。

检验批是指一次检验所有商品构成的商品整体。准确确定检验批，对简化检验结果的处理工作、准确反映商品的质量有着重要意义。

确定检验批的原则应该是这批商品由生产时间大致相同、生产条件大致相同的同等级、同品种、同规格、同原料、同工艺的商品构成。这批商品的单位商品数量构成了批量，批量习惯上用 N 表示，N 的数值可以是任意自然数。单位商品是指构成商品总体的基本单位。

2. 抽样

抽样是按照合同或标准规定，随机抽取样品，使样品对商品批的总体具有充分代表性，同时对样品进行合理的保护。抽样按质量特征可分为计数抽样和计量抽样；按商品批划分可分为百分比抽样和随机抽样。

3. 检验

检验是在规定的环境条件下，使用规定的试验设备和试验方法，检测商品的质量特性。

4. 比较和判定

比较和判定是指将检测商品的质量特性结果与合同或标准所规定的技术要求进行比较，根据合格判定的原则，对被检验商品进行合格判定的过程。

5. 处理

处理是指对检验结果出示检验报告，反馈质量信息，并对不合格的商品及商品批作出处理。

7.2 商品的抽样检验

7.2.1 商品抽样的概念

商品抽样又称取样和拣样，是指按照合同或标准所规定的方案，从被检验的商品批中抽取一定数量具有代表性样品用于检验的活动。抽取的样品的全体称为样本，样本中所含的样品数量称为样本量，习惯上用 n 表示。

7.2.2 抽样的方法

1. 随机抽样法

随机抽样法是指抽样时不带人为的主观因素进行抽样，随机地抽取样品，使每单位商品均有可能成为样品的抽样方法。

(1) 简单随机抽样。是指在批量为 N 的商品中抽取 n 个商品作为样品,每个商品被抽取的概率均等。这种方法适用于商品批量不大的检验,对发现商品共同性缺陷较为有效。而样本容量较大时,样品编号工作十分繁重;样本容量较小时,样品代表性较差。

(2) 系统随机抽样。是将商品批的各单位商品编号,再按照一定的程序抽样。这种方法由于有一定的规律,客观上使样本的代表性降低。例如,按编号 5 进行抽样,那么 5,15,25,35,……,就成为样本。

(3) 分层随机抽样。是将一批商品划分为若干部分,再从每部分中按照简单随机抽样方法抽取样品,将各部分样品合在一起构成样本。这种方法适用于较大批量的商品抽样。

(4) 整群随机抽样。是先将大包装作为整体,进行随机抽样。然后对抽出的大包装再以小包装为单位进行随机抽样,即先进行群体抽样,再进行个体抽样。这种方法对于工业品比较适合。

2. 典型抽样法

典型抽样法是指按照商品的质量状况,抽取典型样品,以较少的试样分析估计整批商品的质量状况。这种方法简便,需要抽检人员经验丰富,抽检技巧好,典型抽样法往往也带有一定的主观性。例如,黄曲霉素易生长在霉变严重的花生粒上,对花生进行黄曲霉素检验,抽样时应先选取霉变严重的花生粒进行检验,如果没有黄曲霉素,那么可以判断整批花生的黄曲霉素的含量符合质量要求。

7.3 商品质量检验的方法

商品质量检验的方法的方法很多,根据检验所用的器具、原理和条件,一般可分为感官检验法、理化检验法、生物学检验法和实际试用观察法等。在实际检验工作中,可根据商品质量特性的不同进行选择或配合使用。

7.3.1 感官检验法

感官检验又称感官分析、感官评价或感官鉴定,是指运用人的感觉器官作为检验器具,对商品的外形、外观、色泽、硬度、弹性、气味、手感、音色等感官质量特性,在一定条件下作出判定和评价的检验方法。

感官检验方法简便易行、快速灵活、成本较低,特别适用于目前还不能用仪器定量评价其感官指标的商品,广泛应用在食品、纺织、药品、日用工业品、家用电器、化工商品等领域。感官检验也会受到检验者生理条件、心理因素、文化素质、工作经验等外界环境的影响,会带有一定的主观性,为了减少检验结果的误差,可采取多人评审法等弥补不足。感官检验法分为视觉检验、嗅觉检验、味觉检验、听觉检验和触觉检验。

1. 视觉检验

视觉检验是指通过人的视觉来检验商品质量的方法。例如,商品的外形、结构、颜色、光泽、光洁度、新鲜度及表面状态、外观疵点等质量特性都可运用视觉检验。视觉检验对光线的强弱、照射的方向、背景对比,以及检验人员的生理、心理、专业能力都有一定要求,为了提高视觉检验的可靠性,检验必须在标准照明条件下和适宜的环境中进行,检验人员必须通过专门的训练。视觉检验应用极为广泛，如对茶叶的外形、叶底、汤色，水果的果形和果色，棉花的色泽，织物疵点粒数，玻璃杯的外观缺陷，以及食品的新鲜度等的检验。

2. 嗅觉检验

嗅觉检验是指通过人的嗅觉来检查商品气味，以评价商品质量的方法。嗅觉检验广泛应用于食品、药品、化妆品、家用化学品及香精、香料等商品的检验，通过燃烧纺织纤维原料散发的气味可以鉴别其主要成分。为了保证嗅觉检验的质量，必须对嗅觉检验人员进行测试、选择和培训，在嗅觉检验过程中避免检验人员的嗅觉器官与具有强烈挥发性物质长时间接触，并注意防止具有强烈挥发性物质之间的串味现象。

3. 味觉检验

味觉检验是指通过人的味觉对食品的滋味和口感进行鉴别的方法。基本味觉有甜、酸、苦、咸四种，其余都是混合的味觉。味觉检验主要应用在食品鉴定上，如茶叶、烟、酒、调料等味觉食品的鉴定。食品的滋味、风味和口感是食品质量的重要指标，同样原料的食品，由于制作工艺不同，滋味、风味和口感都会有所不同。食品质量下降，其滋味、风味和口感也会随之变差，甚至产生异味。味觉检验要求检验人员必须具有辨别基本味觉特征的能力，被检验样品的温度要与对照品温度一致，还要采用正确的检验方法，如检验时不能吞咽物质，应使其在口中慢慢移动，每次检验前后必须用水漱口等。

 知识链接

白酒的感官评审

将样酒100毫升倒入专用于评审的酒杯中，在明亮处观察酒体的色泽，包括酒的颜色和透明度，然后闻酒的香气，再品尝酒的滋味，并将感官鉴定结果记录，每鉴别一种样酒前后都要用温水漱口。

1. 白酒颜色和透明度鉴别

白酒的正常色泽应是无色、透明、无悬浮物和沉淀物，这是酒质纯净的重要指标。发酵期较长的白酒往往有极微的浅黄色，如茅台酒。一般白酒都要求无色。

2. 白酒香气鉴别

鉴别白酒的香气，一般使用大肚小口的玻璃杯，将白酒注入杯中并稍加摇晃，立即用鼻子在杯口附近仔细嗅闻其香气；或倒几滴白酒在手掌上稍搓几下，再嗅闻手掌即可以鉴别出酒香的浓淡程度和香型是否正常。

白酒的香气一般分为溢香、喷香、留香。当靠近酒杯时，白酒中的芳香气息就溢散于杯口附近，很容易让人闻到香气，这叫溢香，也叫闻香。当酒液进入口腔后，香气充满整个口腔，这叫喷香；酒液咽下口中还有余香，这叫留香。一般白酒都应有溢香，优质酒和名优酒不仅要有明显的溢香，还要有较好的喷香和留香。鉴别白酒香气时，还要对其香型进行鉴别。

3. 白酒滋味鉴别

白酒的滋味要求纯正，没有强烈的刺激和辛辣。白酒的滋味和香气有密切的关系，香气较好的白酒，其滋味也较好。品尝时，应将白酒置于舌头处和喉部细品，鉴别白酒的醇厚程度和滋味优劣。优质酒和名优酒还要求滋味醇厚、味长、甘洌、回甜，入口有愉快舒适的感受。

(资料来源：万融. 商品学概论. 4版. 北京：中国人民大学出版社, 2010.)

4. 听觉检验

听觉检验是指通过人的听觉检查商品发出的声音是否正常和优美，以判断商品质量的检验方法。听觉检验多用来检查玻璃器皿、陶瓷制品、金属制品等有无裂纹或内在缺陷；评价乐器、音响电器等的声音质量指标；评定食品的成熟度、新鲜度等。听觉检验与其他感官检验一样，需要适宜的环境条件，力求安静，避免外界因素对听觉灵敏度的影响。

5. 触觉检验

触觉检验是指通过人的触觉对商品进行触摸、按压或拉伸，以鉴别商品质量的检验方法。触觉是皮肤受到外界刺激产生的感觉，如触摸感觉、触压感觉等。触觉检验主要用于纸张、塑料、纺织品等商品表面的光滑度、强度、厚度、弹性、紧密度等质量特性的鉴别。例如，检验纸张时可根据手触摸得出纸张是粗糙或平滑、柔软或挺括、厚实或轻薄等。触觉检验应注意环境条件的稳定，保持手指皮肤处于正常状态，并应加强检验人员的培训工作。

 知识链接

天然彩色棉花

天然彩色棉花简称"彩棉"。它是利用现代生物工程技术选育出的一种吐絮时棉纤维就具有红、黄、绿、棕、灰、紫等天然彩色的特殊类型棉花。用这种棉花织成的布不需要染色，无化学染料毒素，质地柔软而富有弹性，制成的服装经洗涤和风吹日晒也不变色，耐穿耐磨，穿着舒适，有利人体健康。因不需要染色，所以可大大降低纺织成本，减少了普通棉织品对环境的污染。由于彩棉纺织品不含甲醛、偶氮染料等有害物质，是名副其实的"绿色产品"，故被誉为"生态服装"或"环保服装"。由于彩棉的这些突出优点，彩棉制品一问世，便受到了人们的特别关注。

我国于1994年开始彩棉育种研究和开发，现已育出了棕、绿、黄、红、紫等色泽的彩棉。中国农科院棉花研究所培育的"棕絮1号"和新疆天彩科技股份有限公司开发的新品种"天彩棕色9801"，在国际彩棉品种改良中处领先地位，这两个品系于1998年用于大田生产和产品开发。

另外，新疆中国彩棉股份有限公司目前已有可供大面积种植的棕色、绿色、驼色三个定型品种和90余份优良选系材料。其中，棕色、绿色、驼色三个定型品系在新疆大面积种植获得成功。

（资料来源：中国纱线网 http://www.chinayarn.com/xianwei/show.asf?ID=461.）

 小思考

商品感官检验的重要性有哪些？

7.3.2 理化检验法

理化检验是在实验室的一定环境条件下，利用各种仪器、器具和试剂等手段，运用物理和化学的方法测试商品质量。主要用于检验商品的成分、结构、物理性质、化学性质、安全性、卫生性及对环境的污染和破坏性等。

1. 物理检验法

物理检验法是运用各种物理仪器测定商品的各种物理性能和指标的检验方法。根据检验内容不同，通常可分为一般物理检验、光学检验、力学检验、热学检验、电学检验和其他检验等。

(1) 一般物理检验。是运用各种量具、量仪、天平或其他专门仪器来测定商品的长度、宽度、细度、厚度、面积、体积、质量、密度、表面光洁度等一般物理特性的方法，如检验纤维的长度和细度、水果个体的重量等。

(2) 光学检验。是通过各种光学仪器检验商品各种光学特性的检验方法。检验内容包括商品的微观结构、物理性质及品质缺陷等。例如，用光学显微镜观察纺织品各种纤维的细微结构，以判断其性质特征；用X射线机来观察金属制品的内部结构是否有裂痕，这种在不破坏商品而鉴定商品内部结构的方法被称为无损检验法。

(3) 力学检验。是通过各种力学仪器测定商品机械性能的检验方法。测定商品机械性能主要包括抗拉强度、抗压强度、抗冲击强度、抗剪切强度、抗弯曲强度、抗疲劳强度、耐磨强度、硬度、弹性等。商品的机械性能对商品的耐用性影响很大。例如，水泥制品的抗压强度可以用水泥试样被压碎时试样单位面积每平方厘米所承受的外力，即千克/平方厘米表示。水泥的标号即表示水泥的抗压强度，如普通水泥有225、295、325、425、625等标号。

(4) 热学检验。是通过各种热学仪器测定商品热学性能的检验方法。这些热学性能包括熔点、沸点、凝固点、燃点、闪点、耐热性、耐寒性、抗冻性、导热性保温性等。热学检验广泛应用于对金属制品、化工制品、皮革制品、橡胶、玻璃、搪瓷制品、塑料制品、建筑材料、石油制品等的检验。这些商品的热学性质都与商品的质量有密切关系。例如，搪瓷制品的耐热性测定是将搪瓷制品加热到规定温度后，迅速投入冷水中，以珐琅层在突然受冷时不致炸裂和脱落的温度表示，温度差越大，搪瓷制品的耐热性越好。

(5) 电学检验。是通过电学仪器和适当的测量方法测定商品的电学性质的方法。电学性质主要包括电流、电压、电阻、电功率、电导率、介电常数、磁性、电击穿性。电学检验主要运用于电器商品的质量检验。

(6) 其他检验。是利用其他一些专门仪器检验商品的某种物理性能的方法，如检验纺织品、纸张的透气性、透水性，纺织品的缩水率、染色牢度，建筑材料的防水性，橡胶的耐老化性、耐酸碱性等，以及商品的振动测试和噪声测试等。

用天平测定茶叶含水量

1. 实验目的

通过实验了解天平的工作原理和种类，通过测定茶叶含水量掌握天平的正确使用方法，了解基本的商品实验室检验方法。

2. 实验仪器和用品

托盘天平，扭力天平，分析天平，称量皿，茶叶，烘箱，干燥器。

(1) 托盘天平亦称粗天平或药物天平，由两臂相等的秤杆及等重的托盘组成，以金属机架组配在钢制棱角上，使两端能够上下摆动。横梁上设有指针、刻度盘，用来表示称量数据。托盘天平精度不高，精度一般为0.1～0.2克，称量范围为50～500克。

(2) 扭力天平是用弹性钢带代替托盘天平中的钢制棱角作支承，结构独特。可从刻度盘上直接读出

1克以下的读数,一般能够准确到0.01克,称量范围为100~200克。

(3) 分析天平为精密称量天平,具有较高的灵敏度,天平横梁用合金制成,以玛瑙刀刃作支承,一般能够准确到0.1~0.4毫克,称量范围为100~200克。

3. 实验方法

检测茶叶含水量需要先粗略称量试样的重量,再精确称量并记录数据和运算,一般要使用两种以上的天平。茶叶的水分含量直接影响茶叶的储藏性,是茶叶理化检验中重要的检验项目之一。测定茶叶含水量目前使用最广泛的方法是烘箱法。根据烘烤温度和烘烤时间不同,可分为103°C恒重法和120°C一小时法。目前国际上推荐用第一种方法,国内多采用第二种方法,该方法时间短,准确性基本可以达到要求。

4. 实验步骤

(1) 取称量皿两只,分别编号,在粗天平上称量后记下重量。

(2) 将称量皿放于扭力天平上,称出准确重量G,记录。

(3) 将称量皿放回粗天平上,取茶叶样品放入称量皿中,称取10克重量茶叶。

(4) 在扭力天平上精确称取称量皿和茶叶重量A,记录。

(5) 将称量皿放入已升温至120°C的烘箱中,烘45分钟后取出,置于干燥器中冷却约15分钟,用扭力天平称量冷却后的重量B,记录。

5. 实验结果

将实验记录的数据填入表7-1并计算。

表7-1 实验记录数据

项 目		编号Ⅰ	编号Ⅱ
称量皿重量G			
称量皿和茶叶重量	烘前重量A		
	烘后重量B		
茶叶含水量$(A-B)/(A-G)\times 100\%$			
平均值(Ⅰ+Ⅱ)/2			

6. 实验结论

_____

_____

(资料来源:郭洪仙. 商品学. 上海:复旦大学出版社,2005.)

2. 化学检验法

化学检验是运用各种化学试剂和仪器对商品的化学成分及其含量进行测定,以判定商品品质的检验方法。根据具体操作方法,可分为化学分析法和仪器分析法两类。

(1) 化学分析法。化学分析法是根据检验过程中商品试样在加入化学试剂后所发生的化学反应来测定商品中的化学组成成分及含量的检验方法。这种方法试验设备简单,经济易行,结果也较准确,适用于食品检验,包括营养素、食品添加剂、有毒有害物质及变质食品的成分变化指标测定,纺织品的主要成分、杂质成分、有害成分含量的测定;以及耐水、耐酸碱、耐腐蚀等化学稳定性质的测定的等。化学分析法的特点是设备简单,准确程度高,是其他化学分析方法的基础,通常也称为常规分析法。

化学分析法根据测定方法的不同,又分为重量分析法、容量分析法和气体分析法。

① 重量分析法是选择某种试剂与被测成分反应,生成一种难溶的沉淀物,再通过过滤、洗涤、干燥、灼烧等过程,使沉淀与其他成分分离,根据这种沉淀物的重量再算出被测成

分含量。这种分析方法较为准确,根据分离方法的不同,又可进一步分为沉淀法、气化法、提取法、电解法。

② 容量分析法是在被测成分溶液中滴加一种准确浓度的试剂,根据它们反应所消耗的标准溶剂体积计算被测成分的含量。容量分析法操作简便,能够达到一定的准确程度,应用非常广泛。根据化学反应的不同,又可进一步细分为酸碱滴定、氧化还原滴定、络合滴定、沉淀滴定等。

③ 气体分析法是用适当的吸收剂吸收混合气体中的被测成分,由气体体积的变化来确定被测成分的含量。

(2) 仪器分析法。仪器分析法是运用较为复杂的仪器测量商品的光学性质、电化学性质,以确定商品的化学成分种类、含量及化学结构等的检验方法,包括光学分析法和电化学分析法。

① 光学分析法是通过分析被测成分吸收或发射电磁辐射的特性差异来进行化学鉴定的方法,具体有比色法、分光光度法、核磁共振波谱法、荧光光谱法、发射光谱法等。

② 电化学分析法是利用被测物的化学组成与电物理量之间的定量关系来测定被测物的组成和含量,具体有伏安法、极谱法、电位滴定法、电导滴定法、电解分析法等。

7.3.3 生物学检验法

生物学检验法是食品、药品和日用工业品等类商品质量检验常用的方法,包括微生物学检验法、生理学检验法和组织学分析法。

1. 微生物学检验法

微生物学检验法是利用显微镜观察法、培养法、分离法、形态观察法等,对商品中所存在的微生物的种类和数量进行检验,并判断微生物是否超出允许限度的一种检验方法。微生物学检验法包括培养基的制备、灭菌、接种、培养和鉴定等基本环节。

2. 生理学检验法

生理学检验法是用于检验食品的可消化率、发热量、微生物和矿物质对机体的作用,以及食品和其他商品中一些成分的毒性等。采用这种方法一般用活体动物进行试验。对人体进行试验,必须经过无毒害性试验,根据需要并经有关部门批准后方可实行。

3. 组织学分析法

组织学分析法主要采用解剖等方法,对组织、细胞等的结构、形状、特点等进行测定。

7.3.4 实际试用观察法

实际试用观察法是将商品在实际使用条件下,同时受各种破坏因素作用,从而取得需要的质量信息,并收集试用者对商品试用的意见以便改进商品的方法。实际试用观察法的缺点是试验过程时间长、花费大,需要建立试用的组织管理系统和专门观察人员,而且检验结果也不一定非常客观。

《茶叶感官审评方法》国家标准开始实施

国家标准 GB/T 23776—2009《茶叶感官审评方法》已从 2009 年 9 月 1 日开始实施。自此，各类名茶评比有了全国统一的规范。

据该标准起草人之一介绍，茶叶评审常常以感官评审为主，与评审专家个人的喜好关联度较高。另一方面，由于缺乏一个全国性的评选统一标准，各类名茶评选往往"自行其是"，导致各类获奖名茶之间的差异较大。从长远看，对国内的茶产业发展将会产生一定的负面影响。

许多茶叶专家认为，该标准的出台，打破了以往茶叶感官评审中"只可意会，不可言传"的障碍，克服了名茶评审中的随意性，对推动中国茶产业的发展很有意义。

(资料来源：http://www.foodmate.net/news/guonei/2009/10/148999.html。)

【点评】感官检验有其固有的特点，但缺乏全国性的统一标准，随意性强也是不争的事实。建立商品感官审评方法标准，规范商品感官检验，有利于商品生产、流通和经营，特别是许多需要进行大量感官检验的商品的质量将更加有保障。

7.4 商品质量分级

商品质量分级是商品检验活动的一个重要环节，是对商品内在质量和外在质量综合评判的结果。商品质量分级反映了需求的差异化，只要存在商品的市场需求差异，商品质量分级就有必要存在。

7.4.1 商品质量分级的概念及其作用

商品质量分级是根据商品质量标准和商品实际质量检验结果，将同类同种商品划分为若干等级。商品品级是依据商品质量的高低所确定的等级。商品品级通常用"等"或"级"表示，其顺序反映商品质量的高低，如一等、二等、三等。一般商业上习惯将工业产品的实物质量原则上划分为三级。优等品的质量必须达到国际先进水平，一等品必须达到国际一般水平，合格品必须达到国内相应的产品质量标准要求。若产品质量达不到现行标准则称为废品或等外品。

商品品级的合理划分有利于促进企业加强质量管理，提高生产技术水平和产品质量，有利于对企业进行合理的评价，有利于限制劣质商品进入流通领域，便于消费者选购商品，维护企业和消费者双方利益，商品品级还有利于物价管理和监督，以形成优质优价、公平竞争的市场秩序，促进市场经济的健康发展。

7.4.2 商品质量分级的方法

商品质量分级的方法很多，主要有百分记分法、限定记分法和限定缺陷法等。

1. 百分记分法

百分记分法是按商品的各项质量指标的要求，规定各项指标一定的分数，再根据各项指标对商品质量的影响程度划分权重。商品的各项质量指标都符合标准,则总分为100分;若其中某些指标达不到标准,则总分相应就会降低,总分达不到一定等级分数,商品等级就会相应降低。这种方法在食品和部分日用工业品分级中广泛运用。

2. 限定记分法

限定记分法是将商品的各种质量缺陷规定为一定的分数,由缺陷分数的总和来确定商品的等级。商品缺陷越多,分数总和越高,商品等级则越低。这种方法主要运用于工业品分级。

单位产品不符合指定技术要求的都称为缺陷。有些产品可以自然划分,如一支钢笔、一件衬衣、一个足球等,有些产品是不能自然划分的,如大米、油漆、水泥、电线等,这些产品往往根据人们的习惯来划分,如一袋大米、一桶油漆、一袋水泥、一米电线等。

缺陷按照其危害程度可分为轻缺陷、重缺陷、严重缺陷、致死缺陷。轻缺陷是指那些虽不符合规定的技术要求,但商品仍然可以使用、可以销售的缺陷,如布匹上的疵点、玻璃器皿上的气泡等;重缺陷是指那些不符合规定的技术要求,影响了商品使用性能的缺陷,如空调噪声过大、电脑升温过快等;严重缺陷是指那些不符合规定的技术要求,严重影响了商品使用性能的缺陷,如电器开关失灵、纺织品有明显的破洞等;致死缺陷是指缺陷的存在严重影响了使用者的身体健康,甚至威胁生命安全,如电器商品漏电、食品带有超标的致病菌落等。致死缺陷是在任何商品中都绝对不允许出现的。

缺陷按照其性质可分为计数缺陷和计量缺陷。计数缺陷是指商品质量特征不是连续的,只能用件数或点数表示,如不合格品有几件或商品表面疵点有几个等;计量缺陷是指商品质量特征是连续的,可以用数量表示,如棉纱线的强度、灯泡的寿命等。

3. 限定缺陷法

限定缺陷法是在标准中规定商品的每个质量等级所限定的质量缺陷的种类、数量及不允许哪些质量缺陷。这种方法也主要运用于工业品分级,如玻璃、搪瓷、陶瓷、纸张等文化用品的等级划分。

案例分析

假货骗了政府采购

安徽芜湖某公司伪造证书冒充"国外先进环保设备",在政府招标采购中多次获得大额订单,然后组织作坊式小厂生产伪劣产品获取暴利。调查发现,此种模式被一些不法商人当作"高利润产业"而效仿。最大的中标企业竟是假的。

据芜湖市容局介绍,芜湖市近年来城市发展速度加快,为解决环卫设施跟不上形势的问题,市财政实行以奖代补的政策,鼓励该市的市容部门购买大型先进环卫设备,从2005年开始每年进行一次环卫设备政府招标采购。这家公司是芜湖市环卫设备中标金额最大的商家之一,仅2006年就中标520多万元,2005年也中标数百万元。

这家公司在采购代理处的投标文件称所提供的垃圾压缩设备为"法国原装进口","全部配件为原厂制作"。投标文件还注明"我公司是法国公司直接授权的代理商",而"该垃圾压缩设备在同类产品中以其优秀的品质、稳定的运行在世界销售市场上一直名列首位"。该公司还提交了法国公司"制造厂家资格声明"及"授权书"。经查，这家法国公司根本就不存在，投标文件中注明的工厂地址是一家小服装店。调查人员向法国驻广州总领事馆经济处电话查询，得到的答复也是法国没有这家公司。

据一位曾在这家公司工作过的销售人员介绍，投标文件中法国公司的"资格声明"及"授权书"都是公司工作人员通过计算机伪造的，"进口先进设备"实际上来自广东佛山等地作坊。调查发现，这一批又一批的"进口先进设备"确实是在广东佛山、深圳等地私人作坊式小厂七拼八凑伪造的。私人小厂的厂房就是两个铁皮大棚，还有几台 20 世纪七八十年代的破旧设备，一二十名工人，并没有专业技术人员。事件引起了芜湖市委、市政府领导的高度重视，指令纪检部门介入调查，公安部门也成立了专案组。这家公司三名责任人已被刑事拘留。

(资料来源：http://news.163.com/07/1112/09/3T3CFDU200011SM9.html.)

【点评】不法商人的行为应受到法律的制裁，但政府采购在做法和环节上是否也应反省呢？正规进口设备都具有海关进口记录，如进口设备报关单、完税证明、商品检验检疫证明等，只要通过海关查询就能够辨析这些材料的真伪。一些外国驻华机构也会提供免费的该国企业信用查询服务。我国招标采购相关法律法规中，并未要求供货商必须提供海关进口记录，也未硬性要求招标机构查询真伪，这给了一些不法商人以可乘之机。

本 章 小 结

本章主要论述了商品检验概念及其作用；介绍了商品抽样检验的概念及方法；介绍了商品质量检验的方法；介绍了商品质量分级的概念及商品质量分级的方法。

关键术语

商品检验　　商品抽样　　感官检验　　商品品级

知识链接

奶粉的鉴别

鉴别奶粉的质量优劣可以运用以下四种方法。

(1) 色泽：质量好的奶粉，色泽洁白或微淡黄色；色泽深暗、灰白、焦黄等，则是可疑奶粉或变质奶粉。

(2) 气味：正常的奶粉，具有天然的乳香，香味芬芳；有苦味、腥味、酸味、霉味等，则说明奶粉已经变质，不宜食用。

(3) 组织状态：正常奶粉的组织呈松散柔软的粉末状；如果奶粉受潮结块，未发生色变，手一捏就碎，尚可食用；如果结块较硬，色变较深，则不宜食用。

(4) 冲调：取少量奶粉，用开水充分调和后，静置 5 分钟，如果没有沉淀物，说明是正常奶粉；如果有沉淀，表面有悬浮物，则是劣质奶粉；如果水和奶粉分离，则是变质奶粉，不宜食用。

(资料来源：陆拾. 假冒伪劣食品识别. 北京：中国商业出版社，1992，12：17.)

习 题

一、单项选择题

1. 属于外观检验的是(　　)检验。
   A．外观缺陷　　　　B．物理性能　　　　C．化学性能　　　　D．商品成分
2. 不属于根据商品检验目的不同进行划分是(　　)检验。
   A．生产　　　　　　B．第三方　　　　　C．验收　　　　　　D．全数
3. 不属于理化检验的是(　　)检验。
   A．力学　　　　　　B．嗅觉　　　　　　C．光学　　　　　　D．电学
4. 不属于力学检验的是(　　)检验。
   A．耐热性　　　　　B．抗压强度　　　　C．抗冲击强度　　　D．抗拉强度

二、多项选择题

1. 理化检验包括(　　)检验。
   A．抗拉强度　　　　B．抗压强度　　　　C．耐热性　　　　　D．触觉
2. 生物学检验法包括(　　)。
   A．微生物学检验法　　　　　　　　　　B．生理学检验法
   C．组织学分析法　　　　　　　　　　　D．仪器分析法
3. 随机抽样法包括(　　)。
   A．简单随机抽样　　B．系统随机抽样　　C．分层随机抽样　　D．典型抽样

三、简答题

1. 简述商品检验的作用。
2. 简述商品的感官检验。

四、分析论述题

论述商品检验在进出口中的作用。

五、实训题

用感官检验的方法检验身边的陶瓷餐具，谈谈自己的体会和心得。

第8章 商品储运

【教学目标与要求】
- 了解商品储存和运输的概念及作用;
- 了解商品储存和运输过程中的质量变化;
- 了解商品储存和运输的方式。

导入案例

大量易燃易爆品的非法储存

2008年9月28日上午9时许，消防大队执法民警在位于东涌镇励业路的广州锦纺织漂染有限公司进行消防安全检查过程中，发现该公司未经消防机构审批，非法储存、使用易燃易爆危险物品，6 475千克保险粉(连二亚硫酸钠)被当场查获。保险粉，亦称连二亚硫酸钠，是一种易溶于水并在热水中能分解的物品；其水溶液性质不安全，有极强的还原性；遇少量水或吸收潮湿空气能发热，冒黄烟而燃烧，甚至引起爆炸，后果将不堪设想。

民警当即对现场进行深入勘察和取证，及时传唤审查该公司副厂长朱某、技术部主管李某、姚某等人。经过周密的调查分析，查证该公司非法使用、储存易燃易爆危险物品行为属实，该公司负责人对非法储存、使用易燃易爆危险物品行为供认不讳，纷纷表示后悔不已，并以此为教训，谨记要合法经营、安全生产，确保人民群众生命财产安全。根据《中华人民共和国消防法》第四十六条第一款，大队民警对案件当事人分别予以5天的行政拘留处罚。

(资料来源：高薇，梁燕兰. 漂染公司竟非法储存六千多公斤易燃易爆品. 番禺日报，2008-10-06.)

【点评】商品的安全储存不仅关系到企业自身的生产安全，更关系到人民群众的生命财产安全。无数血的教训告诉我们：安全生产、安全储运是企业的头等大事。违反安全生产操作规程，违反安全储运的法律法规都会带来无法估量的损失。

8.1 商品储运概述

8.1.1 商品储存的概念及其作用

商品储存是指产品在离开生产领域而未进入消费领域前，在流通领域的合理停留。商品储存是保证商品流通正常进行的重要条件，是商品流通过程中的一个必不可少的重要环节，在物流活动中，它改变了商品存在的空间、时间状态。

1. 调节商品生产和消费的时间差异

商品生产和消费大多在时间上存在一定间隔，由于商品生产的周期性、季节性及消费的习惯性，商品的生产和消费往往不能同步，这就需要商品储存调节商品生产和消费的时间差异，以实现商品的市场供需平衡。

2. 调节商品生产和消费的空间距离

商品生产和消费大多在空间上存在一定距离，许多商品生产往往相对集中，而消费却十分分散；有些商品在此地生产，在彼地消费；还有些商品在多处生产，集中消费。商品生产和消费的空间距离的改变需要商品运输，在商品运输流转过程中，需要商品储存。

3. 保证商品生产和流通的正常进行

生产企业为了保证生产正常进行，必须储存一定数量的原材料等商品，同时为了适应市场变化也必须储存一定量的商品。流通企业在销售商品前需要进行一系列的销售准备，包括挑选整理、分类编配、拆整分装、改装加工等环节，商品需要在流通环节停留，此外，流通企业为了适应市场的变化，保证市场商品供应，也必须储存一定数量商品供周转使用。

4. 应对紧急突发事件发生

商品储存除了适应市场的变化外，还要应对紧急突发事件的发生，如不可预见的自然灾害和突如其来的战争，对于这些紧急突发事件，都应有战略性储备商品的储存，特别是食品、药品、御寒用品等重要物资。

8.1.2 商品储存的原则

1. 确保商品质量的原则

商品储存的目的是为了更好地生产、销售和消费，因此商品储存必须保持其原有的使用价值，否则就失去了商品储存的意义。商品在储存过程中，由于商品本身的特性和外部因素的影响，其质量会发生一些变化，这就要求在商品储存过程中严格监控商品质量，加强对商品的养护，建立和保持适宜的储存环境，确定合理的商品储存期和储备量，确保商品质量不会降低。

2. 确保市场供应的原则

市场需求的商品种类和数量始终处于不断变化当中，难以预测，为了保证商品流通的正常进行，企业必须要根据一定的比例关系，保持一定数量的商品储存，这样才能确保市场正常供应，防止商品脱销或积压。

3. 确保生产稳定的原则

由于商品的生产和消费在时间、空间和数量上无法同步进行，为了减少生产的盲目性和随意性，企业必须根据生产情况确定原料和产品的储存量和储存期，以确保生产的持续稳定进行。

4. 确保库存商品结构合理的原则

由于市场需求的不断变化，库存商品应在品种、规格、等级等各方面都保持合理的结构关系，以适应不断变化的市场需求，防止库存商品出现积压或脱销的情况，并对库存商品的结构和数量进行有效管理，适应市场需求的变化趋势。

5. 经济核算的原则

商品库存的数量和储存期等直接影响企业的储存成本，影响企业的经济效益，因此，商品的储存数量、储存时间、库存商品结构等方面都应贯彻经济核算原则。企业在商品的储存过程中应尽可能降低库存成本、减少资金占用，以获得较大的经济效益。

8.1.3 商品储存的种类

商品储存可按不同的方法分类，最为基本的是按商品储存的目的和作用不同分类，可分为季节性储存、周转性储存和储备性储存，以适应不同的营销要求和流通状况。

1. 季节性储存

季节性储存是指由于商品的生产和消费在时间上存在差异，为协调这种时间上的不一致性而进行的储存。大多数农副产品都属于季节生产,全年消费,如粮食、油料、水产品、水果等;一些日用工业品属于全年生产,季节消费,如服装、空调等;还有一些商品属于季节生产,季节消费,如元宵、月饼等。这些情况都需要通过季节性储存来保证生产的正常进行和市场的正常供应。

2. 周转性储存

周转性储存是指为维持商品正常的生产经营而进行的商品储存,是商品储存的最主要方式。周转性储存的商品数量和结构主要取决于企业的生产经营能力及管理水平,与商品的生产周期和运输周期都有直接的关系。

3. 储备性储存

储备性储存是指为了预防自然灾害、战争或应急特殊需要而进行的商品储存。进行储备性储存的商品主要是关系到国计民生的重要战略性物资,如棉花、粮食、药品、石油及其他军需物资。

8.1.4 商品运输的概念及其作用

商品运输是指通过运力实现商品在空间位置上的移动过程。商品运输是商品实体的运动,是商品流通的重要环节,是重要的物流活动。具体包括两个方面:一是指运输(Transportation),即地区之间或配送中心之间长距离、大宗物品的输送活动;二是指配送(Distribution),即由配送中心或商店向客户提供短距离、少量物品的输送活动。

商品运输通过运用多种运输设备和工具,改变商品的空间位置,使其在不同地域范围间发生位移活动,内容包括集货、分配、搬运、中转、装入、卸下、分散等一系列物流操作。商品运输是生产过程在流通领域的延续,有效地连接了生产、市场、消费领域;通过选择最好的运输方式、确定合理的运输量、规划合理的运输路线,尽可能防止或降低商品的数量损失和质量劣变;保证商品运输过程中人员、商品和运输设备的安全。

8.1.5 商品运输的种类

1. 按运输工具和设备不同分类

按运输工具和设备不同分类,商品运输可分为公路运输、铁路运输、水路运输、航空运输和管道运输。

2. 按运输商品不同分类

按运输商品不同分类,商品运输可分为普通商品运输和特种商品运输。特种商品运输是指被运输的商品本身具有特殊性质,在运输过程中有特殊要求,以保证商品运输的质量安全。

3. 按货运组织运量不同分类

按货运组织运量不同分类,商品运输可分为整车、集装箱和零担运输。凡托运方一次托运商品在 3 吨或 3 吨以上的运输,称为整车商品运输;"一次托运"是指同一托运人、同一运单、同时托运、同一到达站的货物。集装箱运输是指以集装单元为运输单位的货物运输;"集装单元"是指把一定数量的货物,按照一定的标准质量或体积,汇集成便于储运和装卸的单元。零担运输是指托运人一次托运的货物，计费重量不足 3 吨所办理承托手续、组织运送和计费的货物运输。

 小思考

什么是商品的合理性运输？

8.2 商品在储运过程中的质量变化

8.2.1 商品在储运过程中的损耗

商品损耗是指在商品储运过程中，由于自然环境因素与商品本身特性的作用或人为原因而造成的数量损失或消耗。商品损耗往往伴随着质量一定程度的下降，主要原因是商品在储运过程中发生了物理变化或机械损伤。

1. 物理变化

商品的物理变化是指商品的变化仅是商品本身外部形态的改变，商品的性质没有改变。商品在储运过程中，由于各种因素的作用，会发生各种形式的物理变化，如挥发、溶化、熔化、凝结、发硬、发软、脆裂和干缩、渗漏、粘结、串味等变化。

(1) 挥发。某些液体商品或经液化的气体商品在一定的条件下，其表面分子能迅速气化而变成气体散发到空气中去的现象称为挥发。液态商品的挥发不仅会造成商品数量的减少，而且商品质量也会下降。有些商品挥发出来的蒸气还会影响人体的健康，甚至发生燃烧或爆炸事故。

(2) 溶化。某些具有较强吸湿性和水溶性的固体商品，吸收了空气中的水分而发生溶解的现象称为溶化。晶体、粉末和膏状的固体商品较容易发生溶化现象，这些商品溶化后，商品的固体重量减少。

(3) 熔化。某些固体商品在温度较高的情况下，发生变软甚至熔融为液体的现象即熔化。易发生熔化的商品如医药品中的油膏类药品，化妆品中的香脂、发蜡等，化工品中的松香、石蜡等商品。

(4) 脆裂和干缩。某些商品在干燥的空气中或经风吹后，会出现脆裂和干缩现象。商品脆裂和干缩后会导致商品质量严重下降，储运这类商品应控制环境的相对湿度，防止风吹日晒，使商品的含水量保持在合理的范围内。易发生脆裂和干缩的商品如纸张和皮革制品、木制品、糕点、水果、蔬菜等。

(5) 渗漏。液体商品由于包装容器不严，包装内的液体受热或结冰膨胀导致包装破损所发生的外漏现象称为渗漏。商品渗漏会造成商品流失，还会造成严重的空气和环境污染。

(6) 粘结。黏稠状液体商品因黏着在商品容器或包装上，不能正常取出而造成的减量现象即为粘结。发生这种商品损耗难以避免，应注意包装容器不能随意丢弃，以免污染环境。

(7) 串味。指吸附性较强的商品吸附其他气体、异味，从而改变本来商品气味的现象。易发生串味的商品主要是成分中含有胶体物质或具有疏松、多空的组织结构所致。常易被串味的商品如茶叶、卷烟等。常易引起其他商品串味的商品如汽油、煤油、樟脑等。

2. 机械损伤

商品在运输过程中,进行搬运、装卸、堆码等操作时,往往会受到外力的碰撞、摩擦、挤压等机械作用而造成形态的变化,称为机械损伤。商品的机械损伤有时会造成商品数量损失,有时会使商品质量发生变化,有时甚至会使商品完全失去使用价值。商品机械损伤的主要形式有破碎、散落、变形等,如当受到外力时玻璃制品可能会破碎,搪瓷制品可能会掉瓷,铝制品可能会变形等。

8.2.2 商品在储运过程中的质量劣变

商品质量劣变是指在商品储运过程中,由于外界环境因素的作用,使商品发生化学变化、生理生化变化和生物学变化,造成商品质量发生劣变,甚至完全丧失使用价值的现象。

1. 化学变化

商品的化学变化是指构成商品的物质发生变化后,不仅改变了商品的外表形态,商品本质也发生变化并产生了新的物质,且不能回复商品原状的现象。商品的化学变化过程就是商品质量发生劣变的过程,严重时商品将失去使用价值。商品的化学变化主要有氧化、分解和水解、聚合、裂解、老化、曝光、锈蚀等。

(1) 氧化。是指商品与空气中的氧气或其他能释放出氧的物质所发生的与氧结合的变化。商品发生氧化后,会降低商品的质量,在氧化过程中还会产生热量,有的会发生自燃,甚至会发生爆炸。易于氧化的商品如化工原料中的亚硝酸钠、亚硫酸钠等,棉、麻、丝等纤维制品,油脂类商品等。

(2) 分解和水解。是指某些存在不稳定化学物质的商品,在光、热、酸、碱及潮湿空气的作用下,会发生化学分解的现象。分解会使商品质量下降,有的会使商品失去使用价值,甚至会产生有害的物质。水解是指某些商品在一定条件下,与水作用而发生复分解反应的现象。例如,棉纤维在酸性溶液中易发生水解,使纤维大分子链断裂,大大降低了纤维的强度;而棉纤维在碱性溶液中却比较稳定,这就是棉纤维怕酸耐碱的原因。

(3) 聚合。是指某些商品在外界条件影响下,同种分子互相加成后结合成一种更大分子的现象。例如,福尔马林的变性、桐油表面的结块现象等都是聚合反应的结果。

(4) 裂解。是指由有机高分子构成的商品在高温、日光、氧气等条件作用下,发生了分子链断裂,分子量降低,使其强度降低,机械性能下降,产生变软、发黏等现象。棉、麻、丝、毛、橡胶、塑料等都会发生这一现象。橡胶制品在高温下,发生变软、发黏,就是其高分子化合物发生了裂解,使其分子链断裂、分子结构遭受破坏,最终导致劣变。

(5) 老化。是指由有机高分子构成的商品在高温、日光、氧气等条件作用下,性能逐渐变坏的过程。商品发生老化后,化学结构遭到破坏,物理性能发生改变,机械性能下降,出现商品变脆发硬、变软发黏等现象,商品使用价值下降。例如,运动鞋放置在高温环境下,鞋底变硬、失去弹性的现象就属于老化现象。

(6) 曝光。是指某些商品见光产生分解,引起变色或变质的现象。例如,摄影胶片需要避光保存,如曝光即失去使用价值。

(7) 锈蚀。是指金属制品在潮湿的环境下,与周围介质接触,相互间发生化学反应或电化学反应,使金属制品表面遭到破坏的现象。锈蚀是金属制品遭到破坏的主要形式。

2. 生理生化变化

生理生化变化是指具有生命特征的有机鲜活商品,在储运期间会发生一系列生理变化,这些变化会导致商品质量下降。主要有呼吸、后熟、发芽和抽薹、胚胎发育、僵直、成熟、自溶等。

(1) 呼吸。是有机鲜活商品在储运过程中,不断进行呼吸活动,分解体内有机物质,产生热量,维持其本身生命活动的现象。呼吸可分为有氧呼吸和无氧呼吸两种类型。

有氧呼吸是在有氧的条件下,有机鲜活商品内的葡萄糖与吸入的氧气在酶的作用下发生氧化反应,产生二氧化碳和水,并产生热量;无氧呼吸是在无氧或缺氧的条件下,有机鲜活商品内的葡萄糖被分解成为乙醇和二氧化碳,并产生热量。

有氧呼吸化学反应方程式:$C_6H_{12}O_6+6O_2 \xrightarrow{酶} 6CO_2+6H_2O+能量$

无氧呼吸化学反应方程式:$C_6H_{12}O_6 \xrightarrow{酶} 2C_2H_5OH(酒精)+2CO_2+能量$

$C_6H_{12}O_6 \xrightarrow{酶} 2C_3H_6O_3(乳酸)+能量$

呼吸作用消耗了鲜活商品的营养物质,使商品营养价值降低,商品组织结构遭到破坏,商品质量大幅度下降,甚至失去使用价值。

(2) 后熟。是指水果、蔬菜在脱离母体后,仍然继续生理活动并逐渐达到成熟过程的现象。后熟作用能够改善水果、蔬菜的色泽、口味、香气、脆度、软硬等食用性能。后熟作用完成后,水果、蔬菜则容易发生腐烂变质,难以继续储藏,甚至失去食用价值。对这类商品可在其成熟之前采收,并低温储运和适当通风,调节后熟过程,以延长商品的储藏期,达到均衡上市的目的。例如,采摘青色的香蕉,经过商品储运流转后,香蕉至零售时已变成黄色,消费者买后品尝香甜可口。

(3) 发芽和抽薹。是指某些蔬菜类商品在适宜的条件下,经过休眠期后继续发芽生长的现象。发芽和抽薹的蔬菜因大量营养成分供给了新芽的萌发和生长,使组织粗老、空心,失去了原有鲜嫩品质,食用性能下降并且不耐储藏。土豆的发芽现象、大蒜萌发蒜苗、萝卜的空心现象等都属于发芽和抽薹现象。对易发芽、抽薹的商品必须有效控制水分,加强温度和湿度的控制管理,防止发芽、抽薹现象发生。

(4) 胚胎发育。主要是指鲜禽蛋的胚胎发育。在鲜禽蛋的储运过程中,当温度和供养条件适宜时,胚胎会发育成为血丝蛋、血坏蛋。经过胚胎发育的禽蛋新鲜度和食用价值大幅度降低。采用低温储藏,限制供氧条件,以及石灰水浸泡、表面涂层等方法,能够有效抑制鲜禽蛋的胚胎发育。

(5) 僵直。是指刚宰杀的动物食品的肌肉纤维组织紧缩、肉质变硬的现象。形成僵直的原因是动物肌肉组织中的糖原在酶的作用下分解成乳酸,使肌肉组织的 pH 下降,造成肌肉收缩、变硬、失去弹性。在僵直阶段的肉类烹调时,不易煮烂,煮熟后口感很硬,没有肉类应有的鲜美味道,僵直阶段的肉类不宜食用。

(6) 成熟。是指僵直阶段后,鲜肉中水解酶开始活化并分解肌肉中的蛋白质等,使鲜肉的酸度降低,生成某些鲜味成分,肌肉逐渐变得柔软而有弹性,有汁液、光泽,持水性增加。这个阶段的鲜肉易于煮烂,煮熟后口感细嫩,滋味鲜美,成熟阶段的肉类最宜食用。

(7) 自溶。肉类在成熟过程完成后,就进入自溶阶段。肉类在自溶酶的作用下,肌肉中复杂的有机物被不断地分解。自溶作用使肉质变坏,色泽变暗,弹性下降,口感滋味变差,甚至产生异味。环境温度越高,自溶速度越快,因此生鲜肉类的储运应在低温下进行。

3. 生物学变化

(1) 霉变。是指霉菌在适宜条件下,在商品上生长繁殖而导致商品变质的现象。在适宜的温度和湿度下,霉菌能够吸收商品的营养物质,并分解商品原有的有机成分,使商品结构遭到破坏。

(2) 腐败。是指商品中的蛋白质在腐败细菌的作用下发生分解反应的现象。腐败细菌依靠自身分泌的蛋白酶,将蛋白质分解成为氨基酸,除吸收一部分外,其余被进一步分解为多种具有酸臭味和有毒素的低分子化合物,并分解释放出硫化氢、氨气等有臭味的气体。富含蛋白质的食品较易发生腐败现象,如动物性食品和豆制品等。

(3) 发酵。是指某些食品在酵母和细菌的作用下,使其中的糖类和蛋白质发生分解反应。严格加以控制的发酵不会对食品产生破坏,甚至可以产生某些特殊的风味食品,如酸奶、乳酪、酱油、醋等。发酵被广泛应用在食品工业中。如果食品在空气中自然发酵,会使食品产生不良气味,失去原有品质,甚至会产生有害物质。

(4) 虫蛀和鼠咬。储运的商品经常会遭受到害虫的蛀蚀和老鼠的啃咬,造成商品及其包装的损坏,甚至使商品失去使用价值。由于许多商品都含有蛋白质、淀粉、脂肪、纤维素等,这些是害虫和老鼠都喜欢使用的成分,这类商品极易遭受害虫和老鼠的蛀咬。

8.3 商品的储运管理

8.3.1 商品储存管理

商品储存是构成物流的要素之一,直接影响企业的采购、生产和销售。加强商品储存过程中的管理,必须贯彻"预防为主"的指导思想,从商品入库到商品出库实施全过程、全员、全面的管理,确保商品储存在仓库期间的质量不发生劣变。

1. 商品入库验收管理

进行商品储存管理,要在商品入库时严格验收管理,弄清入库商品的种类、品种、规格、数量等,现场检查商品的质量现状和外观包装的状况。对有异常的商品要仔细检查原因,针对商品的具体情况及时处理,并采取合理的救治措施,避免对其他商品产生影响。

2. 储存场所管理

各种商品的性能不同,对储存和保管条件要求也不同,因此,对商品储存场所要进行分区管理,合理安排商品储存场所。例如,怕潮湿、易霉变、易生锈的商品应储存在干燥的库房;怕热、易溶化、易发黏、易挥发、易变质,或易发生燃烧、爆炸的商品,应储存在温度较低的阴凉库房;那些既怕热又怕冻,且需要较大湿度的商品,应储存在冬暖夏凉的地下库房或地窖;易串味或易发生化学反应的商品不能在同一库房混合存放,以免对商品产生不良的影响;对于化学危险商品,要严格按照有关规定,分区分类储存。

3. 商品堆码管理

商品堆码应根据各种商品的性能和包装材料,并结合季节、气候等条件妥善安排,货垛的垛形和高度都要符合要求。在库房内商品堆码要留出适当的距离,俗称"五距",即顶距、灯距、墙距、库内柱距及垛距:平顶楼房顶距应为 50 厘米以上,人字形屋顶以不超过横梁为准;灯头与商品的平行距离不少于 50 厘米,并且照明灯必须是防爆灯;墙距是商品离开墙的距离,要求外墙墙距为 50 厘米,内墙墙距为 30 厘米;库内柱距要求为 10~20 厘米;两个商品垛之间的距离要留够 10 厘米。对于易燃商品还要留出适当的防火距离。而库外储存的商品,为了防止阳光、雨雪、潮气等对商品质量的影响,要用苫布做好货垛的遮盖和货垛下的防潮工作。

4. 仓库温度和湿度管理

仓库的温度和湿度对商品质量变化影响极大,是影响各类商品质量变化的重要因素。各种商品由于本身特性不同,对温度和湿度的要求也不同。在仓库的温度和湿度管理中,应根据库存各类商品的不同性能要求、质量变化规律、本地区的气候条件与库内温度和湿度的关系,适时采取密封、通风、吸潮及其他温湿度控制和调节的办法,将仓库的温度和湿度控制在适宜商品储存的范围内,以维护商品质量。

5. 商品在库检查管理

库存商品质量会受到各种因素的影响,如不能及时发现并采取措施救治,就会造成很大的损失。因此,对库存商品的质量情况必须进行定期或不定期的检查,及时发现问题,采取救治措施。商品在库检查管理必须特别注意商品的温度、水分、气味、包装、货垛状态等是否有异常,还要检查其他的安全隐患。

6. 仓库清洁卫生管理

仓库清洁卫生管理是保证库存商品质量的重要基础,商品储存环境不清洁,不仅会使商品受到污染,影响商品外观,还会引起微生物、虫类的寄生繁殖,危害商品。仓库的内外环境必须经常清扫,彻底清理仓库周围垃圾,铲除所有杂草,必要时用药剂灭杀微生物和害虫。

7. 商品出库管理

商品出库管理是商品储存的重要环节,为了保证出库商品在数量和质量上准确完好,必须对出库商品的名称、数量、规格等内容严格核查,遵循商品出库的管理原则。

8. 商品储存的安全管理

商品的安全对于商品储存至关重要,为确保商品储存的安全,商品储存场所必须建立完善的安全管理制度。安全管理主要包括治安管理和消防管理。进行治安管理,要建立健全完善的治安管理体系,配备专门的警卫和保卫力量;建立规范的人员出入管理制度,对出入人员和物品要建立检查和登记制度;夜间要有正常的值班和巡逻制度,做好值班记录;定期检查和维护安全防盗装置和报警系统。进行消防管理,必须建立完备的消防组织,配备完好的消防设施;对火源、水源及电气设施必须加强管理和巡查,保证消防设施能够安全操作和良好使用;经常对员工进行消防安全的培训和演练;落实消防职责,及时清理废弃物和易燃物品,严禁烟火。

8.3.2 商品运输管理

1. 商品运输的原则

(1) 及时原则。是指商品应及时发货,按时到达指定地点,及时供应市场,满足消费者的需求,并确保商品在运输过程中的质量。

(2) 准确原则。是指在商品运输的过程中,加强运输各个环节的管理,防止各种差错的产生,保证商品发货准确、按时送达、地点准确等。

(3) 安全原则。是指在商品运输的过程中,商品应保持完好,不发生霉烂、残损、腐蚀、丢失、爆炸和燃烧等事故,保证人员、商品和运输设备的安全。

(4) 经济原则。是指采取经济合理的运输方案,合理选择运输路线和运输方式,减少运输成本,提高运输效率,满足消费需求,提高社会经济效益。

2. 商品运输的基本要求

(1) 合理选择运输工具。选择合理的运输工具进行商品运输,不仅能够提高运输工具的使用效能,而且直接影响运输过程中商品的质量。应根据商品的特性和特殊性要求选择适合的运输工具,对于特殊的商品应选择特殊的运输工具进行运输,如石油应用油罐车运输,鲜活易腐商品应用冷藏车运输。

(2) 严格消防检查。对于装载商品的运输工具,必须进行严格的消防检查,特别要对载有易燃易爆商品的运输工具进行检查,更要对消防设备和运输工具提前进行严格检查,对重点隐患进行有效的排查,防止意外事故的发生,避免财产遭受损失。

(3) 严格装载规定。建立严格的商品运输规章制度,是保证商品运输质量的前提,同时还要遵循有关商品的运输装载规定。例如对活禽畜的跨地区运输,应提前进行检疫,取得检疫合格证,才能办理运输事宜;必须对车船等运输工具进行严格的卫生检查,符合相关运输条件和规定,才能够装运。

8.4 商品储运的种类与方式

8.4.1 商品储存仓库的种类

仓库是商品储存的场所。商品的储存是通过仓库实现的。商品在特定的时间和空间储存,质量是否发生变化,很大程度上取决于储存的条件是否满足商品储存的要求。不同的仓库有不同的功能,可以满足不同类别商品储存的要求。

1. 通用仓库

通用仓库又称为普通仓库,主要是储存普通商品,通用性好,技术和操作条件较简单。这类仓库对商品的适用性较强,仓库利用率较高,大多数仓库是这种通用仓库。

2. 专用仓库

专用仓库是指专门用于储存某些大类商品的仓库。这类仓库一般设置了专用装置和严格的操作程序,以适应商品的特殊性和质量要求,使商品能够在专用仓库中储存较长时间。这类仓库通用性较差,只能固定储存某种商品,比较典型的有粮食仓库、茶叶仓库、农药仓库、化肥仓库等。

3. 特种仓库

特种仓库是指具有特殊仓储设施和特别技术要求的仓库,主要用于储存特殊的商品或有特殊质量要求的商品,如储存石油的石油仓库、储存化学危险品的危险品仓库、储存冷藏商品的冷库等。这类仓库仓储技术要求高,专业化程度高,对员工的素质要求也高。

除了上述按照仓库功能的分类外,按照建筑结构还可以将仓库分为库房仓库、货棚仓库、货场仓库;按照建筑形态可将仓库分为平房仓库、多层仓库、地下仓库、水上仓库、立体仓库等;库房按照使用目的还可分为以流通为主的仓库、以储存为主的仓库;按照地理方位可分为港口仓库、车站仓库、机场仓库、市区仓库、郊区仓库等。

案例分析

冷藏储存能力增强推动市场发展

中国苹果年产量为2 200万吨左右,约占世界总产量的40%。山东烟台是著名水果产区,在栽培生产技术、出口、内销等方面均居全国领先水平。苹果种植面积达200万亩,产量300多万吨,通过山东当地口岸出口的苹果,每年在40万吨以上。

烟台地区冷库容量已达150多万吨,其中普通冷库470座,储存量129万吨;气调库95座,储存量23万吨。冷库群分布于各苹果生产县市的郊区及重点乡镇村。烟台各县市冷库建设投资经营由水果出口企业、国内水果商及产区果农自筹出租三部分组成。

从出口及内销市场要求看,水果采收入库储存是保证水果外观质量、硬度、糖度及内在品质,满足消费者需求,延长市场供应链,提高苹果销售价格的必要措施。目前烟台当地的采收冷藏销售供应周期可达10个月以上。国外发达国家的水果采收冷藏储量已达到总产量的80%以上。从国内水果主产区及烟台地区看,以往建设的冷库基本上都取得了良好的效益。

气调库的在建比例每年增大,主要是国外市场对苹果的冷藏质量要求高,国内销售市场在四五月份后,对保存质量鲜度、硬度要求也比以往要求提高,气调库苹果在后期供应上表现出更好的市场效益,卖出更高价格,6月份以后出库的苹果价格比普通冷藏库的市场效益能多卖出每斤0.3元以上的价格。市场需求形成的良好效益,又促使冷库建设每年增加。国内外消费者对水果质量要求越来越高,冷藏库远未满足市场的需求,建设冷库可以带来长远的回报。从水果生产到市场销售产业链,冷库为投资者带来了长期的回报,也为生产者降低了销售风险,更为经销商提供了质量保证。

烟台地区的冷藏库群大部分建在交通便利、苹果产区的收购批发市场周边,这样收购质量、收购价位、收购效率选择余地大,包装物料生产厂家相对集中,多年来已形成了相对规范的收购模式,采收季节万商云集,可在较短时间内抢收、入库,确保苹果质量。目前烟台地区各县市的冷库建设以每年15%以上的速度增加。一些果品有限公司都在原有冷藏容量基础上新建了气调库以完善基础设施,扩大经营规模。

近几年套袋栽培管理技术的推广普及,直接带动了果农增收,套袋苹果比不套袋苹果每斤可多卖出0.6元以上的价格,市场效益促进了果农生产质量意识的提高,烟台地区果农多使用优质高档的小林果实袋,生产的无公害苹果带来了满意回报。

果农在销售上按市场需求实施严格的分级出售,为出口企业提供了质量保证。烟台苹果多年前已参与了国际市场竞争,出口企业在市场开拓和把握方面日渐成熟。国外的种植面积在逐年减少,而中国苹果出口每年增大,每年通过中国各地口岸出口的苹果达100多万吨,已出口到东南亚、中东、欧洲、非洲及美洲等地,品种质量价格已被国外消费者认可。

由于市场、人们购买力、出口量的变化,苹果价格一直是涨价态势。一级直径80毫米套袋红富士苹果出库价已达每斤3.2元,三级直径80毫米果每斤2.6元。利润每斤在1元左右,冷藏储存销售带来的效益让经营者喝彩,有少数的大型万吨级冷库利润已达1 000万元。

水果是风险性商品,受国内外供求关系等诸多因素影响,市场变化大,季节性强,因此把握收购及冷藏质量、出库时间和销售时机,是经营成功的关键。

(资料来源: http://nc.mofcorn.gov.cn/news/2065445.html.)

【点评】采用低温冷藏储存是保证水果、蔬菜品质的重要方式,气调库建设有利于改善水果、蔬菜的储存条件。合理的储存，既调节了商品的市场供需，满足了消费者的需求，又提高了商品附加值，延长了商品市场供应期。冷藏库建设是完善食品冷链物流的重要方面。

小贴士

食品冷链物流是指易腐食品从产地收购或捕捞之后，在产品加工、储藏、运输、分销和零售直到到达消费者手中，其各个环节始终处于产品所必需的低温环境下，以保证食品质量安全，减少损耗，防止污染的特殊供应链系统。

8.4.2 商品运输的方式

1. 公路运输

公路运输(图 8.1)是指以卡车为运输工具，包括专用运输车辆，如集装箱、散装、冷藏、危险品等运输车辆在公路上进行商品运输的一种运输方式。公路运输的主要优点是机动灵活性强，可实现门到门的直达运输，集散速度较快，适合市内商品的配送，中短途运输成本较低。缺点是不适合大批量的长途运输，运输能力较小，运输质量和安全性较低。

图 8.1 公路运输

2. 铁路运输

铁路运输(图 8.2)是指以铁路列车为运输工具进行商品运输的一种运输方式。铁路运输的主要优点是受天气影响小，适合大批量的大宗商品长途运输，运输费用较低，运输能力和安全系数较大，覆盖范围较大。缺点是缺乏机动灵活性，不适合短距离和紧急运输，商品装卸地点不能随意变更。

图 8.2 铁路运输

3. 水路运输

水路运输(图8.3)是指以船舶为运输工具进行商品运输的一种水上运输方式。它依托海洋、河流和湖泊，运输成本较低，是国际贸易最主要的运输方式。水路运输的主要优点是长距离运输费用低廉，适合大型、超重、大批量商品运输。缺点是受天气影响较大，受航道、港口等条件限制，海上风险较大；运输速度慢，周期长、运输时间难以保证；港口设施要求高，装卸成本较高。

图8.3　水路运输

4. 航空运输

航空运输(图8.4)是以飞机为运输工具进行商品运输的一种运输方式。航空运输的主要优点是速度快，适合高附加值、高时效性的小批量商品，如保鲜食品、紧急救灾抢险物资等的运输。缺点是载运能力较小、重量受限制、运输成本较高。

图8.4　航空运输

5. 管道运输

管道运输(图8.5)是使用管道输送液态、气态商品的一种运输方式。管道运输的主要优点是不占用或较少占用土地面积，维修成本较低，设备运转效率和运输效率较高，安全系数大。缺点是对管道运输技术有较高要求,运输范围和适宜运输的商品范围较窄,不适合固态商品运输。

图 8.5　管道运输

 知识链接

管道运输的现状及发展

传统的管道运输常见于城市生活和工业生产的自来水输送系统、污水排放系统、煤气或天然气输送系统及工业石油输送系统等。新兴的管道运输主要指用管道来输送煤炭、矿石、邮件、垃圾等固体货物的运输系统。在一些国家,管道运输已成为一个独立的交通运输部门——管道运输业。

管道运输是一种理想的运输技术,把运输途径和运输工具集中在管道中,具有许多突出的优越性。

(1) 管道运输是一种连续运输技术,每天 24 小时都可连续不断地运输,效率很高。

(2) 管道一般埋在地下,不受地理、气象等外界条件限制,可以穿山过河、跨漠越海,不怕炎热和冰冻。

(3) 环境效益好,封闭式地下运输不排放废气粉尘,不产生噪声,减少了环境污染。

(4) 投资少、管理方便、运输成本低。据计算,建设一条年运输能力为 1 500 万吨煤的铁路,需投资 8.6 亿美元,而建设一条年运输能力为 4 500 万吨煤输送管道只需 1.6 亿美元。经常的管理人员也只有铁路运输的 1/7。管道运输的成本一般只有铁路运输的 1/5、公路运输的 1/20、航空运输 1/66。

运送固体货物的管道运输一般包括以下几种方式。

(1) 水力管道运输。把需要运送的粉末状或小块状的固体(一般是煤或矿石)浸在水里,依靠管内水流,浮流运行。管道沿线设有压力水泵站,维持管内水压、水速。管道起点设有调度室,控制整个管道运输。终点设有分离站,把所运货物从水中分离出来,并进行入库前的脱水、干燥处理。这种水力管道运输的缺点是固体货物损耗较大,管道磨损严重,一些不能同水接触的货物受到限制。

(2) 水力集装箱管道运输。运输原理同水力管道运输一样,不同的是预先用装料机把货物装在用铝合金或塑料制成的圆柱形集装箱内,然后让集装箱在水流中运行。管道终点设有接收站,用卸料机把货物从箱内卸出,空箱从另一管道回路送回起点站。优点是货物和能源消耗以及管道磨损都较小。

(3) 气力集装箱管道运输。同水力管道运输的主要区别是用高压气流代替高压水流,推动集装箱在管内运行。由于气流压力较大,集装箱大小和管道直径配合适宜,箱体沿管道壁顺气流运行,运输速度可达每小时 20~25 千米。管道两端设有调度室、装卸货站,用电子技术自动控制。气力集装箱管道运输除用来运输矿物、建筑材料外,一些国家还用来运送邮包、信件和垃圾。主要缺点是动力消耗太大,集装箱耐压技术要求高。

(4) 真空管道气压集装箱运输。是在管道两端设立抽气、压气站,抽出集装箱前进方向一端的空气,在集装箱后面送入一定气压的空气,通过一吸一推,使集装箱运行。对箱体和管壁的光滑度、吻合度要求较高,但动力消耗较小。

(5) 电力牵引集装箱管道运输。不用水流或气流推动箱体,靠电力传送带或缆索牵引集装箱在管内的水中漂浮前进。这种方法由于管道不承受压力,可用廉价材料制作管道。

世界上第一条实用运输管道是美国于 1957 年在西弗吉尼亚州建成的水力输煤管道,全长 110 千米,管道直径 254 毫米,每年运输 100 万吨煤。经过多年的发展,管道运输已成为工业国家重要的运输技术,不仅用来运输各类矿物、煤炭、石油、天然气、工农业产品、邮包、信件、垃圾,还有人研究准备把它用于旅客运输。管道运输的发展前景未可限量。

(资料来源:http://www.jrj.com.cn/NewsRead/Detail.asp?NewsID=159918.)

案例分析

发挥物流中心对提高物流效益的作用

物流业作为生产性服务业,具有降低流通成本、提高经济效益的作用,能够促进经济结构调整和经济增长方式转变。我国降低物流费用的空间很大。据统计,2005 年我国国内生产总值 18.23 万亿元,当年物流费用支出占国内生产总值的 18.6%,达 33 911.7 亿元;而美国物流费用一般只占国内生产总值的 10%左右。大力提高我国的物流管理水平,可以节省大量的物流费用,并相应提高经济效率和企业利润。促进物流业更快更好发展,需要改变重运输、轻仓储的传统观念,大力加强物流配送中心建设。

建设物流配送中心能够有效降低物流费用。据测算,在全部生产过程中,只有 5%的时间直接用于产品的加工制造,95%的时间则用于产品流通。加快商品流通速度可以有效降低物流费用。物流配送中心是加快商品流通速度的一个有效途径。物流配送中心可以提供商品储存、运输、包装、装卸、加工、信息处理等服务,客户可以获得综合服务效益。物流配送中心管理水平高、设施齐全,可以扩大服务范围,包括生产前配料物流、生产后销售物流、销售后回收物流,实行跨地区、跨部门、跨商圈的服务,增加物流效益;由于运输批量大,可以根据流向将多家客户的商品合装整车发运,还可以采取轻重商品配装的方式提高车船装载量,加快商品流通速度;由于商品储存量大、种类多,可以按同类包装大批量堆码商品,并根据商品淡旺季不同,调剂仓容余缺,提高仓容利用率;由于条件好、人才多,可以研究如何养护商品,减少财产损失和商品损失损耗。此外,在物流配送中心还便于实现以计算机技术为基础的物流现代化和发展电子商务。

(资料来源:http://www.docin.com/p_308298301.html.)

【点评】加快物流配送中心建设是加快我国物流行业发展的重要方面。物流配送中心建设应统一规划,统一布局。对物流配送中心的建设应给予必要扶持。对现有仓库资源可以整合重组为各类物流配送中心。我国大约有 4 亿平方米仓库,其中商业、粮食、供销社系统各约有 1 亿平方米,物资与外贸系统约有 5 000 万平方米。绝大部分物流配送中心建设都可以通过整合现有仓库资源来进行建设,这样既可以节约投资,又可以发挥原有设施的作用,可大大降低流通领域成本和各种费用,促进物流行业发展。

本 章 小 结

本章主要论述了商品储存和运输的概念、作用以及原则;介绍了商品在储运过程中的质量变化,主要有商品的损耗和质量劣变;介绍了商品储运的种类与方式。商品储存仓库种类按照功能不同可分为通用仓库、专用仓库和特种仓库。商品运输方式主要有公路运输、铁路运输、水路运输、航空运输和管道运输。

关键术语

商品储存　商品运输　商品损耗　质量劣变　老化　后熟

知识链接

自动化立体仓库

自动化立体仓库(图 8.6)又称高层货架仓库、自动仓储系统(Automatic Storage & Retrieval System,AS/RS),是一种采用高层货架,利用计算机控制管理物料搬运设备进行货物存取作业的仓库。除一般仓库商品存储保管功能外,还具有自动分拣、理货,物资接收、分类、计量、包装、分拣、配送等多种功能。

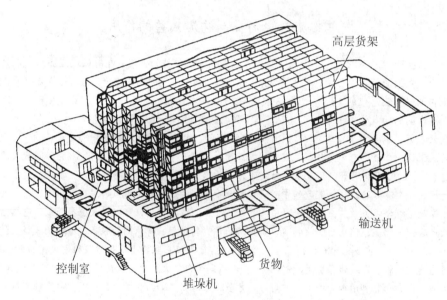

图 8.6　自动化立体仓库示意

1. 自动化立体仓库的特点

(1) 高层货架存储。采用高层货架存储货物,存储区充分利用仓库地面和空间,节省了库存占地面积,提高了空间利用率。采用高层货架存储可以实现货物先进先出原则,防止货物自然老化、变质、生锈或发霉,同时也便于防止货物的丢失及损坏,有效地做到防火防盗,防止货物搬运过程中的破损。

(2) 自动存取。使用机械和自动化设备,运行和处理速度快,提高了劳动生产率,降低操作人员劳动强度。同时使存储方便的纳入企业的物流系统,使企业物流趋于合理化。

(3) 计算机控制。计算机控制能够始终准确无误地对各种信息进行存储和管理,从而减少货物处理和信息处理过程中的差错。借助于计算机管理还能有效地利用仓库存储能力,便于清点和盘库,合理减少库存,加快资金周转,节约流动资金,提高仓库管理水平。

自动立体化化仓库的信息系统可与企业生产信息系统联网,实现企业整体信息管理自动化。由于使用自动化仓库,仓储信息管理及时准确,便于企业领导随时掌握库存情况,进行均衡生产,并根据生产及市场情况及时对企业规划作出调整,提高生产的应变能力和决策能力,促进企业的科学管理。

2. 自动化立体仓库的功能

(1) 储存和保管功能。自动化立体仓库的货物储存系统由立体货架组成,立体货架机械结构分为分离式、整体式和柜式三种，其高层货架高度一般为 20 米左右。根据储存物品的特性配备相应的设备，对货物进行安全、有效的储存、保管。

(2) 调节供需功能。仓库系统是物流系统中的一个不可缺少的子系统，由于产品生产和消费在时间上存在不均衡性，又是连续的，因此需要仓库在时间上起缓冲和平衡作用，仓储可在时间上协调产品的供需，从而提高产品的时间效用。这一功能随着市场竞争的日益激烈而更加显示出重要性。

(3) 调节货物运输能力。在运输过程中，各种运输工具的运量相差很大，它们之间进行运转，运输能力上是很不匹配、运输衔接是不平衡的，这种运输能力的差异是通过仓库进行调节衔接的。

(资料来源：傅卫平，原大宁．现代物流系统工程与技术．北京：机械工业出版社，2007．)

习　题

一、单项选择题

1. 灵活性最大的商品运输方式是（　　）。
   A．铁路运输　　　B．公路运输　　　C．水路运输　　　D．航空运输
2. 为维持正常的商品经营业务需要而进行的商品储存，（　　）储存是最主要的方式。
   A．季节性　　　　B．储备性　　　　C．周转性　　　　D．战备性
3. 能广泛应用于食品工业的商品生物学变化是（　　）。
   A．霉变　　　　　B．腐败　　　　　C．发酵　　　　　D．鼠咬
4. 最适宜运输液体、气体的运输方式是（　　）。
   A．铁路运输　　　B．公路运输　　　C．水路运输　　　D．管道运输
5. 物流业中大多数仓库属于（　　）。
   A．通用仓库　　　B．专用仓库　　　C．特种仓库　　　D．货场

二、多项选择题

1. 商品储存的原则包括（　　）。
   A．确保商品质量　B．确保市场供应　C．确保生产稳定　D．经济核算
2. 导致储存商品发生损耗的原因主要有（　　）。
   A．挥发　　　　　B．熔化　　　　　C．干缩　　　　　D．粘连
3. 商品运输的原则包括（　　）。
   A．及时原则　　　B．准确原则　　　C．安全原则　　　D．经济原则

三、简答题

1. 简述商品储存的作用。
2. 简述商品的运输方式。

四、分析论述题

论述商品运输的原则。

五、实训题

通过实地考察、查阅资料调查我国食品冷链物流的发展状况。

第9章 商品养护

【教学目标与要求】
- 了解商品养护的概念、意义及任务;
- 了解商品养护的技术;
- 掌握商品养护的基本方法。

商品养护 第9章

"以养代修",汽车养护重于维修

一辆汽车如果保养得好,可以一次不修并一直开到报废。而那种车有了故障再去大修的做法对车的损害是很大的。

刘先生,北京某私营业主,所用私车为灰色捷达。谈起养护过程,刘先生说:"以前我听说过给车加养护液,但没有主动去加过。前年车开到一万多公里时,修理厂的师傅说,加点养护液吧,一问价格200元左右,当时觉得有点贵,就没有添加。但我的车才跑了十几万千米就已大修过一次。最近遇到和我一起买车的一个熟人,我问他的车况怎样,他说跑了20万公里,不烧机油,也没有大修过。他说,这也许是跟他平时常用养护剂有关吧,算起来这样既节约了修理费又节约了时间,挺合算的"。

在北京某公司开出租车的杨先生说:"我的这辆红色富康是我们一家人的饭碗,所以我特别爱惜它,养护它是为了节约修理费和油费。这三年我用的养护品不少,总的感觉能省油,车的动力也增加了不少。"

家住成都的李先生赶在节前买了一辆捷达,他说:"我刚买车,还没用过养护品,但是我在买车前就一直关注买车后怎样保养才省心、省钱。对我的车,我打算以养为主。从长远的角度看,平时花上一些养护费,反而为自己节约了修理费。不保养、图省钱已是老观念了。"

对一个普通家庭来说,买一辆车不容易,可能要花掉多年的积蓄。同时,"买得起车,养不起车"又在困扰着大多数有车族。他们为了少花钱,机油用便宜的,该换油不换,保养也不到位;"以修代保"的观念也仍旧存在。这样,毛病当然是越来越多,越来越大,最后是省了小钱,花了大钱。汽车也像人,平时注意养护是必要的,及时正确地保养汽车是延长汽车使用寿命、保证行车安全的重要措施。汽车养护与汽车修理不同,汽车修理是一种被动行为,车坏了,要去修;汽车养护则是一种主动行为,它的指导思想是:我不让车坏。"

有市场调查表明:目前我国60%以上的私人高档汽车车主有给汽车做外部养护的习惯; 30%以上的私人低档车车主也开始形成了给汽车做养护的观念;30%以上的公用高档汽车也定时进行外部养护;50%以上的私车车主愿意在掌握基本技术的情况下自己进行汽车养护。据汽修专家称,一辆汽车如果保养得好,可以一次不修到报废,那种将车开到有了故障再去大修的做法,对车的损害是很大的。就像开刀难免使人体大伤元气一样。现在,越来越多的车主对自己的车珍爱有加,也应该懂得汽车应当"以养代修"。

(资料来源:http://auto/sina.com.cn/news/9046.shtml)

【点评】随着经济发展和人民生活水平的提高,商品养护也逐步渗透和扩展到商品的使用过程中。在商品使用过程中,养护非常重要。良好的商品养护可延长商品的使用期限,减少和避免不必要的损失。商品养护应是日常的保养和维护,应以预防为主、防治结合,这样对保证商品的使用价值起到事半功倍的效果。

9.1 商品养护概述

9.1.1 商品养护的概念

商品养护是指商品在流通的各个环节,以及商品使用过程中,对其进行保养和维护的技术管理工作,是保证商品使用价值的重要手段,是质量管理在商品流通领域的继续,以及向商品使用过程中的渗透和拓展。商品在流通过程中，要经过一定的时间，占据一定的空间，并发生一定的空间位移，由于商品本身的性质，在一定外界因素作用下，其会发生物理、化学、生物等方面的变化，导致商品质量下降。因此，在商品流通和使用过程中必须保证和维护商品的使用价值，熟悉商品属性，掌握商品在流通过程中的质量变化规律，针对商品的特征和外界环境条件，采取相应有效的措施，科学地保养和维护商品，避免商品的损耗和劣变，保证商品质量。

9.1.2 商品养护的意义

商品养护工作是在商品流通过程中进行的一项极为重要的工作，由于商品储存环节在整个商品流通过程中占据的时间较长，在仓储过程中对商品的养护工作自然成为商品养护工作的重点，流通中其他环节也同样不能忽视商品养护。例如，运输和销售环节中商品需要反复不断地搬运、装卸，易产生碰撞、震动等，需要采取各种科学合理地养护措施，以减少商品的损耗。随着经济的发展和消费者的需要，商品养护工作也逐渐渗透和拓展到流通后续的商品使用过程中，如车辆、高档家用电器、高档皮革制品的定期保养和维护等。商品养护工作的重点在于掌握商品质量的变化规律，保证商品在流通各个环节及使用过程中的使用价值，避免商品的损耗和劣变。商品养护在有效地降低商品流通费用，使消费者合理使用商品、减少不必要的损失、延长商品的使用期、促进商品流通等方面都有十分重要的意义。

9.1.3 商品养护的任务及内容

商品养护的基本任务是掌握商品的质量变化规律，掌握商品质量检验和维护的理论和方法，积极创造适宜的商品储运条件，采取科学合理的有效措施，保养和维护商品质量，保证商品的使用价值，应做到"预防为主，防止结合"，最大限度降低商品损耗和劣变。商品养护的基本内容包括以下几个方面。

(1) 以商品的自然属性为基础，研究并掌握商品的质量变化规律。商品的自然属性是指商品本身的物理性质、化学性质及生物化学性质等。任何商品的使用价值都是建立在商品自然属性基础之上的，商品的自然属性发生了变化，其使用价值也就会随之发生变化。商品的自然属性是商品质量发生变化的内因，只有充分了解商品，研究并掌握商品质量的变化规律，才能采取有效的商品养护措施，达到维护商品使用价值的目的。

(2) 研究掌握外界环境因素对商品质量变化的影响。外界环境因素是商品质量发生变化的外因，如空气的成分、温度、湿度、日光、仓储的环境条件等。这些外界环境因素是质量发生变化的条件，采取科学有效的商品养护措施，主要就是通过对外界环境因素的控制和调节，使商品处于安全、稳定和适宜的储存条件下，从而达到保护商品使用价值的目的。

(3) 研究包装材料和包装方法对商品质量变化的影响。商品包装最主要的作用就是保护商品，商品包装可以有效防止商品受到机械损伤，还可以杜绝和防止外界环境因素对商品的直接影响，起到保护商品、防止商品使用价值降低的作用。

(4) 研究商品的安全储存期限，做好商品的仓储分类管理工作。不同商品的自然属性不同，储存期限也会不同。将商品自然属性和变化规律相近，相互间又没有不良影响的商品划为一类进行储存，有利于对商品采取相应的养护措施。

(5) 研究先进的商品养护技术与方法，结合商品仓储的条件，对商品的仓储条件进行有效地控制和调节。通过提高商品养护技术水平，实施有效地商品养护的技术与方法，达到保证商品质量的目的。

9.2 影响商品质量变化的因素

9.2.1 影响商品质量变化的内在因素

1. 商品的物理性质

(1) 吸湿性。是指商品吸收和放出水分的特性。具有吸湿性的商品在潮湿的环境中能够吸收空气中的水分，在干燥的环境中能够放出商品中的水分。商品吸湿性的强弱和吸湿速度的快慢直接影响商品含水量的增减，而商品的含水量直接关系商品的质量变化，影响商品的使用价值。

(2) 导热性。是指商品传递热能的性质。导热性与商品的成分和组织结构有着密切关系，与商品表面的色泽也有一定的关系。

(3) 耐热性。是指商品耐温度变化而不至于遭到破坏或显著降低强度的性质。耐热性与商品的成分、结构、导热性、膨胀系数、不均匀性等有着密切关系。例如，橡胶制品耐热性较差，当温度变化后，橡胶制品易发生成分和结构的变化，会产生老化现象。

(4) 透气性和透水性。透气性是指商品能够被水蒸气透过的性质。透水性是指商品能够被液体水透过的性质。商品的这两种性质本质上都是水的透过性能，不同的是透气性是指气体水分子的透过，而透水性是液体水的透过。商品透气和透水性的强弱取决于商品的化学成分和组织结构。

(5) 弹性。是指物体承受外力作用时发生形变的性质，弹性较大的商品在储存过程中不易发生变形现象，当外力超过一定限度时，商品的弹性变形就会变为塑性变形。弹性变形是指商品虽然变形，但是除去应力后会恢复原状；而塑性变形是指商品变形后除去应力也无法恢复原状。

(6) 沸点。是指液体的蒸汽压等于外部压力时的温度。液体商品的沸点越低，在储存中液体越易挥发，造成商品中的有效成分减少或重量减轻。

2. 商品的机械性质

商品的机械性质是指商品在受到外力作用时，形态、结构的变化反应。商品的机械性质包括弹性、可塑性、强度、韧性、脆性等。这些性质直接影响到商品的质量。

3. 商品的化学性质

(1) 化学稳定性。是指在一定范围内，商品在外界因素作用下，不易发生分解、氧化及其他变化的性质。商品的化学稳定性与商品的成分、结构及外界条件有关。

(2) 毒性。是指某些商品具有破坏有机体生理功能的性质。这些商品主要来源于医药、农药及化工类商品等。其毒性是商品本身含有毒性成分或商品发生分解化合后产生的有毒成分。

(3) 腐蚀性。是指某些商品具有对其他物质发生破坏的化学性质。这类商品具有氧化性和吸水性，如硫酸能够吸收动植物商品中的水分，使这些商品碳化变黑。不能将这类商品与棉、麻、丝、毛等纺织品，纸张、皮革及金属制品等共同储存，防止商品发生化学腐蚀现象。

(4) 燃烧性。是指某些商品发生剧烈化学反应时常伴有发热、发光及燃烧的性质。这类商品被称为易燃商品，如火柴、松香、红磷、汽油等，在储存过程中应加强防火。

(5) 爆炸性。爆炸是商品从一种状态迅速变化为另一种状态，并在瞬间释放出大量能量的现象。对易爆商品的储存更应加强仓库管理，严格执行仓库管理制度，做到专库储存。

4. 商品的化学成分

(1) 无机成分。是指成分中不含碳，但包括碳的氧化物、碳酸盐等。

(2) 有机成分。是指成分中含碳的有机化合物，但不包括碳的氧化物、碳酸盐等。主要由氧元素、氢元素、碳元素组成。棉、麻、丝、毛及其制品，石油化工产品，木制品，皮革制品，食品等商品都是由有机成分构成的。

(3) 杂质成分。商品中的成分多少都含有杂质。商品中的主要成分决定了其性能、用途和质量，而杂质对商品的性能、用途、质量也有一定的影响。

5. 商品的形态结构

商品种类繁多，形态结构各异，可分为外观形态和内部结构。商品的外观形态多种多样，储存时应根据其外观形态合理安排仓储，科学堆码，有利于仓储管理。商品结构不同，其性质也有很大差别。

9.2.2 影响商品质量变化的外在因素

1. 温度

这里的温度是指空气的冷热程度，是影响商品质量变化的重要因素。高温会促使商品发生挥发、渗漏、熔化等物理变化及各种化学变化，而低温又容易引起一些商品发生冻结、沉淀等变化，温度的忽高忽低也会使商品的稳定性受到影响。适宜的温度也会为微生物和害虫的繁殖生长创造有利条件，加速商品的腐败变质和被虫蛀。

温度的单位用温标，表示温度高低，常用的温标有摄氏温标(℃)、华氏温标(℉)和开氏温标(K)。它们之间的换算关系为

$$t(℃)=[t(℉)-32]×(5/9)$$
$$t(℉)=t(℃)×(5/9)+32$$
$$T(K)=273.6+t(℃)$$

2. 湿度

湿度是指空气中水蒸气含量的多少或空气的干湿程度。空气湿度的变化，会引起商品含水量、化学成分、外观形态、内部结构发生变化。空气湿度下降，会引起商品放出水分，使商品含水量降低，重量减轻，如水果、蔬菜、肥皂等商品出现萎蔫、干缩变形，纸张、皮革制品出现脆损或干裂等。空气湿度增大，会引起商品吸收水分，使商品含水量和重量增加，如食糖、食盐、化肥、硝酸铵等商品易结块、膨胀或进一步溶化，金属则易生锈，纺织品、卷烟、竹木制品等商品易发生霉变或被虫蛀等。

湿度常用绝对湿度、饱和湿度和相对湿度表示。

(1) 绝对湿度。是指单位体积空气中所含水蒸气的重量。一般以每立方米的空气中所含水蒸气的重量(克/立方米)表示；或以空气中水蒸气压力(帕或毫米汞柱,1毫米汞柱≈133.3帕)表示。空气中水蒸气含量越多，密度就愈大，蒸汽压力也就愈大。

(2) 饱和湿度。是指在一定气压和气温条件下，单位体积空气中所含最大水蒸气重量。单位与绝对湿度的单位相同。当空气中的水蒸气超过饱和湿度时，多余的水分就会在较冷的商品上凝结成小水珠，形成"水淞"现象，对商品的储存不利。饱和湿度会随着温度的升高而增加。

在绝对湿度和气压不变的情况下，若气温降低，空气中容纳不了原来气温时所含水蒸气量，使水蒸气达到饱和状态，这时的温度称为露点。仓库内温度低于露点温度时，商品表面出现水分集结现象，称为结露。

(3) 相对湿度。是指空气中实际水蒸气含量与同温度下饱和蒸汽量的百分比或绝对湿度与饱和湿度的百分比。相对湿度表示在一定温度下，空气中水蒸气含量距该温度下饱和水蒸气量的程度。相对湿度越大，说明空气越潮湿，反之则越干燥。

3. 氧气

空气中氧气约占21%左右，且非常活泼，能和许多商品发生作用，对商品质量变化影响较大。对于受氧气影响较大的商品，应采取各种方法隔绝氧气，以减少氧气对商品的影响，如浸泡、密封、充氮等。

4. 日光

日光中有热量、紫外线、红外线等，对商品有正反两方面的作用。一方面，日光能加速受潮商品水分蒸发，杀死杀伤微生物和害虫，有利于商品保护；另一方面，某些商品直接照射日光，又会使商品质量下降，如橡胶、塑料制品会老化，纸张会发黄变脆，布匹会褪色，药品会变质，胶卷会感光等。

5. 微生物和害虫

微生物和害虫是商品发生霉腐和虫蛀的前提条件。微生物能够分泌酶，将商品中的蛋白质、糖类、脂肪、有机酸等物质分解为简单物质并吸收利用，破坏商品，使其变质，丧失商品的使用价值。同时微生物在分解营养物质的同时产生各种腐败性物质，使商品产生腐臭味和色斑霉点，加速商品质量的下降。害虫主要蛀蚀动植物性商品和包装，有些害虫还损害塑料、化纤制品等商品，使商品质量下降。

6. 卫生条件

卫生条件是防止商品腐败变质的重要条件。卫生条件差会给微生物和害虫创造滋生条件和场所，灰尘、油垢、污染物等会造成商品外观疵点和感染异味，并加速商品质量下降。

9.3 商品养护的技术与方法

9.3.1 仓库温湿度的管理

1. 仓库温湿度的变化规律

(1) 仓库温度的变化规律。仓库内温度会随着库外温度的变化而变化，库内温度的一日间或一年每月间的变化，称为仓库温度的日变化或年变化。

仓库外气温升降，库内温度也会随着升降。仓库温度变化的时间通常会落在室外气温变化之后的1~2小时，仓库温度的变化幅度比室外气温变化的幅度小。一般白天室外气温比库内温度高，夜间库内温度则高于室外气温。仓库温度的年变化完全受气温变化的影响，春、夏季节，库外温度直线上升，库内温度通常低于室外气温；秋、冬季节，气温急剧下降，库内温度通常高于室外气温。

仓库温度的变化主要受日照、季节、仓库建筑材料、仓库建筑结构、仓库建筑色泽、仓库建筑传热面和光滑度、库内商品特性、堆码等因素影响。

(2) 仓库湿度的变化规律。相对湿度是能够准确反映仓库空气潮湿程度的指标，相对湿度越高，仓库相对湿度越大，表示仓库内空气越潮湿；仓库相对湿度越小，表示仓库内空气越干燥。

温度与相对湿度有直接关系，温度发生了变化，相对湿度也随之发生变化。当仓库内气温上升，相对湿度就会下降，当气温下降时，相对湿度就会上升。

此外，仓库的湿度也受到仓库结构的影响，仓库上部和阳面的温度较高，相对湿度也就较低，而底部和阴面温度较低，相对湿度也就较大。商品本身含水量大或密封不好也会引起仓库湿度的变化。

2. 仓库温湿度的控制

1) 仓库的密封

仓库的密封就是利用密封材料将整库、整垛或整件商品密封起来，减少外界不良条件的影响，达到商品安全储存的目的。对仓库采取密封措施，能够保持仓库温湿度处于相对稳定的状态，达到防潮、防热、防干裂、防冻、防溶化的目的，还能够起到防霉、防火、防锈、防老化的效果。

仓库的密封储存主要有整库密封、按垛密封、货架密封、按件密封等方式。整库密封主要是对储存量大、出入库不频繁的商品采用的密封方式。若密封库内有易霉腐、怕虫蛀的商品，可在库内定期用药剂杀菌消毒，防止霉菌、虫害滋生。按垛密封主要是对那些易霉怕潮或易干裂的商品，采用防潮效果较好的材料如塑料薄膜、油毡、防潮纸等进行整垛商品的密封，减少外界不良条件的影响。货架密封主要是对出入库较频繁、零星且又怕潮易霉、易干裂、易生虫、易生锈的商品所采取的密封方式，可在货架内放置装有硅或氯化钙等吸湿剂的容器，保持货架内的干燥，还可放入适量的驱虫剂，避免商品被虫蛀。按件密封主要对数量少、体积小的易霉、易锈蚀商品进行整个包装的密封，这种密封简单易行、效果较好。

2) 仓库的通风

通风是根据空气自然流动规律或借助机械形成空气的定向流动，使仓库内外空气进行交换，达到调节仓库温湿度的目的。通风方式主要有自然通风和机械通风。自然通风就是利用仓库门窗、通风洞等，使仓库内外空气进行自然交换。当库外无风时，主要靠仓库内外温差产生的气压使空气流动，进行空气的交换。机械通风主要是在库房上部安装排风扇，在库房下部安装进风扇，利用机械进行通风，加速室内外空气的交换。

3) 仓库的吸潮

吸潮是降低仓库内湿度的有效方法，常与密封紧密配合使用。在梅雨季节或阴雨天气，仓库内湿度过大，在密封仓库里常采用吸潮方法。主要有吸潮剂吸潮和空气去湿机吸潮。吸潮剂具有较强的吸潮性，能够迅速吸收仓库内空气中的水分，以降低仓库空气的湿度。常用的吸潮剂有生石灰、氯化钙、硅胶等，民间也常因地制宜，就地取材，用木炭、炉灰、干谷壳等吸潮。空气去湿机吸潮是利用机械吸潮方式降低空气湿度，使室内空气相对湿度不断下降，达到仓库所需的湿度要求。

9.3.2 商品霉腐的防治

商品的成分、结构和环境因素是霉腐微生物生长和繁殖的营养来源和生活的环境条件。商品霉腐必须根据微生物的生理特性采取适宜的措施加以防治。

1. 药剂防霉腐

药剂防霉腐就是利用化学药剂使霉腐微生物的细胞和新陈代谢活动受到破坏和抑制，从而杀菌和抑菌，达到商品霉腐的防治目的。可以在生产过程中将防腐剂、防霉剂加到商品中，这样既方便又可以达到良好的防霉腐效果。当然防霉腐药剂的选用必须符合国家相关标准，要保证对人们身体健康无不良影响，对环境不造成污染等。

2. 气相防霉腐

气相防霉腐是通过药剂挥发出来的气体渗透到商品中，杀死霉菌或抑制其生长繁殖的方法。这种方法效果好，应用广泛，主要用于皮革制品等日用工业品的防霉。在使用气相防霉剂时，应注意与密封仓库、塑料薄膜罩或其他密封包装配合使用，才能获得理想效果。使用中需要注意安全，避免对人及家禽、家畜造成伤害。

3. 气调防霉腐

气调防霉腐是通过调节密封环境中气体的组成成分，降低氧气浓度，抑制霉腐微生物的生理活动、酶的活性和鲜活食品的呼吸强度，达到防腐和保鲜的目的。气调防霉腐主要有自发气调和机械气调两种方法。自发气调是靠鲜活食品自身的呼吸作用释放出二氧化碳，降低塑料薄膜罩内氧气的含量，起到气调作用；机械气调是将塑料薄膜罩内空气抽到一定真空度，然后再充入氮气或二氧化碳气体的气调方法。气调配合适当的低温条件，能较长时间起到保鲜和防腐的作用。

4. 低温防霉腐

低温防霉腐主要用于生鲜食品如鲜肉、鲜鱼、鲜蛋、水果、蔬菜等的防霉，利用低温抑制霉菌微生物生长繁殖及酶的活性，达到防霉防腐的目的。按照低温范围，低温防霉腐可分为冷藏和冷冻两种方法。冷藏又称为冷却，温度范围为 0~10℃，此时商品不结冰，适用于不耐冰冻的商品，特别是含水量大的生鲜食品或短期储存食品。冷冻温度需经过两个阶段控制，先是速冻阶段，在短时间内迅速将温度降到-30℃~-25℃，当商品内部温度约达到-10℃时，将商品移至-18℃左右的温度下储存，这种方法适用于长期储存或远距离运输的冻鲜肉制品防霉。

5. 干燥防霉腐

干燥防霉腐主要是通过各种措施降低商品含水量，将商品水分控制在安全储存水分范围之内，达到抑制霉菌微生物的生命活动的目的。这种方法能够较长时间保持商品品质，商品成分的化学变化也较小。主要有自然干燥和人工干燥两种方法。自然干燥就是利用自然界能量，如日晒、风吹、阴凉等方法使商品干燥。这种方法经济方便，应用于粮食、干果、干菜、水产海味干制品等的干燥。人工干燥是在人工控制环境条件下，对商品进行脱水干燥的方法，如热风干燥、喷雾干燥、真空干燥、冷冻干燥、远红外干燥和微波干燥等。这种方法需要一定的设备、技术，费用较高，能耗较大，应用上受到一定限制。

6. 辐射防霉腐

辐射防霉腐就是利用放射性同位素(钴-60 或铯-137)产生的 γ 射线照射商品的方法，杀死商品上的微生物和害虫，抑制蔬菜、水果的发芽和后熟，对商品本身营养价值并无明显影响。对不同商品特性和储存目的，辐射剂量有低、中、高剂量辐照。需要注意的是要加强辐照源的规范科学管理，防止意外事故发生。

对于已发生霉腐的商品，为避免造成更大的损失，需采取必要的救治措施。霉腐商品的救治措施主要有晾晒、烘烤、熏蒸、机械除霉、加热灭菌等。

9.3.3 仓库害虫和鼠害的防治

对于仓库害虫的防治最主要的是贯彻"预防为主，防治结合"的方针。对某些易生虫的商品，在生产过程中可对原材料采取必要的杀虫措施。例如，对竹、木、藤等制品的原料可采取沸水烫煮、气蒸、火烤等方法，杀灭隐藏的害虫。对某些易遭受虫蛀的商品，可在包装或货架中放入驱避药剂防治。在商品储存过程中，仓库害虫防治可采用物理、化学、生物等方法进行杀灭或使害虫不育，达到防治目的，以保证商品质量。

1. 物理杀虫法

物理杀虫法是利用各种物理方式破坏储存商品上的害虫的生理活动和机体结构，使其失去生存和繁殖的能力，如热、光、射线、远红外线、微波、充氮降氧等方式。

2. 化学杀虫法

化学杀虫法是利用化学药剂来防止害虫的方法。按照作用于害虫的方式，主要有熏蒸法、触杀法、胃毒法等。在实施化学杀虫的过程中，要充分考虑害虫、药剂和环境的关系，针对害虫的生活习性，选择其抵抗力最弱的生长虫期施药，药剂应高效、低毒、低残毒，对环境无污染，避免危害人们的健康和环境。

小思考

对农作物施用农药对人类健康和环境有什么影响？

3. 生物防治法

生物防治法就是利用害虫的天敌来防止害虫，或利用昆虫的性引诱剂诱集害虫或干扰成虫交配繁殖，阻止害虫的生长发育，起到保护商品的作用。

4. 鼠害的防治

防治鼠害要针对鼠类的特性和危害规律采取必要的措施，主要方法有机械捕杀、毒饵诱杀、生物法、驱除法。对仓库必须保持内外清洁卫生，及时清除垃圾和包装杂物，不给鼠类造成藏身的活动场所。防鼠灭鼠要防止对人身安全和环境造成危害和污染，对已扑杀的鼠类尸体须妥善处理，防止疾病传播。

9.3.4 商品的老化与防护

高分子材料制品在储存和使用过程中，随着时间的推移及外界环境因素的影响会发生色变、脆裂、僵硬、发黏等现象，失去原有性能，以致丧失使用价值，这种现象就是老化。防止高分子材料商品的老化，需要根据其性能变化规律，采取切实有效的措施以减缓高分子材料的老化速度，延长商品的使用寿命。高分子材料商品的老化主要受内因和外因影响，内因主要是高分子商品中的增塑剂挥发使商品发生老化现象；外因主要是外界环境的光、热、氧等作用使商品发生氧化，分子结构发生变化，导致商品出现老化现象。

1. 商品中添加防老剂

在商品生产过程中将防老剂加入到高分子材料中是一种常用而有效的方法，防老剂主要有抗氧剂、热稳定剂、光稳定剂、紫外线吸收剂等，这些防老剂主要用来抑制光、热、氧等外界因素对商品的作用，提高商品的耐老化性能。防老剂添加量很小，却能够使商品的耐老化性能提高数倍甚至数千倍。

2. 采用物理防护方法

高分子材料商品在光和热作用下，物理和化学性能逐渐下降。主要是发生了光氧老化或热氧老化。在商品储存和使用过程中，应根据高分子商品老化的规律，采取相应的措施，如严格控制储存环境的温度，防止阳光直接照射商品，合理包装和堆码，有效控制和延缓商品的老化。

9.3.5 金属商品锈蚀的原因与防治

1. 金属商品锈蚀的原因

金属商品锈蚀是指金属与接触的物质发生化学或电化学作用引起的表面被破坏的现象，其本质是金属表面失去电子被氧化为离子的过程。多数金属商品的锈蚀是自然进行的，可分为化学锈蚀和电化学锈蚀。

1) 化学锈蚀

化学锈蚀是当金属与非电解质接触时，介质中的分子被金属表面吸附，分解为原子，与金属原子化合，生成锈蚀产物的过程。如果金属锈蚀产物具有挥发性或结构松散，不能在金属表面形成致密的保护膜，锈蚀反应将会继续进行下去。如果锈蚀产物能够附着在金属表面，形成致密的保护膜，锈蚀反应就会被阻止。例如，铝制品表面会形成氧化铝膜，对铝制品起到了保护作用。

2) 电化学锈蚀

电化学锈蚀与金属原电池反应发生相同，当两种金属材料在电解质溶液中构成原电池时，作为原电池负极的金属就会发生锈蚀现象。电化学锈蚀比化学锈蚀更普遍，危害性也更大。

影响金属锈蚀的内因主要是金属的性质、合金组分、金属内部的杂质、金属表面加工方法、金属表面状态、锈蚀产物的性质、金属制品的结构、金属表面镀层等因素；影响金属锈蚀的外因主要是储存环境的空气湿度、温度及空气中的有害物质等因素。

2. 金属商品锈蚀的防治

金属商品锈蚀的防治主要是控制金属锈蚀的内外因，阻止或延缓金属商品的锈蚀。

1) 提高金属抗锈蚀性能

提高金属抗锈蚀性能可采用均匀化热处理的方法使金属材料的成分、结构均匀化，防止原电池的形成。还可以通过表面渗透方法，如渗氮、渗铬、渗铝等使金属商品表面具有难以锈蚀金属的特征，提高金属抗锈蚀性能。

2) 覆盖层法

覆盖层也称保护层，就是将金属同有可能引起金属锈蚀的外界各种条件尽可能隔离开，从而达到防止金属商品锈蚀的目的，如隔绝水分、氧气、二氧化硫等。

3) 化学处理法

化学处理法就是采用化学处理的方法，使金属商品表面形成一层钝化膜防止金属锈蚀，如常见的氧化膜和磷化膜。

4) 环境控制法

环境控制法就是对金属商品储存环境进行控制，达到金属商品不易生锈的条件，阻止或延缓金属商品生锈。例如，控制相对湿度，将空气相对湿度控制在 65% 以下，金属商品就不易生锈；充氮气封存，由于氮气化学性质比较稳定，在金属商品的包装中充入干燥的氮气，隔绝了易使金属生锈的水分、氧气的等介质，达到使金属商品不易生锈的目的；隔离污染源法，一般在建库房时要充分考虑有害气体源，防止金属商品在储存时生锈，在储存时可采用去氧封存法等。

5) 电化学法

电化学腐蚀中原电池正极金属材料得到了保护，原电池负极金属发生了腐蚀。利用这一原理将还原性较强的金属材料作为负极的保护极，与被保护金属相连构成原电池，还原性较强的金属作为负极发生氧化还原反应被消耗，被保护的金属作为正极就可以避免被腐蚀。

6) 缓蚀剂法

缓蚀剂法是指在腐蚀性介质中加入少量减慢金属锈蚀速度的缓蚀剂，防止金属发生腐蚀的方法。通常有气相缓蚀剂、水溶性缓蚀剂和油溶性缓蚀剂三类。

金属商品锈蚀中，主要造成金属商品损失的是电化学锈蚀，在金属商品生产和储存中，防止金属商品发生电化学锈蚀是主要的养护工作。在生产过程中，最常采用的方法是在金属商品表面涂盖防护层，如喷漆、电镀等，将易使金属商品发生锈蚀的外界条件隔离，从而达到防锈蚀的目的。在储存过程中，最常使用的方法是改善仓储条件、涂油防锈、可剥性塑料封存等。

 小思考

商品日常养护的重要性有哪些？

9.3.6 危险商品的安全防护

危险商品种类很多，性质通常不稳定，在储存和运输过程中，如果受到强烈的摩擦、震动或接触热源、火源，以及出现遇水受潮、破损散漏等情况，容易引起燃烧、爆炸、腐蚀、中毒、辐射等灾害事故，造成人员伤亡和财产损失。

1. 常见危险商品

(1) 氧化剂。这类商品具有强烈的氧化性，遇酸、碱或潮湿、摩擦、撞击及与易燃有机物、还原剂等接触会产生剧烈化学反应，引起燃烧甚至爆炸，如过氧化钾、过氧化钠、氯酸钾、高氯酸钾、硝酸钾、重铬酸钾、亚硝酸钾等。

(2) 爆炸品。这类商品具有易燃烧和爆炸的性能，受到高温、摩擦、撞击等外力作用，会发生剧烈化学反应，引起燃烧和爆炸，如导火索、雷管、炸药、鞭炮、花炮等。

(3) 压缩气体和液化气体。气体经过高压压缩后，储存在钢瓶内成为压缩气体和液化气体，性质极不稳定，受热、撞击或其他膨胀使钢瓶受损都会引起爆炸，如液氯、氰化氢、乙炔、乙烷等。

(4) 自燃物品。自燃物品不经明火点燃,与空气接触后,就能够发生氧化作用,引起物品燃烧,如黄磷、硝化纤维胶片、桐油、润滑油、油漆等。

(5) 遇水燃烧的物品。遇水燃烧的物品在遇到水后会发生剧烈的化学反应,产生可燃气体和热量,当达到自燃点时或有明火、火花时,就会引起燃烧或爆炸,如金属钠、金属钾、电石、锌粉等。

(6) 易燃液体。易燃液体易于挥发和燃烧,按闪点高低可分为两类:闪点低于 28℃的为一级易燃液体,如汽油;闪点在 28℃以上的为二级易燃液体,如柴油。闪点高于 45℃的不属于易燃液体。燃油受热挥发的可燃气体与液面附近的空气混合,达到一定浓度遇火星点燃时的最低燃油温度被称为闪点。闪点越低越容易引起燃烧,发生火灾事故。

(7) 易燃固体。易燃固体的燃点较低,受热、撞击、摩擦、遇火或与氧化剂接触,就能够引起剧烈燃烧,放出大量热,通常使温度高达上千度,并伴有大量有毒或剧毒气体放出;飞散在空中的粉状易燃固体遇明火可能会产生剧烈爆炸,如硝化棉、赤磷、硫磺等。物质受热开始持续燃烧的最低温度称为燃点。

(8) 有毒物品。是指具有强烈的毒害作用,少量侵入人、畜体内或接触皮肤就能够引起中毒或死亡的物品,如氰化钾、氰化钠、亚砷酸、氯化钡、氟化钠、四氯化碳等。

(9) 腐蚀物品。腐蚀物品具有强烈的腐蚀性,对人体、动植物、纤维制品、金属等都能造成不同程度的腐蚀,甚至引起燃烧和爆炸,如硝酸、硫酸、盐酸、烧碱等。

(10) 放射性物品。就是含有放射性核素,并且物品中的总放射性含量和单位质量的放射性含量均超过免于监管的限值的物品。这种物品能够放射出穿透力很强而人们又不易察觉的射线。人、动物受到大剂量放射性射线照射,身体会受到损害,甚至死亡。

2. 危险商品的安全储存

危险商品应有专门的仓库储存,危险商品的种类不同,仓库的形式和特性也应有所不同。储存爆炸品的仓库结构应坚固不导热,库房面积不宜过大,库房之间要有足够的安全距离。库顶设置遮阳隔热建筑构造,库门应向外开设,万一发生爆炸可以泄压,库房内部需干燥;易燃液体和应燃固体应储存于钢筋混凝土的地下库房或窑洞;易氧化物品储存库房需隔热、降温,库房门窗密闭,通风简便,库房内部干燥;压缩气体和液化气体适宜储存在阴凉干燥的地下或半地下库房;腐蚀性物品多具有挥发特性,需避免库房内金属构件被腐蚀,库房顶部不宜用金属材料构建;有毒物品可在普通砖木结构库房储存,需良好通风,库内干燥,门窗严密并遮光;放射性物品最好储存在厚铅板建造的地下专用库房。

美国牛皮匠掀起专业皮革养护热潮

随着生活水平的提高,普通百姓对高档皮鞋、皮沙发、皮服装装、皮制箱包等真皮制品的需求已愈发凸显。由此也为皮革养护行业带来了前所未有的巨大商机。庞大的市场迫切呼唤一种专业而全面的皮革保养、维护服务。源自美国的皮革专业养护品牌——牛皮匠,在这样的背景下强势登陆中国,迅速发展成为皮革养护领域的第一品牌。

牛皮匠创建于 1945 年。伴随第二次世界大战后美国经济的飞速发展,昔日的小店也发展成为一家涵盖皮革护理系列、日用化工系列、汽车美容系列的国际大型研发、生产和连锁服务集团，业务遍及全球，涵盖欧洲、美洲、亚洲等七十多个国家和地区。各项尖端皮革修饰产品及专业技术一直保持世界领先地位，是目前在皮革化工材料、皮革制品修饰上最具有技术权威性的国际品牌之一。

进军中国是牛皮匠全球市场发展的重要战略。经过了历时5年的深入了解和调查，牛皮匠获得了大量的一手市场信息，于2004年9月正式进入中国市场，主要从事皮革美容设备产品研发和生产，产品全部出口欧美。凭借对市场的透彻了解，牛皮匠与美国杜邦、德国拜尔等世界"500强"企业携手，开发出一系列适合中国市场的高质优价皮革化工材料、领先的工艺技术和先进机器设备，为在中国的发展奠定了坚实基础。作为皮革专业养护机构，牛皮匠并不单纯为擦鞋而擦鞋，而是从爱鞋、护足的角度出发，通过专业的皮革保养、护足按摩等人性化的服务，满足顾客不同层次的需求，使擦鞋不仅仅是擦鞋，更是一种消费时尚和流行趋势，让消费者尽享服务魅力，真正实现皮鞋护理与消费时尚、品味生活的统一。

针对旅游鞋、运动鞋、翻毛鞋、磨砂鞋、布面鞋等各种鞋的不同特点，牛皮匠坚持"不同鞋子不同对待"的人性化清洁方式，运用自主研发的系列绿色高效清洁剂，辅之以精细周到的高科技机械洗鞋工艺，待其脱水烘干后再进行全面细致的消毒、杀菌、除臭、护理保养，让鞋子真正享受美妙的"洗心革面"之旅，有效避免阴干、日晒对鞋子造成的损害。

除了鞋子之外，高档皮衣裘衣、皮包皮具、真皮沙发座椅、汽车真皮内饰等真皮制品的清洁保养，也是牛皮匠的主要服务项目。而在中国，走遍全国大中小城市，几乎找不到一家真正的、高质量的皮革专业护理店，市场近乎空白。牛皮匠的出现，及时满足了消费者的需求，彻底扭转了行业局面，使皮革专业护理店像服装干洗店一样，在全国各地悄然兴起，掀起了新一轮的财富热潮。

（资料来源：http://www.fz385.com 2010-08-25/5399.html.）

【点评】商品养护不仅仅存在于商品流通过程中，而且随着经济发展和人们生活水平的提高，消费者在日常生活中也有对商品养护的需要，商品养护保证了商品的使用价值，满足了消费者新的服务需要，也逐渐形成了新兴的服务行业，有广阔的发展前景。

本 章 小 结

本章主要论述了商品养护的概念、意义及任务；介绍了商品养护的技术与方法，同时指出了商品养护不仅存在于商品流通过程中，随着经济的发展和消费者的需要，商品养护工作也逐渐渗透和拓展到流通后续的商品使用过程中，逐渐形成了新兴的服务行业。

关键术语

商品养护　绝对湿度　饱和湿度　相对湿度　锈蚀

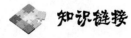

知识链接

皮具养护知识

(1) 过季要收藏的皮包，在收纳前得先清洁其皮面，且皮包内要放入干净的碎纸团或棉衫，以保持皮包的形状，然后再将皮包放进软棉袋中。收藏在柜中的皮包应避免不当的挤压而变形。

(2) 收纳皮制品的柜子必须保持通风，有百叶门的柜子较好，同时柜子里最好不要放太多的物品。

(3) 皮革本身的天然油脂会随着时间推移或使用次数增加而渐渐减少，因此即使是很高级的皮件也需要定期保养。建议在每次存放皮制品之前，都为它去尘清理。一般的皮质制品保存时最好先上皮革保养油，做法是将油抹在干净的棉布上，然后再均匀地擦拭表面，避免将油直接涂抹在皮件上，损伤了皮件。

(4) 皮具产品的保养首重之道就是"用得珍惜"。平常在使用手袋时注意不被刮伤、不被雨淋、不被渍物污染，都是保养手袋的最基本常识。等出了问题后再处理，效果就会大打折扣。

(5) 日常护理。

① 皮革吸收力强，应注意防污，高档磨砂真皮尤其要注意。每周擦拭一次，擦拭时用干毛巾沾水后拧干，重复几次进行轻拭。若皮革上有污渍，用干净湿海绵蘸温性的洗涤剂抹拭，然后让其自然干。正式使用洗涤剂前可在不显眼的角落试用一下。例如，将饮料打翻在皮革上，应立即用干净布或海绵将之吸干，并用湿布擦抹，让其自然干，切勿用吹风筒吹干。若沾上油脂，可用干布擦干净，剩余的由其自然消散或用清洁剂清洁，不可用水擦洗。

② 如发现任何洞孔、破烂烧损现象，不要擅自修补，请直接联系专业服务人员。

③ 不可将皮革制品放在阳光下暴晒，它将导致皮革干裂和褪色。皮件不慎淋到雨水，须将水珠拭干后放置通风阴凉处风干即可。切忌用火烘干或暴晒于阳光下。

④ 优质皮件表面若有细微伤痕，可借于郎体温与油脂使细微伤痕淡化。使用皮革保养品前，先以少许测试于皮包底部或内侧较不显眼处，待确定无问题后再使用于整个皮件。皮件不慎产生皱痕时，可使用电熨斗设定成毛料温度并隔布烫平。

⑤ 皮件上五金保养，应在使用后以干布擦拭。如微氧化，可试以面粉或牙膏轻轻擦五金即可。

⑥ 光泽皮革保养，请使用少许皮革保养专用油沾于软布料上，再利用力在皮革上摩擦；无光泽皮革之保养，平时只需用布轻拭，若污垢严重时，可试以类似橡皮的橡胶轻轻擦拭去除。皮件如产生斑渍黑点，可试以同色皮料沾酒精轻拭。绒面皮革须使用柔软动物毛刷去表面尘埃与污垢，如污染较严重时，可试以橡皮擦轻轻向四方均匀推散除去污垢。漆面皮革一般只需用软布料擦拭即可。

(资料来源：http://bbs.cgou.com/viewthread.php?tid=428164.)

习　　题

一、单项选择题

1. 粮食的储备属于(　　)储存。
　　A. 季节性　　　　B. 周转性　　　　C. 储备性　　　　D. 战备性
2. 鸡蛋储存的放置方式最好是(　　)。
　　A. 大头向下　　　B. 小头向下　　　C. 横放　　　　　D. 随便放
3. 搞好日常商品的养护工作最主要是(　　)。
　　A. 预防为主，防治结合　　　　　　B. 加强商品检验
　　C. 搞好仓库卫生　　　　　　　　　D. 商品摆放整齐
4. 金属商品锈蚀中，主要造成金属商品损失的是(　　)。
　　A. 电化学锈蚀　　B. 化学锈蚀　　　C. 外界环境　　　D. 商品包装

二、多项选择题

1. 下列关于商品养护的表述，正确的有(　　)。
　　A. 商品养护是以整个流通领域的商品为客体
　　B. 商品在整个流通过程中，都存在使用价值的维护问题

C. 商品养护是伴随着商品价值而产生的
D. 商品养护是一门综合性的应用技术科学，它来源于仓储工作的实践；又能动地指导仓储工作

2. 商品霉腐的防治方法有（　　）。
　A. 药剂方法　　　　B. 气相方法　　　　C. 低温方法　　　　D. 干燥方法

三、简答题

1. 简述如何做好仓库温湿度管理。
2. 简述如何做好商品的防老化。

四、分析论述题

论述危险商品在物流中应注意的问题。

五、实训题

仔细观察自己的皮鞋，谈谈如何进行皮鞋保养。

第10章 商品的可持续发展

【教学目标与要求】
- 了解可持续发展的概念;
- 了解商品与资源的关系;
- 了解商品与环境的关系;
- 了解绿色商品概念。

生产绿色食品 寄托绿色希望

辽宁省朝阳市喀喇沁左翼蒙古族自治县(以下简称喀左县)大城子镇东村1组蔬菜园农民黄淑芹栽培布利塔茄子，2个大棚产3万千克，年收入4万元。

北方的冬季寒冷而荒凉。然而，在喀左县的绿色大棚里，随处都可以看到满头大汗的农民们忙碌的身影。近年来，该县以保护地为主导的设施农业一而再、再而三地呈现出"百尺竿头更进一步"的喜人发展态势。截至目前，全县保护地暖棚总数已达9万栋，设施面积12万亩，年产茄子、"双椒"、番茄、黄瓜等蔬菜40多万吨，产值近6亿元。仅此一项就使全县农民人均增收1 100元。设施农业的不断发展壮大正成为该县推进现代农业、建设社会主义新农村最耀眼的亮点之一。

辽西是干旱地区。抗旱还是避灾，聪明的喀左人选择了后者。近年来，县委、县政府以科学发展观统领农村经济发展全局，坚持把设施农业作为调整结构、加快农民增收的重要引擎和强力抓手，全力推进。为突破农户建棚资金瓶颈，喀左县财政每年都拿出大量资金用于解决保护地配水、配电和棚区通路等问题，并协调银信部门共同发放支农建棚贷款7亿元；同时，集中捆绑使用农业综合开发、扶贫开发、移民搬迁等项目资金，发展保护地，使得大棚以年均1.5万栋的速度递增。在保证保护地规模不断扩张的同时，该县更加注重产业层次的转换和优化升级。为此，他们首先围绕市场调整产业内部品种结构；几年来共引进蔬菜新品种200多个。他们创新模式化栽培，推广越夏茬、冷暖结合、果菜结合、四位一体及棚前生产等，使保护地蔬菜亩产值由最初的6 000元、1万元提高到了2万元、3万元。他们加强科技服务体系建设和服务质量。目前，该县以东南西北片的四个专业蔬菜批发市场为骨架，形成覆盖全县的农产品销售网络。并配备蔬菜专业科技人员111人，年培训农民6万余人。他们建成5 000亩以上各级科技示范区10处，经常性聘请国家级和省级知名农业专家常年做顾问，进行指导，注重农产品质量安全和品牌建设。经努力，该县先后被辽宁省确定为省级"绿色食品生产基地县"和省级生态农业示范县，申办了黄瓜、茄子、青椒和番茄4个蔬菜品种的绿色标志，注册了"喀绿"商标。

雄关漫道真如铁，而今迈步从头越。为使保护地这一设施农业向产业化、现代化发展，喀左县正加快构建重点龙头加工企业为主的绿色食品加工产业集群，以期为广大农民拓展出广阔的增值、增收和就业的空间。

(资料来源：http://www.xfrb.com.cn.)

【点评】绿色食品带来了绿色希望，发展绿色商品生产是商品经济活动可持续发展的必由之路。商品经济发展受到资源、环境的制约，商品经济活动需要与资源、环境和谐，走可持续发展的道路是摆在我们面前的重要课题。

10.1 商品经济活动的可持续发展

10.1.1 可持续发展的概念

1992年6月，在巴西的里约热内卢召开了联合国环境与发展大会，旨在解决人类共同面临的人口急剧增加、资源过度消耗、环境污染及生态破坏等严重问题。会议通过了《里约环境与发展宣言》，并通过了全球可持续发展的总体战略纲领——《21世纪议程》，指出可持续发展是"社会发展既要满足当代人的需求,又要考虑后代人的需求"。这次会议标志着人类社会发展模式和生活方式的一次重大变革。中国政府于 1994 年制定了《中国 21 世纪议程》,可持续发展成为国家发展战略,我国同世界各国一样进入了可持续发展阶段。

人们对可持续发展的认识还未统一,概括起来基本观点包括生存观、协调观、资源观。

(1) 生存观认为:人类首先要保证生存,其次才是持续发展。发展应当注意扩大生存空间,保证生存基础,改善生存条件,提高生存质量。人类应支持和促进现代经济的发展和物质基础免遭破坏。

(2) 协调观认为:可持续发展的根本点就是经济、社会的发展与资源、环境相协调。

(3) 资源观认为:可持续发展的核心是资源的持续利用,既要保证当代人的合理需求,又要保证为后代人留下生存和发展的条件;既要重视资源在各个地区、部门的合理分配,又要重点解决贫困问题,贫困落后是造成资源闲置和浪费的根本原因。

小贴士

布伦特兰夫人

格罗·哈莱姆·布伦特兰夫人(图 10.1)1939 年 4 月 20 日出生于挪威奥斯陆市,1963 年毕业于奥斯陆大学医学系,1965 年获美国哈佛大学公共卫生硕士学位,曾任挪威社会部卫生署官员、奥斯陆市卫生局副主任医生。

图 10.1 格罗·哈莱姆·布伦特兰夫人

布伦特兰夫人 1974－1978 年任工党政府环境保护大臣,1975 年当选为工党副主席,1977 年当选为议员,曾任议会财政委员会委员、议会外交委员会主席、工党议会党团副主席等职,1981 年 4 月当选为工党主席。1982 年 2 月,布伦特兰夫人出任挪威首相,成为挪威历史上第一位女首相。同年 4 月,布伦特兰夫人当选为工党主席。1984 年她被联合国秘书长任命为联合国环境与发展委员会主席。1986 年和 1990 年她又两度出任挪威首相。1993 年 9 月,工党在议会大选中获胜,布伦特兰夫人连任首相。1996 年 10 月她辞去首相职务。1998 年 7 月～2003 年 7 月任世界卫生组织总干事。

1987 年,联合国国际环境和发展委员会主席、挪威首相布伦特兰夫人在该委员会撰写的报告《我们共同的未来》中,第一次使用了"可持续发展"这个概念,并且将它定义为"既满足当代人的需要,又不对后代人满足其需要的能力构成危害的发展"。这个观点得到各界广泛的重视,并且写入 1992 年联合国环境与发展大会通过的《21 世纪议程》等文件中。可持续发展已经成为世界环境保护工作的主题。

10.1.2 商品经济活动的发展阶段

商品经济活动是人类生存与发展活动的重要组成部分,一切商品经济活动都与人类社会的发展与进步紧密联系,一切商品经济活动都与自然界发生直接或间接的关系,都会影响自然界的发展,以及人类自身的生存。人类商品经济活动大致经历了三个发展阶段。

1. 自然平衡发展阶段

18 世纪前,人类社会生产力还处于较低发展水平,大规模工业化生产还没有形成,人类对自然界资源的索取和对环境的破坏还不足以造成生态失衡,该阶段人类的商品经济活动基本处于自然平衡发展阶段。

2. 掠夺失衡发展阶段

该阶段人类工业化高速发展,商品经济活动日益频繁,对自然界资源的索取达到了疯狂掠夺的程度,严重破坏了自然环境,生态平衡遭到严重破坏,人类及后代的生存空间受到了威胁。

人类商品经济活动面临着自然资源短缺、资源浪费严重及生态环境造成恶性破坏的严重局面,人类过分追求物质,付出了环境污染、生态破坏的代价,过度掠夺式资源开发造成了自然资源严重耗竭,资源浪费严重。人类在商品生产中产生的废气、废水、废渣含有大量有毒物质,严重污染了生态环境,人类为自己的行为付出了惨痛的代价。

3. 可持续发展阶段

20世纪80年代以来,全球生态环境日益破坏的残酷事实和沉痛教训,使人类开始重新认识社会发展模式和消费方式,人们在总结经验教训的基础上提出了可持续发展的理论。人们已经认识到全球环境不断恶化的主要原因是不可持续的生产方式和消费方式,特别是发达国家的这种不合理的生产和消费方式,发达国家应对全球环境恶化负主要责任。可持续发展理论强调环境与发展是不可分割的,人类应促进全球的可持续发展。

1992年的联合国环境与发展大会制定并通过了《里约环境与发展宣言》、《21世纪议程》等重要纲领性文件,确定了全球可持续发展的战略性框架,并推动建立了联合国可持续发展委员会。人类商品经济活动全面进入了可持续发展阶段,以生态为导向的商品可持续发展战略在各国普遍受到前所未有的重视,以可持续发展为目标的商品经济活动广泛开展起来。

小思考

反思人类的商品经济活动,你有哪些想法?

10.1.3 商品可持续发展的含义

商品可持续发展是可持续发展战略的重要组成部分,就是遵循生态经济学原理,运用现代科学管理方法,生产出高品质、省资源、低能耗、低污染、商品废弃物易回收、可再生的商品,实现商品生产和生态环境的良性循环,使商品经济活动促进社会经济可持续发展,与自然环境协调、和谐发展。

商品可持续发展含义包括四个层次的内容。

(1) 商品可持续发展的核心是能够持续开发和生产满足当代人和后代人消费需求的高质量商品。在商品开发和生产过程中保证资源的持续利用,并创造良好的生态环境。

(2) 商品可持续发展是对商品生产的全过程管理和严格控制的系统工程,包括商品设计、生产、制造、包装、使用、消费和废弃物处理。商品设计要贯彻节约资源的设计理念,商品的生产制造要强调清洁生产、降低能耗,商品包装要可回收、再利用和无害化,商品的使用消费应低能耗、低污染,废弃商品易无害化处理,可回收、再利用。

(3) 提高商品生产者、管理者的素质是实现商品可持续发展的关键,要将经济效益、社会效益和生态效益协调、统一。

(4) 改变传统的商品经济发展模式和消费方式是实现商品可持续发展的根本途径，放弃高消耗、高增长、高污染的粗放型生产方式，放弃高消费、高浪费的生活方式，使人类社会和自然生态协调发展、可持续发展。

 小贴士

清 洁 生 产

1997 年，联合国环境规划署将清洁生产定义为："清洁生产是一种新的创造性的思想，该思想将整体预防的环境战略持续应用于生产过程、产品和服务中，以增加生态效益和减少对于人类和环境的危害和风险。"《中国 21 世纪议程》的定义：清洁生产是指既可满足人们的需要又可合理使用自然资源和能源并保护环境的实用生产方法和措施，其实质是一种物料和能耗最少的人类生产活动的规划和管理，将废物减量化、资源化和无害化，消灭于生产过程之中。同时对人体和环境无害的绿色产品的生产亦将随着可持续发展的深入而日益成为今后产品生产的主导方向。

清洁生产包含了两个全过程控制：生产全过程和产品整个生命周期全过程。对生产过程而言，清洁生产包括节约原材料与能源，尽可能不用有毒原材料并在生产过程中就减少它们的数量和毒性；对产品而言，则是从原材料获取到产品最终处置过程中，尽可能将对环境的影响减少到最低。

(资料来源：http://baike.baidu.com/view/56521.htm.)

10.2 商品与资源

人类社会发展离不开资源，合理开发、利用和使用资源是人类社会文明的重要标志。人类在利用资源进行商品生产的同时，必须考虑合理利用资源，考虑人类赖以生存的生态环境，考虑后代的生存和发展空间，使自然界有限的资源在人类社会可持续发展中发挥最大的效用。

10.2.1 资源的概念

资源的概念有狭义和广义之分，狭义的资源是指自然资源，也称天然资源。自然资源是指自然界中天然存在的自然物，是人类可以利用、自然生成的物质与能量，是人类社会生存和发展的物质基础。主要包括气候、生物、水、土地、矿产五大类资源。随着社会生产力的不断发展和提高，以及科学技术的进步，人类开发和利用自然资源的广度和深度不断拓展，对自然资源的合理开发和利用进入了可持续发展的新阶段。

广义的资源是指为人类所用，能创造价值和使用价值的各种资源总和。包括自然资源和社会生产力资源两大类。社会生产力资源包括人力资源、生产工具资源、科学技术资源等。自然资源和社会生产力资源都是人类进行商品生产和创造财富必不可少的因素，自然资源决定了商品的自然属性，是商品生产的物质基础，社会生产力资源控制并形成商品的其他属性，是创造商品价值和使用价值的基础。

10.2.2 自然资源的分类

自然资源分类的方法很多，通常可按基本属性、综合属性和可利用属性不同等进行分类。

1. 按基本属性不同分类

自然资源按基本属性不同一般可分为土地资源、矿物资源、生物资源、气候资源和水利资源。土地资源主要指土壤资源。矿物资源是指在地质作用下，各种化学成分所形成的自然单质和化合物资源。除少数是气态或液态外，绝大多数矿物是固态。生物资源是指自然界中具有生命的动物资源、植物资源和微生物资源。气候资源是指人类可利用来为经济服务的气候变化现象所需的资源，如自然界的热量、寒冷、光照、风、云、雨、雪等。水利资源是水资源的总称，包括水力资源、水源资源、水质资源、水运资源等。

2. 按综合属性不同分类

自然资源按综合属性不同一般可分为能源资源、森林资源、海洋资源、旅游资源、物产资源和水产资源等。能源资源是指人类可以从中获得能量，以转换为人们所需的光、热、动力、电力等能源的总称，主要包括矿物燃料资源，如煤炭、石油、天然气等；可再生资源，如水力、风力、潮汐、柴草等；核能源即原子能；太阳能即太阳供给人类的能源；地热能源，即蕴藏在地球内部的热能；生物质能源，指利用动植物的生物质有机废料经过细菌或化学作用产生的沼气和醇类等燃料。森林资源是指森林和林业生产地域内的各种土地、山脉生物、景观等资源总称。海洋资源是指海洋的主体海水、生活在海洋的海洋生物、围绕海洋的海岸及海底和海面上空的大气所构成的资源统一体的总称。此外，还有旅游资源、物产资源和水产资源等。

3. 按可利用属性不同分类

自然资源按可利用属性不同可分为可再生资源和不可再生资源。可再生资源是指经过天然作用或人工作用，可以恢复或重新生成的资源。可再生资源可反复利用，如土地资源、水资源、生物资源、海洋资源、气候资源等，这些资源彼此相互联系，相互制约，其中一个受到破坏，将导致整个自然生态的变化。不可再生资源是指人类开发利用资源后不可能再生的自然资源，如煤、石油、天然气等，这些资源都是经过漫长地质年代形成的矿物资源，开采使用后不能够再生。

10.2.3 自然资源开发利用的特点

1. 整体性

自然资源之间都有直接或间接的联系，相互之间共同构成具有内在联系的生态系统。其中某种资源条件遭到破坏，其他资源条件也会受到影响，甚至遭到破坏，进而使生态环境恶化，如植被被破坏会造成土壤流失，形成荒漠化，进而会造成动物和微生物大量减少，生态系统遭到破坏。自然资源开发利用需要经济效益、社会效益和生态效益协调统一。

2. 地域差异性

自然资源分布的地域差异性很大，不同地域自然资源的种类、特性、数量、分布特点等都有所不同，在自然资源开发利用中需要考虑区域自然环境和社会经济的不同特点。

3. 有限性

地球的自然资源是有限的，人类对自然资源应加以珍惜，不能盲目开发利用，应给后代留下自然资源可开发利用的空间，使人类社会可持续发展。

4. 综合利用性

自然资源通常都是由多种成分组成，开发利用时应尽可能对所有成分加以综合利用，做到经济、合理、有效地开发利用自然资源，避免部分资源在开发利用过程中造成浪费，甚至对自然界和人类社会造成污染和危害。

10.2.4 自然资源在人类商品生产过程中面临的问题

自然资源为商品生产和消费提供了所需的物质和能源，是人类发展生产力、提高生活水平的重要物质基础。随着人口的急剧增加，人类社会对自然资源的需求量也迅猛增长，再加上在商品生产过程中不合理的开发和利用，造成了大量自然资源的浪费、破坏和枯竭。自然资源面临着许多严重的问题，如森林面积减少、土地荒漠化、水资源危机、粮食短缺、生物物种不断灭绝、矿产资源枯竭等诸多严峻问题。

1. 森林资源面临的问题

森林是人类重要的自然资源，也是陆地上最庞大的生态系统。森林在人类生产和生活中具有极其重要的地位，涉及人们的衣、食、住、行等各个领域，关系到国计民生。森林不仅为人类提供木材、纤维、水果、树脂、油漆等数以千计的林副产品，而且在这个自然生态系统中还起到防风固沙、保持水土、调节和改善气候、消除污染、净化环境等作用。

最近10年全世界已有约80%的原始森林遭到了不同程度的破坏，1小时的树木种类比过去一千年消失的还要多，每分钟约有25公顷的热带森林遭到砍伐。造成森林面积迅速减少的主要原因是环境污染造成"森林死亡"；大面积森林被开垦成农田，以满足人口急剧增加的对粮食的需求；人类的商品生产活动对木材原料的需求快速增长，导致对森林的乱砍滥伐。

2. 土地资源面临的问题

土地资源是自然资源的重要组成部分，是人类赖以生存的最基本的物质基础。人类所需食物能量的98%是直接或间接由土地上生长的农作物提供的。工业化和城市化的快速发展，各种基础设施的大规模建设需要占用大量土地，可耕地面积大幅度减少。人类为了生存和发展，长期毁林开荒，破坏植被，造成水土流失，土地荒漠化。截至2007年，我国目前沙化土地面积达到174万平方公里，占国土面积的18.2%，形成了一条西起塔里木盆地，东至松嫩平原西部，东西长4500公里，南北宽600公里的风沙带。可耕地面积大幅度减少，水土流失，土地荒漠化等已成为土地资源面临的主要问题。

3. 水资源面临的问题

水资源是人类赖以生存的重要资源，地球上的总水量约14亿立方米，其中96.5%是海水，而维持人类及其他陆栖生物生存发展的淡水仅占3.5%，这其中的77.2%还被封闭在两极的冰川之中。水资源同样面临着严峻问题，水资源分布不均，我国大部分地区严重缺水；水污染问题严重，我国污水处理能力严重不足，商品生产过程中污水不达标排放现象非常严重；水资源利用效率低下，浪费严重；地下水开采过量，导致地面出现沉降，海水入侵，地下水受到污染等。

4. 生物资源面临的问题

生物多样性是种内遗传多样性和物种多样性的生物学复合体系，包括数以万计的动物、植物和微生物及它们所拥有的基因,是人类赖以生存和发展的各种生命资源的总汇,是人类未来工业、农业、医学发展的生命资源基础。

生物多样性在全球范围内不断遭到损害。造成生物多样性丧失的主要原因是生物生存环境的改变或丧失,特别是热带雨林的大量被砍伐、过度的海洋捕捞和陆地猎获、空气和水的严重污染等。生物多样性丧失已越来越受到人类的重视,保护生物多样性已成为人类重大的研究课题,许多国家都在开始设法挽救濒危物种。

5. 矿产资源面临的问题

矿产主要是在漫长的地质历史时期形成的,是人类生存和发展所必需而有限的资源。由于人类工业化的发展,矿产资源的消耗速度越来越快,世界采矿量增长速度有增无减,矿产资源储量大幅度减少,有的甚至趋于枯竭。矿产资源主要面临矿产资源分布不均;矿产资源开发利用中回收利用率低;对共生、伴生矿产开发利用不重视,矿产浪费严重,造成部分矿产资源破坏浪费;矿产开采作业对环境破坏严重等现象。

10.2.5 商品生产需要对自然资源进行保护并合理开发利用

人类社会的生存与发展离不开商品生产,而商品生产离不开自然资源。由于自然资源的开发利用具有整体性、地域差异性、有限性和可综合利用性的特点,因此,人类在商品生产过程中,应从人类社会可持续发展的视角,对自然资源加以保护,并综合考虑开发利用,需要既考虑经济效益,又考虑社会效益和生态效益;要根据社会经济发展水平,既考虑发达地区资源开发利用,又要兼顾落后地区自然环境保护;既要为人类社会发展合理开发利用资源,又要给子孙后代留下自然资源可开发利用的空间;合理开发利用自然资源,努力做到经济、合理、有效,避免浪费自然资源,避免对自然界、人类社会造成污染和危害。

人类社会的发展受到自然资源的制约,人与自然界应建立一种和谐、协调的关系,保证自然资源的可持续利用。在自然资源保护、资源开发和资源利用上必须遵循可持续发展的理念,为人类社会的健康发展提供发展方向。

1. 资源保护

资源保护是一项长期艰巨的任务,人类社会在过去的生存和发展过程中,忽视对资源的保护,其结果是自然资源日趋匮乏,生态环境日益恶化,人类的生存环境受到了威胁,经济发展受到严重制约。自然资源保护迫在眉睫,需要高度重视,需要社会各界从意识形态、管理方式、科技进步、法制建设、经济增长模式等方面着手,加强对森林资源、土地资源、水资源、生物资源、矿产资源等重点自然资源进行全方位保护,优化自然资源的配置,使自然资源能够得到可持续发展和利用,这也是人类社会可持续发展的要求。

2. 资源开发

人类要想生存和发展必须发展商品经济,进行商品生产就不得不开发自然资源,以取得人类生产和生活的必要物质和能源。人类在资源开发过程中,应按照可持续发展的战略思想,经济、合理、有效地开发有限的自然资源,对不可再生的资源,要尽可能寻求可替代性资源,对不可再生资源应减少开发或暂时不开发,尽可能保护资源,不破坏资源。对于正在开发的资源，要按照自然规律、科学技术规律、经济规律，利用现代科学技术手段，经济合理地进行开发。在资源开发过程中，既要考虑资源的可利用性，也要考虑生态环境保护的要求，避免造成资源开发浪费和生态环境破坏。

3. 资源利用

对已开发的资源必须要科学地综合利用，提高资源的综合利用率，避免造成资源开发和利用过程中的浪费。资源的综合利用包括资源的多种有效成分、多种使用价值的利用，跨地区之间资源互补性综合利用，以及资源的再生利用等。在进行资源的综合利用过程中，要避免并尽量减少环境污染，改善生态环境，化害为利，变废为宝。资源的综合利用也是可持续发展战略的重要组成部分。

10.3 商品与环境

人类进行商品生产会直接或间接影响环境，环境反过来也会直接或间接影响人类的生存和商品再生产。人、商品和环境处在同一个系统中，彼此之间相互关联、相互影响、相互作用。人类的生存和发展，离不开商品生产，依赖于环境，人类进行商品生产，需要与环境相和谐，走可持续发展的道路。

10.3.1 环境的概念

环境是指某一事物周围所存在的情况和条件，是针对某一中心事物而言的。通常所说的环境是指人类的外部世界，即人类周围所存在的情况和条件。环境是人类赖以生存和发展的物质条件的综合体。环境为人类的社会生产和生活提供了广泛的空间、丰富的资源和必要的条件。广义的环境包括自然环境和社会环境。

10.3.2 环境的分类

人类环境习惯上分为自然环境和社会环境。通常所说的环境多是指自然环境。自然环境也称为地理环境，是指人类周围的自然情况和条件，包括大气环境、水环境、土壤环境、生物环境和地质环境等。自然环境是人类赖以生存和发展的物质基础；社会环境是指人类生存及活动范围内的社会物质和精神条件的总和，广义上包括整个社会经济文化体系，狭义上仅指人类生活的直接环境，如城市、农村、工矿区等。社会环境的发展和演替，受自然规律、经济规律及社会规律的支配和制约，其质量是人类物质文明建设和精神文明建设的标志。

10.3.3 商品生产造成的环境问题

自然环境和自然资源一样都是人类赖以生存和发展的基础。自然环境按照其主要的组成要素可分为大气环境、水环境、土壤环境、生物环境和地质环境等。自然环境的组成要素之间彼此关联、相互制约、相互作用，构成了自然环境系统。这个系统是一个有机整体，遵循系统效用原理，自然环境的系统效应不是直接从组成要素本身得到的，而是从彼此关联、相互制约、相互作用的系统组成要素集合中得到的，这个整体的系统效应超过系统要素个体效应的总和。自然环境的系统效应是相关要素之间相互作用产生的相干效应,如果其中一个系统要素遭到破坏,就会产生连锁反应,产生恶性循环,使自然环境系统失去动态平衡,自然环境遭到破坏。

人类为了生存和发展,不断进行商品生产,在掠夺式地资源开发模式下,不合理的商品生产活动造成了环境破坏和环境污染等一系列恶果,使生态环境系统失去动态平衡。这就是当今世界公认的环境问题,也就是商品生产和消费所造成的环境破坏问题和环境污染问题。

自然环境破坏问题就是人类不合理地进行自然资源开发和利用,造成了自然环境恶化和生态失衡问题,如过度砍伐森林、开垦荒地,过度开采地下水、滥垦草原等所引起的气候恶化、水土流失、土壤沙化和盐碱化、资源枯竭、物种濒危或灭绝、地面沉降等现象。

自然环境污染问题就是人类在商品生产和消费过程中,释放各种过量的排放物和废弃物,并且不能得到有效处理和净化,从而污染了自然环境,引起自然环境恶化,如大气污染、水质污染、土壤污染、放射性污染、噪声污染、光污染等。

商品在生产和使用过程中,对自然环境的污染主要有三个方面:化学性污染、物理性污染和生物性污染。化学性污染是指某些有害有机物和无机物被引入自然环境,或由于化学反应而造成环境破坏,如商品生产和消费过程中排放出镉、汞、铅、砷、氰类、酚类、多氯联苯类等有毒化学物质。物理性污染是指粉尘、固体废物、放射性物品、噪声、废热等对环境的污染和破坏。生物性污染是指各种致病菌、病毒、有害生物等对环境的侵害。

环境问题已成为严重的社会问题,随着经济发展,人类商品生产带来了前所未有的生态环境破坏和污染,酸雨、温室效应及臭氧层破坏等环境问题已成为威胁人类生存和发展的全球性问题,人类认识到商品生产必须走可持续发展道路。

案例分析

切尔诺贝利核电站事故

切尔诺贝利核电站是苏联时期在乌克兰境内修建的第一座核电站,曾被认为是世界上最安全、最可靠的核电站。但1986年4月26日,核电站的第4号核反应堆在进行半烘烤实验中突然发生失火,引起爆炸,据估算,核泄漏事故后产生的放射污染相当于日本广岛原子弹爆炸产生的放射污染的100倍。爆炸使机组被完全损坏,8吨多强辐射物质泄露,尘埃随风飘散,致使俄罗斯、白俄罗斯和乌克兰许多地区遭到核辐射的污染。

切尔诺贝利核电站事故造成核反应堆全部炸毁,大量放射性物质泄漏,成为核电时代以来最大的事故。辐射危害严重,导致事故后前3个月内有31人死亡,之后15年内有6万~8万人死亡,13.4万人遭受各种程度的辐射疾病折磨,方圆30公里的11.5万多民众被迫疏散。

(资料来源:http://baike.baidu.com/view/405249.htm.)

【点评】人类违背规律进行生产经营活动,受到惩罚将是必然的,但这种代价实在是太大了。可这种事件一直在不断发生,如1952年英国伦敦烟雾事件、1979年美国三里岛核电站泄漏事件、1984年印度博帕尔农药泄漏事件、1986年瑞士莱茵河污染事件、2011年日本福岛核电站泄漏事件等。反思人类的行为,重新认识人—商品—环境这个系统,使商品生产与环境协调发展,这些人为的灾难是不是可以减少或避免呢?

10.3.4 商品生产需要与环境协调发展

在人—商品—环境系统中，人类为了生存和发展，不断进行着商品生产，人类对物质的贪婪追求，对自然资源疯狂掠夺式的索取，严重破坏了自然环境，生态平衡遭到严重破坏，人类及后代的生存空间受到了威胁。忽视与环境协调发展的商品生产和消费造成了环境破坏和环境污染。人类不合理地开发和利用自然资源造成了环境恶化和生态失衡；人类在不断进行的商品生产和消费过程中，释放了大量有毒排放物和废弃物，污染了自然环境，引起环境质量恶化。

环境污染问题已成为全人类面临的共同社会问题，酸雨、温室效应、臭氧层破坏等已严重威胁人类的生存和发展。环境保护成为人类在商品生产和消费过程中必须予以高度重视的问题，是可持续发展战略的重要组成部分。环境保护就是要人们遵循环境客观规律，对人类生存和发展的各种环境因素，采取行政的、经济的、技术的、法律的、教育的多种手段和措施，进行综合性科学规律。

商品可持续发展同样需要注重环境保护，合理开发和利用自然资源，防止环境污染和破坏，维持和改善生态环境系统，提高部分自然资源的再生和增值能力，促进人类环境良性循环，使社会、经济、环境协调发展。

小贴士

酸雨、温室效应和臭氧层破坏

酸雨是指在矿物燃烧和冶炼过程中产生的硫和氮的氧化物，排入大气后与水汽作用生成硫酸和硝酸等随雨水降落在地面的降水。酸雨 pH 低于 5.6，对森林、土壤、水源等造成严重损害，对生态环境造成严重破坏。

温室效应是指大气中二氧化碳等含量增加过多，太阳的可见光和紫外线容易穿透二氧化碳等成分，而地球表面发射的红外线不易穿透这种大气成分，引起大气层内平衡温度不断升高。这种效应与玻璃花房提高温室内的温度类似，也称为花房效应。温室效应引起全球气候变暖等一系列严重环境问题。

臭氧层是指大气层的平流层中臭氧浓度相对较高的部分，其主要作用是吸收短波紫外线。大气层的臭氧主要以紫外线打击双原子的氧气，把它分为两个原子，然后每个原子和没有分裂的氧合并成臭氧。臭氧分子不稳定，紫外线照射之后又分为氧气分子和氧原子，形成一个继续的过程臭氧氧气循环，产生臭氧层。

臭氧层破坏是指 20～50 千米处的臭氧层遭到破坏而出现空洞和变稀薄的现象。1984 年，英国科学家首次发现南极上空出现臭氧洞。1985 年，美国的"雨云-7号"气象卫星测到了这个臭氧洞。1985 年，英国科学家法尔曼等人在南极哈雷湾观测站发现：在过去 10～15 年，每到春天南极上空的臭氧浓度就会减少约 30%，有近 95%的臭氧被破坏。从地面上观测，高空的臭氧层已极其稀薄，与周围相比像是形成一个"洞"，直径达上千千米，"臭氧洞"由此而得名。

臭氧层能够吸收 99%的危害生命的紫外线辐射，臭氧层耗竭，会使紫外线大量辐射到地面。紫外线辐射增强，对人类及其生存的环境会造成严重后果。有人估计，如果臭氧层中臭氧含量减少 10%，地面不同地区的紫外线辐射将增加 19%～22%，皮肤癌发病率将增加 15%～25%。另据美国环境局估计，大气层中臭氧含量每减少 1%，皮肤癌患者就会增加 10 万人，患白内障和呼吸道疾病的人也将增多。系列线辐射增强，对其他生物产生的影响和危害也令人不安。有人认为，臭氧层被破坏，将打乱生态系统中复杂的食物链，导致一些主要生物物种灭绝。臭氧层的破坏，将使地球上 2/3 的农作物减产，导致粮食危机。紫外线辐射增强，还会导致全球气候变暖。

(资料来源：http://baike.baidu.com/view/72036.htm)

10.4 绿色商品

随着我国人民生活水平的提高，人们自我保护意识和环保观念在不断加强，消费水平和消费质量在不断提升。绿色消费正成为一种消费趋势，绿色商品越来越受到消费者的欢迎。绿色商品按用途可分为绿色食品、绿色纺织品、绿色家用电器、绿色日用工业品等。

10.4.1 绿色食品

绿色食品是指产自优良环境，按照规定的技术规范生产，实行全程质量控制，无污染、安全、优质并使用专用绿色食品标志的食用农产品及加工品。绿色食品标志是中国绿色食品发展中心在国家工商行政管理总局商标局注册的质量证明商标，用以证明绿色食品无污染、安全、优质的品质特征。中国绿色食品发展中心是组织和指导全国绿色食品开发和管理工作的权威机构，1990年筹备，1992年11月正式成立，隶属中华人民共和国农业部。其宗旨是组织和促进无污染的、安全、优质、营养类食品开发，保护和建设农业生态环境，提高农产品及其加工食品质量，推动国民经济和社会可持续发展。

绿色食品的质量是由食品原料产地的生态环境质量、原料及深加工产品主要工艺质量、原料及产品本身质量三部分构成。绿色食品必须同时具备以下条件：①产品或产品原料产地必须符合绿色食品生态环境质量标准；②农作物种植、畜禽饲养、水产养殖及食品加工必须符合绿色食品生产操作规程；③产品必须符合绿色食品质量和卫生标准；④产品外包装必须符合国家食品标签通用标准，符合绿色食品特定的包装、装潢和标签规定。

10.4.2 绿色纺织品

绿色纺织品是指对人体无任何形式的损害，使用安全、穿着舒适、品质优质的纺织品总称。绿色纺织品要求纺织品生产过程对生态环境的影响应遵守生态环境管理法规，产品残留的有害物应在产品生态质量标准的极限值以下，纺织品废弃物应具有再循环利用的可能性。纺织品的生态质量应由纺织品加工过程中的生态质量、纺织品使用过程中的生态质量及纺织品废弃物的生态质量三部分所构成。纺织品加工过程中的生态质量要求纺织品在生产过程中采用省水、低耗能、对环境污染小的加工方法，以利于生态环境的平衡，不损害生产者的健康；纺织品使用过程中的生态质量要求纺织品不含有毒物质，加工残留物含量符合生态纺织品标准；纺织品废弃物要求对生态环境无害或易于回收再利用。

10.4.3 绿色家用电器

绿色家用电器是指无公害的家用电器。绿色家用电器的要求是节约能源(如高效电源)、降低污染(如低电磁辐射和低噪声)、推行无氟氯碳化物(如无氟冰箱)的制造工艺等。目前绿色家用电器主要是绿色冰箱、绿色电脑等。绿色家用电器有效降低了对环境的污染和破坏，降低了对人体健康的损害。

10.4.4 绿色日用工业品

绿色日用工业品是指无公害的日用工业品。日用工业品的设计、制造、消费、回收等环节都要符合节约资源、减少污染的原则。

10.4.5 绿色包装

绿色包装又可以称为无公害包装和环境之友包装，指对生态环境和人类健康无害，能重复使用和再生，符合可持续发展的包装。绿色包装一方面强调保护环境，另一方面强调节约资源。绿色包装应具有以下条件。

(1) 实行包装减量化。绿色包装在满足保护、方便、销售等功能的条件下，应是用量最少的适度包装。

(2) 包装应易于重复使用或易于回收再生利用。通过多次重复使用或回收再生利用，达到不污染环境，又可充分利用资源的目的。

(3) 包装废弃物可以降解。不可回收利用的包装废弃物要能分解，进而达到改善土壤的目的。

(4) 包装材料对人体和生物应无毒无害。

(5) 在包装产品的整个生命周期中，均不应对环境产生污染或造成公害。即包装制品从原材料采集、材料加工、制造产品、产品使用、废弃物回收再生，直至最终处理的生命全过程均不应对人体及环境造成公害。

案例分析

丢弃后污染环境 湿巾少用为佳

各种各样的消毒湿巾成了某些爱干净又懒得动手的人们的选择，即使在有条件洗手的情况下，也是用湿纸巾一擦了事。有些人不仅用湿巾擦手擦脸，甚至用来擦苹果、西红柿等果品。但相关专家指出，湿巾消毒效果有限，丢弃后会污染环境。

上海市质量技术监督局公布的2009年第二季度一次性湿巾的抽查结果显示，抽查的73批次湿巾中，有13批次不合格，其中某些品牌的湿巾细菌菌落总数超标30倍以上。

据了解，微生物指标是一次性湿巾最主要的卫生指标，微生物超标的湿巾不但起不到清洁消毒作用，反而会造成新的污染，严重影响产品的使用功能。

北京市疾病预防控制中心消毒与有害生物防治所相关专家介绍说，目前被称做消毒湿巾的产品分两类：一类是产品本身是被消过毒的，但是不具备消毒其他物品的功能，用这种湿巾擦手，不会对手上的细菌起杀灭作用；另一类湿巾不但"自己"被消毒，对别的东西也有消毒功能，但是消毒效果有限。

国际食品包装协会副会长表示，除了细菌污染问题，有些生产企业为了降低成本使用了劣质材料，为了使产品更显白净，大量使用荧光增白剂。而荧光增白剂是一种复杂的有机化合物，近几年人们发现荧光增白剂有致癌作用。还有些湿巾打开后有浓烈的香味，其使用的香精也可能是工业级的，对皮肤有刺激作用。

此外，经调查发现，目前市场上湿巾外包装标注成分主要为无纺布和水刺无纺布两种。无纺布是不经纺织，而由各种纤维经过物理化学方法制成的。"水刺工艺"是在纤维网上，经过高压微细水流喷射处理，使纤网加固而具备相当张力。无纺布并不是一种布，它其实也是一种塑料，大量使用并被随意丢弃，对环境就会造成污染。

专家向人们推荐使用免洗型手消毒剂,能够保证使用剂量,每次在手中搓一两分钟,基本能达到消灭部分细菌的作用。同时提醒说,如果真爱干净,就不应放弃水和香皂。美国相关研究证实,用肥皂洗手可将能引起普通感冒、甲型肝炎和急性肠胃炎等多种疾病的病毒有效地去除干净,不需水洗的手部清洗剂则能去除50%左右的手部细菌。

(资料来源:http://www.ccn.com.cn/news/CCNinshiwenzhang/2009/0708/270789.shtml.)

【点评】随着人们生活节奏加快,人们越来越多地使用一次性商品,在使用过程中也产生了一些误区,许多消费者只图方便省事,而没有考虑一次性商品是否有利于保护环境,是否有利于身体健康,是否浪费了资源。这些都是值得我们认真思考和反思的。

本 章 小 结

本章主要论述了可持续发展及商品可持续发展;介绍了商品与资源的关系,商品生产需要对自然资源合理开发利用;介绍了商品环境的关系,商品生产需要与环境协调发展;介绍了绿色商品的相关知识。

关键术语

可持续发展　资源　环境　绿色商品

知识链接

《里约环境与发展宣言》

《里约环境与发展宣言》又称《地球宪章》(Earth Charter),联合国环境与发展会议于1992年6月3~14日在里约热内卢召开,重申了1972年6月16日在斯德哥尔摩通过的《联合国人类环境会议宣言》,并谋求以之为基础的发展。目标是通过在国家、社会重要部门和人民之间建立新水平的合作来建立一种新的和公平的全球伙伴关系,为签订尊重大家的利益和维护全球环境与发展体系完整的国际协定而努力,认识到我们的家园地球的大自然的完整性和互相依存性。

(资料来源:http://news.xinhuanet.com/ziliao/2002-08/21.)

习 题

一、单项选择题

1.《中华人民共和国环境保护法》于(　　)年施行。
　　A. 1978　　　　B. 1979　　　　C. 1980　　　　D. 1981
2. 每年(　　)是世界环境日。
　　A. 6月6日　　B. 6月5日　　C. 5月6日　　D. 5月5日

3. 《21世纪议程》是( )年通过的。
   A．1992　　　　B．1994　　　　C．1995　　　　D．1996
4. 1994年3月，( )经国务院第十六次常务会议审议通过，成为我国国民经济和社会发展长期计划的指导性文件。
   A．《中国21世纪议程》　　　　　　B．《食品卫生法》
   C．《废物再生利用法》　　　　　　D．《危险物质使用条例修订草案》

二、多项选择题

1. 自然资源主要包括( )。
   A．气候资源　　　B．生物资源　　　C．水资源
   D．土地资源　　　E．矿产资源
2. 自然资源按可利用属性不同可分为( )。
   A．可再生资源　　B．不可再生资源　　C．海洋资源　　　D．旅游资源

三、简答题

1. 简述自然资源开发利用的特点。
2. 简述商品与环境的关系。

四、分析论述题

试分析论述当前的环境污染问题。

五、实训题

结合自己的体会谈谈商品废弃物的回收利用问题。

第11章 商品的社会评价

【教学目标与要求】
- 了解商品社会评价意义;
- 了解商品社会评价内容;
- 了解和掌握商品社会评价方法。

某超市顾客调查问卷表

尊敬的顾客：

您好！为了更好地为您服务，使我们及时了解到我们的不足之处，在此耽误您几分钟，请您对我们超市提出您宝贵的意见和建议，我们的成功离不开您的支持，真诚感谢您的合作，谢谢！

□您是会员　　　　　□非会员

※顾客资料(单选)

1. 您的年龄范围是？男性□　　女性□
   □20 岁以下　□20～30 岁　□30～40 岁　□40～50 岁　□50 岁以上
2. 您的地址是(必填项)：_____市(区)_____路(街)_____小区
3. 您的职业所属范围？
   □学生　□军人　□离休人员　□个体　□待业　□上班族　□家庭主妇　□其他____
4. 您通常使用的交通工具是？
   □步行　□公交车　□摩托车　□计程车　□自行车　□私家车　□其他_____
5. 您觉得到我超市的交通如何？
   □便利　□不便利　□不便利的原因是_____
6. 请问从您家到我超市大约需要多长时间？
   □5 分钟以内　□6～15 分钟　□16～30 分钟　□31～60 分钟　□60 分钟以上
7. 您多长时间到超市购物一次？
   □每天都来　□每周三次　□每周两次　□每周一次　□每月两次　□每月一次
   □偶尔一次　□路过　□其他_____
8. 请问您日常每次的购物金额是多少？
   □50 元以下　□50～100 元　□100～200 元　□200～300 元　□300 元以上
9. 请问您如何获得我超市的促销快讯？
   □购买报纸获得　□有人派送上门　□进店有人发放　□到服务台索要　□其他_____
10. 请问您如果不在我超市购物，您通常会到哪里购物？(可多选)
    □好又多　□华润万家(原家世界)　□人人乐　□晶众家乐　□麦德龙　□易初莲花
    □家乐福　□新一佳　□秋林公司　□海星超市　□批发市场　□附近农贸市场

※关于我们的商品价格(可多选)

11. 您认为我超市的商品价格如何？
    □便宜　□不便宜
12. 您认为哪类商品价格不便宜？
    □熟食　□水产　□鲜肉类　□蔬果　□面包类　□粮油副食　□休闲小食品
    □酒水饮料　□冷冻冷藏品　□家庭用品　□文化用品　□清洁用品　□休闲体育用品
    □家电用品　□鞋类　□服饰类　□床上用品　□其他_____
    主要是哪些商品：_____
13. 您认为我超市商品价格不便宜，主要是对比哪些超市？
    □好又多　□华润万家(原家世界)　□人人乐　□晶众家乐　□麦德龙　□易初莲花
    □家乐福　□新一佳　□秋林公司　□海星超市　□批发市场　□附近农贸市场

※关于我们的商品品种(可多选)
14. 您认为我超市商品品种能满足您的需求吗? □能　　□不能
15. 您认为我超市哪类商品不能满足您的需求?
　　□熟食　□水产　□鲜肉类　□蔬果　□面包类　□粮油副食　□休闲小食品
　　□酒水饮料　□冷冻冷藏品　□家庭用品　□文化用品　□清洁用品　□休闲体育用品
　　□家电用品　□鞋类　□服饰类　□床上用品　□其他_____
16. 请问您需要我超市还增加哪些商品?_____

※关于我们的商品质量(可多选)
17. 您认为我超市的食品质量如何? □满意　□不满意
　　主要是哪类: □熟食　□水产　□鲜肉类　□蔬果　□面包类　□粮油副食
　　　　　　　□休闲小食品　□酒水饮料　□冷冻冷藏品　□其他_____
　　主要是哪些商品: _____
18. 您认为我们超市的非食品(百货、服饰、鞋类、家电等)品质如何? □满意　□不满意
　　主要是哪类: □家庭用品　□文化用品　□清洁用品　□休闲体育用品
　　　　　　　□家电用品　□鞋类　□服饰类　□床上用品　□其他_____
　　主要是哪些商品: _____

※关于我们的服务(可多选)
19. 您对我超市的店内购物环境感觉如何? □满意　□不满意
　　主要是哪些: □液晶广告电视　□照明　□卖场广播音乐　□商品陈列
　　　　　　　□气氛装饰　□通道窄小　□卖场温度　□其他_____
　　不满意原因: _____
20. 您对店内的清洁是否满意? □满意　□不满意
　　主要是哪些: □地面　□商品　□货架　□人员服装　□手推车　□购物篮
　　　　　　　□厕所　□其他_____
　　不满意原因: _____
21. 你对我们超市的收银服务满意吗? □满意　□不满意
　　主要是哪些: □礼貌态度　□服务用语　□等候时间　□收银速度　□其他_____
　　不满意原因: _____
22. 你对我超市的服务中心满意吗? □满意　□不满意
　　主要是哪些: □礼貌态度　□服务用语　□等候时间　□问题处理　□其他_____
　　不满意原因: _____
23. 你对我超市存包处的服务满意吗? □满意　□不满意
　　主要是哪些: □礼貌态度　□服务用语　□等候时间　□其他_____
　　不满意原因: _____
24. 你对我超市保安员的服务满意吗? □满意　□不满意
　　主要是哪些: □礼貌态度　□服务用语　□其他_____
　　不满意原因: _____
25. 你对我超市卖场工作人员的服务满意吗? □满意　□不满意
　　主要是哪些: □礼貌态度　□服务用语　□其他_____
　　不满意原因: _____
26. 您认为我超市哪些方面还需要改善?
　　□价格　□质量　□售后服务　□服务态度　□退换货　□购物环境　□厕所
　　□停车场　□其他_____

27. 非常感谢您对我们的支持与配合,为了能为您提供更好、更完善的服务,请您留下您宝贵的意见和改善建议:_____
_____
_____

在此,非常感谢您能抽出时间为我们做完这份调查问卷,真诚感谢您的合作,谢谢!

填表时间:_____年____月____日____时

店别:_____ 经办人:_____

感谢您的支持!我们会认真考虑您的宝贵意见!

相信我们努力做到——每天让顾客100%满意!

【点评】顾客调查问卷是商业企业加强与消费者沟通、改进服务质量、了解市场的重要途径。好的调查问卷有利于企业了解目标顾客的基本情况和对商品的需求,有效组织货源;有利于企业加强内部管理,改进服务质量;有利于企业有利于企业了解市场动态,掌握市场的变化趋势;有利于企业培养消费者对企业商品或服务的忠诚度。

11.1 商品的社会评价概述

11.1.1 商品的社会评价的概念

商品的社会评价是指运用一定的方法,针对特定的用途,从自然、生产、经济、社会等各个方面,全面、客观地评价商品满足消费者需求的程度。商品的社会评价具有一定的程序,包含对商品或服务的评价内容,贯穿于商品流通的全过程。

对商品进行社会评价,不仅要对商品本身的使用价值进行评价,还要对研究商品使用价值的实现过程进行评价,即从商品使用价值的物质性和社会性两个方面进行评价,引导企业和消费者更加注重商品的综合质量,促进商品更好地满足消费者的需求,更好地适应环境的需求。

11.1.2 商品的社会评价的意义

商品的社会评价贯穿于商品使用价值的形成和实现的全过程,反映社会对商品满足消费者的需求、满足环境需求的认可程度。

(1) 对商品进行社会评价,有利于商品使用价值的实现,促进商品质量提升,保证商品生产企业取得较高的经济效益和社会效益。

(2) 有利于商品流通过程中各项业务的顺利开展,防止假冒伪劣商品对流通领域的损害。

(3) 有利于客观地反映出商品消费需求的变化和发展趋势,促进生产,引导消费,平衡商品供需。

(4) 有利于消费者参与对商品质量的监督,维护消费者自身的合法权益,保证消费者的健康和安全。

(5) 有利于开展全面质量管理工作,为开展全面质量管理提供数据。

(6) 有利于开展对外贸易,提升我国商品的市场竞争力。

(7) 有利于新商品开发,促进企业开拓市场;有利于商品可持续发展,保护生态环境。

小思考

商品社会

为了我的虚荣心　我把自己出卖
用自由换回来　沉甸甸的钱
以便能够跻身在
商品社会　欲望的社会
商品社会　令人疯狂的社会
热热闹闹人们很高兴　欲望在膨胀
你变得越来越忙　物价在飞涨
可我买得更疯狂
商品社会　欲望的社会
商品社会　没有怜悯的社会
So welcome to this
Commodity society
Commodity society
……

【点评】摇滚歌曲《商品社会》形象生动地描绘了在商品社会人们对商品的欲望及对物质的欲望。

小思考

反思人类在商品社会的行为。

11.2 商品的社会评价内容

随着社会经济的发展，人们对商品的需求也在发生变化，人们购买商品不仅仅注重商品本身的内在使用价值，更加注重商品所带来的外在荣耀，社会地位等能够表现商品所有者自身存在价值的需求，如购买佩戴劳力士手表，购买代步工具劳斯莱斯汽车等。商品的社会属性越来越明显，商品的一些"软实力"越来越受到消费者青睐，如品牌、服务等，这些已成为商品的社会评价重要内容。

1. 商品质量

商品质量是衡量商品使用价值的重要依据，是商品的社会评价的核心内容，没有良好的商品质量，其他商品的社会评价内容都无从谈起。随着社会经济不断发展，人们对商品质量的认识也不断深化，除了重视商品自然属性的使用价值，更加注重商品满足社会需要的能力及对环境的适应能力。

2. 商品价格

商品价格是商品的社会评价的重要内容，消费者极为关注，俗话说"一分价钱一分货"，即优质优价。商品价格在一定程度上反映了商品的质量，商品的差异往往也通过价格表现出来。商品差价反映了商品的差异，主要有以下几种形式。

(1) 品质差价。是指同一种商品由于质量的不同所造成的价格差异。质量较好的商品价格较高，质量较差的商品价格较低，由于商品质量的差异，商品价格也有所不同。

(2) 品种差价。是指不同品种商品之间价格的差异。商品品种不同，价格也就不同。

(3) 规格差价。是指同种商品由于规格不同，如大小、轻重、厚薄、粗细、长短等不同，商品价格也会有所不同。

(4) 花色差价。是指同种规格的同种商品，由于花色不同，商品价格也会不同，存在价格差异。

(5) 包装差价。是指同种商品，由于包装不同，商品价格也存在价格差异。

(6) 新陈差价或鲜活差价。主要针对农副产品。新鲜或鲜活的商品价格就高，如新鲜蔬菜、鲜活畜、禽、鱼等价格高；而放置时间较长的蔬菜或已死的畜、禽、鱼等价格就较低。

此外，商品价格与商品的市场供需关系有紧密的联系，供小于需，商品价格会上升；供大于需，商品价格会下降，这是商品价值规律的基本体现。

3. 商品设计

商品设计是以工学、美学、经济学为基础对商品进行的设计。商品设计是商品生产前的重要环节，好的商品设计能够增加消费者对商品的购买欲望，促进商品销售。随着人民生活水平的提高，人们的审美水平也在提高，对商品外观设计的要求也越来越高，这就要求商品设计要符合消费者的要求，努力做到外形美、色泽美、时尚美，将商品的实用性和社会性结合起来，满足消费者的需求。

4. 商品原料

商品原料是影响商品质量的重要因素，高品质的原料是生产高品质商品的前提。商品生产要选择好的原料，同时还要考虑原料的种类、来源，既要考虑原料的经济性、可替代性，还要考虑原料的稀缺性，充分合理地利用原料资源，节约使用原料资源，注重商品的可持续发展。

5. 商品服务

服务本身是一种特殊的商品，包含的种类很多，商品服务是指在商品经营过程中，为满足消费者需要而提供的活劳动。包括商品售前服务、售中服务和售后服务。售前服务是指消费者购买商品前，商家向消费者介绍商品、提供咨询服务的过程；售中服务是指消费者购买商品过程中，商家向消费者提供需要的各项服务的过程；售后服务是指消费者购买商品后，商家向消费者提供需要的各项服务的过程。

6. 商品品牌、商标和包装

品牌包括一个企业的名称、徽标、符号或设计，或者是它们的组合，以及企业系列的平面视觉识别体系，甚至立体视觉识别体系。其目的是识别某个企业的产品或劳务，并使之同竞争对手的产品和劳务区别开来。品牌是企业价值、文化和个性的体现。品牌注册后形成商标，获得法律保护拥有其专用权，品牌是企业的无形资产。商标是经过注册的，将一个企业的商品或服务与另一个企业的商品或服务区别开的标记。商标是品牌的重要组成部分，商标同样是企业的无形资产。包装是品牌、商标的重要载体，它向消费者传递企业、商品的重要信息，传递企业价值、经营理念和企业文化，树立企业形象。

7. 商品安全

商品安全是商品的社会评价的重要内容，商品安全关系到消费者利益、社会公共利益，甚至是国家利益。商品生产者、经营者在商品设计、原料采购、生产经营、销售使用等各个环节必须严格遵守和执行国家有关规定，对不法商贩要坚决打击，保证商品流通的正常进行。

8. 商品的环境污染

商品生产会直接或间接对环境产生影响，人们不仅关注商品的使用价值，更加关注商品和环境的关系。必须减少和降低商品生产、流通、经营和使用对环境的污染和破坏，这是商品可持续发展的前提，也是商品的社会评价的重要内容，涉及商品的清洁生产、商品废弃物的可循环再利用等。

11.3 商品信誉

商品信誉是指通过商品交易形成的一种相互信任的生产关系和社会关系。商品信誉构成了商品交易双方自觉自愿的反复交往，消费者甚至愿意付出更多的钱来延续这种关系。商品信誉的实质就是商品生产者和经营者的信誉，在市场经济活动中，信誉是企业的形象，也是企业的财富。在市场经济活动中讲信誉既是企业维护自身利益的需要，也是维护社会公共利益的要求。商品信誉是确立市场正常交易关系的基石，任何违反信誉的行为不仅会造成对消费者合法权益的侵害，也会造成对整个市场经济秩序的破坏。

11.3.1 信誉是企业的无形资产

企业的信誉是商誉的核心组成部分，企业重视信誉就是重视企业商誉的核心资产价值。信誉构成商品交易双方愿意反复交往的关系，消费者甚至愿意付出更多的钱来延续这种关系。信誉在商品交易过程中发挥着重要作用，并影响着交易双方的社会形象。

在许多发达国家，消费者和企业都具有信誉资格，信誉资格成为贷款、购买商品等方面的重要资格，并将信誉量化以评估企业及品牌无形资产价值。我国也逐渐开始对企业的信誉资格及等级进行审核评定。

11.3.2 信誉营造了良好的市场环境

诚实守信是我国自古以来成功的经商之道，塑造人的诚实守信品行、品德和人格，营造一个恪守信用、履行契约的良好市场环境，对发展市场经济将起到巨大的作用。营造良好的市场环境主要是建立良好的信誉文化环境和法治环境。

信誉的文化环境就是要在全社会形成以精神文明为中心的崇尚信誉、尊重契约关系的文化氛围。恪守信用、履行契约应是企业文化的重要组成部分，也应在全社会形成重合同、守信用的风尚，以此推动企业和企业家整体素质的提高和经营境界的升华，营造良好的市场文化环境。

我国相关法律、法规对维护企业信誉规定了基本准则。例如，《中华人民共和国民法通则》第四条规定："民事活动应当遵循自愿、公平、等价有偿、诚实信用的原则。"《中华人民共和国合同法》第六条规定,当事人行使权利、履行义务应当遵循诚实信用原则;第四十二条规定,当事人在订立合同过程中有违背诚实信用原则的行为,给对方造成损失的,应当承担损害赔偿责任;第四十三条、第六十条、第九十二条要求当事人遵循诚实信用原则,按照约定全面履行自己的义务。《中华人民共和国反不正当竞争法》规定,经营者在市场交易中,应当遵循自愿平等、公平、诚实信用的原则,遵守公认的商业道德。这些基本原则反映了商品经济社会对商品经营者的要求,既是衡量一切交易行为的道德标准,也是带有强制性的法律准则。信誉也要靠法律来维护。

11.3.3 信誉是商品经营的重要理念

企业的形象需要信誉来维护,企业具有良好的信誉,才能在消费者心目中树立良好的形象。企业讲信誉不仅是我国自古以来最基本的商业道德,更成为现代商品经营的重要理念,企业发展不仅仅看重眼前的利益,更应注重企业的长远利益,将企业自身利益、消费者利益和社会利益紧密结合起来,树立企业在消费者心目中的形象。只有注重信誉的企业,才能赢得消费者,才能占领市场。

 小贴士

国际消费者权益日

1898 年,美国成立第一个消费者组织,1936 年,全美建立了消费者联盟。第二次世界大战后,在一些发达国家继续出现各种消费者组织。1960 年,国际消费者联盟组织宣告成立。消费者运动更加活跃,许多发展中国家也建立了消费者组织,使消费者运动日趋全球化。

1962 年 3 月 15 日,美国总统约翰·菲茨杰拉德·肯尼迪发表了有关保护消费者利益的总统特别咨文,首次提出了著名的消费者四项权利,即安全消费的权利、消费时被告知基本事实的权利、选择的权利和呼吁的权利。随着消费者权利保护工作的开展,肯尼迪提出的四项权利和国际消费者协会确定的另外四项权利,即满足基本需求的权利、公正解决纠纷的权利、掌握消费基本知识的权利和在健康环境中生活工作的权利,成为全世界保护消费者权益工作的八条准则。

1983 年,国际消费者协会将每年 3 月 15 日定为国际消费者权益日。每年 3 月 15 日,世界各地消费者及有关组织都要举行各种活动,推动保护消费者权益运动的发展。1985 年 4 月 9 日,联合国大会一致通过了《保护消费者准则》,促进各国采取切实措施,维护消费者的利益。1984 年 12 月 26 日,中国消费者协会成立,并于 1987 年加入国际消费者协会。

(资料来源:http://baike.baidu.com/view/807967.htm.)

 案例分析

商品信誉卡使用制度

(1) 商场内经营者销售商品一次性金额在 100 元以上的必须开具商品信誉卡。

(2) 商品信誉卡上应注明店名、品名、数量、价格及质保时间,质保期限内出现商品质量问题,应进行调换或退款、退货处理。期货交易的买卖双方必须订立书面合同,明确商品的质保时间。

(3) 经销者销售商品应主动交付商品信誉卡。发现不开具商品信誉卡的，视情节轻重，给予批评教育、警告、违约金处理。上述处理可以单处，也可以并处。

(4) 消费者在购买商品时应向经销者索要商品信誉卡，如经销者拒绝开具商品信誉卡的，视情节轻重，给予批评教育、警告、违约金处理。

(5) 商品信誉卡由商场统一印刷。

【点评】商品信誉卡是产品"三包"(包修、包退、包换)的重要凭证，产生消费纠纷后，是消费者投诉的重要证据。对于保护消费者权益，规范经营者行为，营造公平、公正、公开竞争的市场环境起到了积极的作用。积极使用商品信誉卡者一般都是信誉好的经销者，他们对自己经销的商品质量有足够的自信，对商品售后服务有履行承诺的能力。小小的商品信誉卡既反映出商品经营者的诚实守信，也反映出对企业形象的高度重视。

11.4 商品的社会评价方法及过程

11.4.1 商品的社会评价方法

商品的社会评价方法按资料搜集方式的不同，可分为观察法、访问法、通信调查法、网络调查法和实验调查法。

1. 观察法

观察法是指调查者在商品销售现场对商品的销售进行观察、检查、计算和登记，以了解商品的销售和使用情况的方法。采用观察法能直接在现场观察到商品销售情况，获得的资料是第一手的，较为准确、详细。但消费者的消费心理不易了解，有一定局限性。有些调查项目还需要结合其他方法进行。

2. 访问法

访问法是指调查人员根据调查问卷，当场向被调查者提出问题，由被调查者回答而取得资料的方法。采用访问法，能够当面听取被调查者的意见，对被调查者的回答做出较真实的判断，但费时、费力，花费较大，调查结果与调查人员的业务素质、态度有很大关系。

3. 通信调查法

通信调查法是指调查人员以通信方式向被调查者发出调查问卷，由被调查者填写相关表格或回答问题而取得资料。这种方式适宜调查单位多、距离远、地点分散的情况，节省人力、物力，但能否及时回收问卷也是一个实际问题。

4. 网络调查法

网络调查法是指调查人员通过网络平台向被调查者发出调查问卷，由被调查者填写相关表格或回答问题而取得资料。这种方式在组织实施、信息采集、调查效果方面具有明显的优势，实施速度快，不受时空与地域限制，被调查者能够较方便地完成调查问卷，被调查者的回答也较为真实，越来越受到企业的青睐。

5. 实验调查法

实验调查法是指新商品在进行市场推广前，先进行实验性试点，搜集资料，取得经验的方法。这种方法比较客观,能够搜集到有价值的信息,但成本较高,时间较长,困难较多。

11.4.2 商品的社会评价过程

商品的社会评价过程是指从商品的质量资料搜集到得出商品评价结果的过程。商品的质量资料是反映商品生产、流通、经营和使用各个环节的质量基本数据、记录及使用过程中的质量反馈资料。在评价过程中,需要确定商品的社会评价内容,这些内容能够反映商品的整体质量状况,评价指标要具有代表性,各个指标所占权重要具有合理性;要确定明确的评价范围或评价群体;搜集整理评价资料要具有针对性、时效性、可靠性、简明性;得出客观的评价结论,能够反映商品综合的质量状况。

(1) 资料搜集。商品质量资料的搜集要确立明确的目标,要做好各种商品质量资料的日常搜集和积累工作。需要注意采用科学的方法,如统计抽样法、通信调查法、实验调查法等,注重资料数据的来源。

(2) 资料整理。通过对搜集的商品质量资料进行整理,做好分类、归档工作,根据评价标准决定各种资料的取舍。资料要有针对性,符合评价目的的需要;资料要有时效性,不能使用过时资料,影响评价的时效;资料要有可靠性,使评价结果真实可靠;资料要有简明性,简明、扼要,抓住问题的关键。经过整理的资料是评价商品的重要依据。

(3) 资料分析。对经过整理的资料进一步分析研究,需要从资料本身的各个角度进行分析推敲,结合掌握的各种资料进行分析和对比,并与其他同类商品进行对比。

(4) 综合评价。根据评价的目的要求,全面评价商品的质量状况,注意运用数学方法、统计方法等进行科学、全面的评价。经过科学的分析和综合评价,就可以判断商品质量的优劣,完成商品社会评价过程。

案例分析

尝试品牌运作 中国商品社会价值排行评价调查启动

2006 年,由中国社会调查所、中国产业报协会与中国商品学会共同举办的"社会价值排行中国(TOP10)商品评价调查"活动在北京举行。活动在全国十大城市展开抽样调查,并结合几年来的研究成果,向全社会公布各行各业中分类商品社会价值评价指标最高的"社会价值排行中国(TOP10)商品"。

"社会价值排行中国(TOP10)商品评价调查"活动意在通过广泛宣传向全社会充分展示在中国经济发展过程中那些立足潮头、引领时代、改变人们生活、推动社会进步的企业和品牌。

业界人士认为,这是对国家技术标准评价的一种重要补充,是生产名优商品的企业在市场经济中品牌商业化运作的一种新的努力。

(资料来源:http://www.china.com.cn/chinese/kuaixun/1210714.htm.)

【点评】中国商品社会价值排行评价调查活动的开展反映出当今社会人们越来越重视商品社会价值,品牌的力量越来越强大。对商品进行社会评价,不仅需要国家技术标准,还需要社会大众标准。评价商品满足消费者需求的程度,消费者应最具有评价权,应提供给消费者评价商品的机会和平台。商品品牌推广和运作应是市场化行为,商品品牌在消费者心目中的地位应由市场决定。

本章小结

本章主要介绍了商品的社会评价的概念及意义、商品的社会评价的内容,以及商品的社会评价的方法和过程。商品的社会评价是指运用一定的方法,针对特定的用途,从自然、生产、经济、社会等各个方面,全面、客观地评价商品满足消费者需求的程度。商品的社会评价贯穿于商品使用价值的形成和实现的全过程,反映社会对商品满足消费者的需求满足环境需求的认可程度。商品的社会评价主要包括对商品质量、商品价格、商品设计、商品原料、商品服务、品牌、商标、包装等的评价。

关键术语

商品的社会评价　商品信誉　商品品牌

知识链接

商品评价系统的发展趋势

商品评价是指生产厂家、商家或者消费者根据具体商品的性能、规格、材质、使用寿命、外观等商品的内在价值设定一个可量化或定性的评价体系,由消费者对商品使用价值进行评价的过程。

目前国际上的著名商城如亚马逊、梅西等都已经广泛的使用商品评价系统。国内的淘宝网等网络商城也提供了消费者对所购商品的评论系统,但是该系统更偏向于消费者的评论或者购物感受,因此并不能真实反映每一件商品对消费者的客观价值,对消费者的参考意义受到了比较大的局限。很多消费者也希望能够在评论里尽可能多地将商品的价值用文字表述出来,但是一方面受时间所限,另外也受知识面、个人偏好、理解能力等限制,不可能将自己在使用后完整的商品价值评价都描述出来。只有专业的商品评价系统才能帮助消费者实现对商品价值进行客观评价的美好愿望。

结合国际发展趋势,中国国内的商家,无论是C2C、B2C还是B2B,必将越来越多的转向与专业的商品评价系统提供商进行合作,从而为消费者提供科学的评价体系。通过消费者对商家的商品进行口碑宣传,反映商品的真实价值来实现商家和消费者的共赢。

(资料来源:http://baike.baidu.com/view/5387409.htm)

习　题

一、单项选择题

1. 商品的社会评价的核心内容是(　　)。
   A. 商品质量　　　B. 商品价格　　　C. 商品原料　　　D. 商品服务
2. 关于商品的社会评价的说法不正确的是(　　)。
   A. 商品的社会评价贯穿于商品使用价值的形成和实现全过程
   B. 商品的社会评价是全面、客观地评价商品满足消费者需求的程度

C．商品的社会评价更好地适应环境的需求的认可程度
D．商品的社会评价就是为了宣传

3．关于网络调查法的说法不正确的是(   )。
   A．易组织实施　　　　　　　　　B．易信息采集
   C．调查效果好　　　　　　　　　D．易限制调查对象

4．商品服务不包括(   )。
   A．售前服务　　B．售中服务　　C．售后服务　　D．网络服务

二、多项选择题

1．品牌是(   )的体现。
   A．企业价值　　B．企业文化　　C．企业个性　　D．企业利益

2．商品差价主要有(   )。
   A．品质差价　　B．品种差价　　C．规格差价　　D．包装差价

3．商品包装是品牌、商标的重要载体，它向消费者传递(   )。
   A．企业价值理念　B．企业经营理念　C．商品重要信息　D．企业文化

三、简答题

1．商品设计应如何符合消费者的要求？
2．简述商品品牌和商标的区别。

四、分析论述题

如何开展商品的社会评价？

五、实训题

为某企业设计一份商品调查问卷。

第12章 新商品开发

【教学目标与要求】
- 了解新商品和新商品开发的概念;
- 了解影响新商品开发的因素;
- 了解新产品开发的模式。

 导入案例

芭比娃娃

20世纪50年代末,露丝·汉德勒看到女儿玩纸娃娃,并把纸娃娃想象成各种大人的角色。由于当时的纸娃娃都是婴儿娃娃,露丝灵感突发,设计出一种可以激发小女孩编织梦想的娃娃。露丝发明了以"芭比"(其女儿的名字)命名的少男少女时尚偶像娃娃。从此,一代巨星芭比诞生了。

在那时,各种各样的玩具娃娃价格不等、大小不一、国籍不同、设计各异、服饰各异,连眼睛和头发颜色都不同,但没有人想到要推出一款外形不是婴儿的娃娃。"娃娃就是婴儿"这种概念使得新娃娃的问世都来自对婴儿的某项特征的改变。

这样,一个不是来自玩具娃娃行业的人想到"芭比"这个点子就不足为奇了。那些行业中人可能就看不到设计长着大人模样的玩具娃娃的可能性。

芭比,这个全球最畅销的娃娃,已经成为成千上万女孩生活中的一部分。她那永恒的魅力赢得了无数忠诚的芭比迷们不变的收藏欲。从歌手雪儿的造型到服装设计大师主题系列,迷人的芭比收藏系列超过了600种。芭比是从另一角度思考玩具娃娃的产物。

(资料来源: http://wenku.baidu.com/view/6ae153dc28ea81c758f5786a.html)

【点评】芭比娃娃创造了商业奇迹,也给我们带来了启示,新商品开发需要换个角度考虑,不走寻常路,也许奇迹就在眼前。

12.1 新商品开发概述

新商品开发是新产品开发和新服务开发的总称。新商品开发就是将商品的使用价值延展、升级或创造新的商品。随着市场竞争越来越激烈,企业也越来越认识到新商品开发的重要性。只有不断开发新商品,满足市场和消费者的需要,企业才能在市场竞争中保持优势。

12.1.1 新商品的概念

新商品是新产品和新服务的总称。新产品是指那些能够满足消费者新的需求的产品,通常是指采用新材料、新技术、新设计,使产品在结构、材质、工艺、性能或功能等方面与老产品有本质不同或有显著改善,这些新产品往往是技术进步的成果,是相对于老产品而言的。新服务是指那些能够满足消费者新需求的服务,通常是指服务形式的改进和变化,特别是新领域的服务。

12.1.2 新商品开发的概念

新商品开发是新产品开发和新服务开发的总称。新产品开发是指从发现市场机会开始,到新产品设计、工艺设计、产品生产和产品市场投放的一系列过程。新产品开发不仅包括新产品的研制,还包括对已有老产品的不断改进,以实现产品的更新换代。新服务开发是指对已有服务形式的推陈出新,开拓新的服务领域,满足消费者对服务的新需求。

霍利菲尔德的耳朵

20世纪末,世界拳击史上的一场闹剧在泰森与霍利菲尔德之间展开,泰森的"世纪之咬"使老霍损失了少半个耳朵。比赛后的第二天,在美国的各大型超市内竟然出现了许多名为"霍利菲尔德之耳"的巧克力,其栩栩如生的耳朵形状使好奇、幽默的美国市民们争相购买,将老霍的"耳朵"带回家中"一咬为快"。该巧克力生产商利用比赛中出现的轰动性新闻效应,突发奇想,分析了顾客的心理需求,及时开发出外形新颖的产品,因此赚了不少钱。

(资料来源:http://www.sdq365.com.cn)

【点评】一次轰动事件给企业带来了商机。消费者心理具有复杂性和变化性,进行新商品开发需要企业洞察并适应消费者这种心理。如果企业能做到这些,新商品开发就变得简单多了。

12.1.3 新商品开发的原则

1. 符合国家发展战略需要

国家的社会经济发展战略是指导一个国家经济、生产和生活的总方针。新商品开发项目必须符合国家的社会经济发展战略,必须优先发展国家发展战略急需的、无法靠进口解决的、能够填补国家空白的新商品项目。这样所开发的新商品才会有持续的生命力。

2. 符合市场需要

新商品开发必须在国家社会经济发展战略指导下,以市场需要为出发点,不仅要考虑当前国内外市场需求,还要考虑这种需求的变化和发展趋势,需要研究消费者的新需求和潜在需求,及时把握市场的动态发展变化,确定新商品的开发研究方向,使新商品能够满足消费者的新需求和潜在需求。

3. 符合标准化需要

新商品开发需要充分考虑今后的大规模生产,符合标准化、系列化、通用化的要求。考虑到新商品的出口,新商品不仅要符合我国的相关标准,还必须与国际市场上通行的主要国际标准相衔接,以利于提高新商品的国际市场竞争力。

4. 符合技术先进性与经济合理性需要

技术先进性是新商品开发的突出特征,其先进性还要符合我国消费者的消费水平和消费习惯,有利于原材料供应。经济合理性就是要尽可能降低新商品开发的费用,力求新商品功能强大,成本较低,价廉物美,满足消费者对新商品的需要。

5. 符合企业现有条件和资源状况

新商品开发必须从企业现有实际情况出发,充分利用和发挥企业自身的特长和优势。在引进技术时,要尽量引进先进的专利技术,注意提高主要零部件和原料的国产化,在掌握核心技术后,努力开发具有自主知识产权的新商品,以保持企业强大的市场竞争力。

12.2 新商品开发的风险及影响因素

12.2.1 新商品开发的风险

1. 技术风险

技术风险是指在新商品开发过程中,由于采用新技术、新工艺而产生的威胁人们生产与生活的风险,如产生核辐射、空气污染和噪声等;存在软件设计缺陷,造成交易数据被破坏、修改、泄漏等,给投资者财产造成损失等。主要包括以下类型。

(1) 技术不足风险。由于新商品开发本身技术的不成熟,造成新商品功能不完善,不能满足消费者需要,甚至给消费者带来一定的损害。

(2) 技术开发风险。新商品开发是一项复杂的系统工程,在开发过程中,各种复杂的因素都会对新商品开发造成影响,新商品在生产和使用过程中,由于技术效果的不确定性,很有可能存在隐患,造成对企业或消费者的损害。

(3) 技术保护风险。在新商品开发过程中,可能存在关键技术的泄露,使竞争对手获利的现象,新商品开发技术保密工作显得尤为重要。

(4) 技术使用风险。在新商品使用过程中,由于技术寿命的不确定性,会带来巨大风险。当今,新技术不断更新,在新商品投放市场时,更先进的技术出现,新商品将面临被淘汰的命运。

(5) 技术取得和转让风险。例如,技术本身或技术所有权存在瑕疵,受让方在取得时并不知道,造成损失;通过技术转让实施高价设备的转卖,使受让方新商品开发成本大大增加;技术转让过程中,遭遇合同欺诈,造成经济损失。

2. 市场风险

市场风险是指新商品面市后,市场需求的不确定性给企业所带来的风险。新商品的市场需求实际结果大大低于新商品开发时的预期,使企业遭受损失。主要包括以下类型。

(1) 消费者需求的不确定性带来的风险。消费者需求会随着时间发生变化,有时很难准确把握,难以预料,会造成很大的市场风险。

(2) 市场对新商品接纳时间不确定带来的风险。消费者对新商品的认识和接纳有一个过程,如果这个时间过长,新商品开发的投资回收期就会过长,造成很大的风险。

(3) 模仿及类似商品大量存在带来的风险。例如,"山寨"商品会对消费市场产生巨大影响。

(4) 过高估计市场容量带来的风险。由于市场竞争非常激烈,同类或类似商品迅速抢占市场份额,造成新商品的市场容量极度萎缩,带来很大的市场风险。

3. 效益风险

效益风险是指新商品在收回开发投资后的获利情况,与其他新商品比较是否合理,是新商品效益预测的不确定性给企业所带来的风险。新商品的效益达不到预期效果,给企业带来很大损失。此外,新商品开发还会面临政治、经济、法律、资金、管理等其他方面的风险。

12.2.2 新商品开发的影响因素

1. 社会需求

新商品开发能否成功,社会需求是关键。社会需求是指社会对新产品和新服务的需求和欲望。随着社会生产力的不断发展,新商品的社会需求也不断增加,企业将向市场提供数量多、质量优的商品,更好地满足社会的需求。人们物质文化生活水平不断提高,社会需求也呈现出多样化、多层次的趋势,由低层次向高层次逐步发展,消费内容日益丰富,消费质量不断提高,体现在对商品使用价值的需求越来越高,对商品审美的需求越来越高,对商品时代性的需求越来越高,对商品社会象征性的需求越来越高,对优良服务的需求越来越高。

2. 政策法律

政策和法律对新商品开发发挥重要的指导作用,对新商品开发产生影响的政策和法律可分为两大类:一类是对新商品开发的要求,指明新商品开发的方向,如地区发展目标、产业政策、商品标准化要求、环境保护政策、专利法、商标法等;另一类是对新商品开发项目的限制措施,如保护国家或地区利益的法律,税法,进口商品的相关限制法令,知识产权保护法等,这些政策和法律制定的目的都是为了保护本国或本地区的利益。

3. 技术和资金

新商品开发所需的技术包括两个方面:一方面是基本生产技术;另一方面是新商品生产的关键技术,两个方面均和企业的人员综合业务素质、生产设备水平、企业管理水平密切相关。基本生产技术就是企业正常生产所具备的生产技术水平,是新商品开发的技术基础。新商品生产关键技术的掌握直接关系到新商品能否研制成功,能否投入生产,是新商品开发成功的关键所在。

新商品开发需要大量资金,企业能够用自有资金从事新商品开发固然很好,但如果企业资金有限,就需要企业进行融资,可选择债务性融资或权益性融资。债务性融资包括银行贷款、发行债券等,债务性融资构成负债,企业要按期偿还约定的本息,债权人一般不参与企业的经营决策,对资金的运用也没有决策权。权益性融资主要指股票融资,权益性融资构成企业的自有资金,投资者有权参与企业的经营决策,有权获得企业的红利,但无权撤退资金。

 小思考

反思人类对商品的社会需求。

12.3 新商品开发的模式

12.3.1 需求拉动模式

需求拉动模式是指以市场需求为驱动力的新产品或新服务的开发,如图 12.1 所示。在这种模式的开发过程中,市场需求是新产品或新服务开发的直接驱动力,是起点,也是最终归宿。大约70%以上的新商品开发属于这种市场需求拉动模式。新商品的开发研制是由市场需求拉动完成的，分析研究市场潜在需求对这一新商品开发模式是极为重要的。这种模式多是积累性或渐进性的，企业的生存与发展至关重要。例如，晶体管、随身听、笔记本式计算机等的开发都属于这类模式。

图 12.1　需求拉动模式示意

12.3.2　技术推动模式

技术推动模式是指企业拥有新的科学发现或技术发明，并利用这种科学发现或技术发明来进行新商品开发活动，如图 12.2 所示。

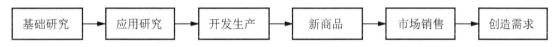

图 12.2　技术推动模式示意

在这种模式中，市场是新商品的被动接受者，企业在新商品开发活动中掌握着主动权，他们的一系列新商品开发活动推动了技术创新，促进了技术进步。采用这种模式，如果出现重大技术突破，不仅仅会改变生产技术和管理技术，还会引发深刻的技术革命，甚至改变社会、经济、科技的发展进程。

加油站超市

加油站一直是汽车加油的地方，但我们经常能看到加油站也会售卖其他的商品，如口香糖、零食、饮料、糖果等冲动性消费品。一些加油站开始卖起了报纸、杂志、影碟和胶卷。在某些地方的加油站开始卖起了食品。

汽油价格和税收的持续增加使得加油站受到了冲击。为了找其他路子挣钱，加油站打起了开超市的主意。同时，由于社会生活节奏越来越快，加上人们几乎无暇购物，这样，许多来加油站加油的顾客会愿意同时买些日用消费品等。一些石油分销公司决定在他们的加油站开设品种齐全的食品超市。如今，在绝大部分城市的加油站都能买到水果、面包、蔬菜、水、咖啡、香肠等商品。

在加油站售卖食品的一个重要的优势是食品的价格相对于油费而言显得很少："一包 2 美元的零食相对于 30 美元油费来说算什么？"顾客不会去考虑同一种零食在普通超市通常只卖 1 美元。另外，顾客在此购物无须担心停车问题。他们只需将车子停在油泵和加油站超市的旁边即可。通常情况下，他们在店里平均花上 5 分钟便能买齐家中所缺的物品。如今，加油站超市为石油公司带来了一大笔收入。一加仑汽油的利润是 1%，而超市内商品的平均利润竟高达 50%。

（资料来源：http://www.manager365.com，2008-10-04.）

【点评】新商品开发也包括新服务开发，随着人们生活节奏的加快，人们需要越来越多的服务。服务市场也极为广阔。在原有的服务基础上开发新的服务，不仅可以增加利润增长点，更重要的是提升了原有服务的质量，一举两得，何乐而不为呢？

12.4 新商品开发的程序

12.4.1 新商品构想

任何新商品的产生都源于对新商品的构想，也就是以一种新的物品满足一种新需要的设想或构思。新商品的设想或构思往往来源于人的形象思维，其基础是建立在人的需要的设想之上的，对新商品的形象思维形成后，就需要论证新商品实现的可能性。主要需要进行以下论证调查。

(1) 新商品的社会调查。主要包括新商品的市场调查和消费者调查，调查了解新商品的市场前景及消费者对新商品的要求和潜在需要。

(2) 同类新商品信息调查。主要是市场上是否有类似新商品，行业内外此类商品的所有信息，以及此类商品的国际市场发展现状等。

12.4.2 新商品创意筛选

在大量的新商品构想的基础上，对新商品的设想或构思不断进行优化，并不断进行新商品的创意筛选。筛选的目的就是及早发现和放弃错误的设想或构思，尽可能减少不必要的高昂开发成本，尽可能保证经过优化的新商品创意符合市场需求，经得住市场考验。

12.4.3 新商品概念的发展与测试

新商品的设想或构思还只是企业单方面提供给市场的一个可能产品的构想，要将新商品的构想发展成为新商品概念，还必须要用有意义的消费术语将新商品的构想予以精心和准确的阐述和表达；然后通过测试了解消费者对新商品概念的态度，以便进一步完善和优化。

12.4.4 制订新商品营销计划

对经过测试入选的新商品概念，企业需要制订一个初步的营销计划，而这个新商品营销计划还需要在以后的阶段不断发展和完善。营销计划一般包括目标市场的规模、结构、消费者行为，新商品的定位、销售量和市场占有率，新商品进入市场开始几年的利润目标等。

12.4.5 新商品的商业分析

新商品的商业分析就是对一新商品概念制订营销计划后，对该商品概念的商业吸引力进行进一步分析评价，得出对新商品的准确判断的过程。商业分析包括对新商品的预计销售额、成本和利润是否达到公司预计目标进行分析判断；如达到，则新商品概念才能进一步发展到产品开发阶段。

新商品的商业分析内容主要由以下部分组成。

(1) 人口规模及特征。主要包括人口总量和密度、年龄分布、平均教育水平、拥有住房的居民百分比、总的可支配收入、人均可支配收入、职业分布、人口变化趋势、以及到城市购买商品的邻近农村地区顾客数量和收入水平。

(2) 人力资源保障。主要包括公司管理层的学历、工资水平，管理培训人员的学历、工资水平，普通员工的学历与工资水平。

(3) 供货来源。主要包括原料运输成本、原料运输与供货时间、原料制造商和批发商数目、原料的可获得性与可靠性。

(4) 新商品促销。主要包括广告媒体的可获得性与传达频率、新商品促销的成本与经费情况。

(5) 经济情况。主要包括主导产业发展状况、多角化程度、项目增长状况、免除经济和季节性波动的自由度。

(6) 竞争情况。主要包括现有竞争者和潜在竞争者的商业形式、位置、数量、规模、营业额、营业方针、经营风格、经营商品、服务对象，所有竞争者的优势与弱点分析，竞争的短期与长期变动，竞争市场的饱和程度。

(7) 商店区位的可获得性。主要包括新商品销售区位的类型与数目，交通运输便利情况、车站的性质、交通联结状况、搬运状况、上下车旅客的数量和类型，自建与租借店铺的机会大小，所在城市的规划状况，规定开店的主要区域状况及哪些区域应避免开店；开设店铺的成本。

(8) 相关法规。主要包括税收、执照、营业限制等方面的规定、工人最低工资标准，规划限制等。

(9) 其他商业分析内容。主要包括租金、投资的最高金额、必要的停车条件等。

12.4.6 新商品开发

新商品开发的任务就是把通过商业分析的新商品概念交给企业的研究开发部门和工艺设计部门等进行研制开发，形成实际的新商品实体。这个阶段需要将新商品的构想转化为在技术上和商业上可行的新商品，新商品开发需要投入大量的研发经费。

12.4.7 新商品试销

新商品开发成功后，经过测试合格的新商品就进入了试销阶段。在这个阶段，要准备确定品牌名称、包装设计，制订一个准备性的营销方案，并在更可信的消费环境中对新商品进行试销，以了解消费者和经销者对使用和购买该新商品的反应及市场的规模和特点等。

12.4.8 新商品的商品化过程

根据新商品试销所提供的市场信息，企业可做出是否推出新商品的决策。在推出新商品时，企业必须对推出新商品的时机、地域、目标市场和市场战略作出决策。

(1) 企业必须准确判断推出新商品的时机，注意新旧商品的更替、新商品需求的季节性等影响因素。

(2) 企业需要决定新商品是推向一个地区还是多个地区，是全国市场还是国际市场。一般要实行有计划的市场拓展战略，需要对不同市场的吸引力做出评价并关注市场竞争者的现状和发展动向。

(3) 企业需要将促销目标对准最理想的购买群体，以尽快获得较高销售额鼓励销售队伍并吸引新的购买群体。

(4) 企业需要制订一个将新商品引入不断扩展的市场的实施计划，在市场营销组合中，合理分配营销预算并安排营销活动的合理次序。

12.5 新商品开发的策略

12.5.1 技术领先策略

技术领先策略就是率先使用最新技术，应用最新的技术成果，生产最新技术产品，使产品科技含量高，在同类产品中处于技术领先地位，在市场中拥有较强的竞争力。技术领先策略可使企业领先占领市场，取得垄断利润，但需要的投资额较大，存在较大的风险，对于技术开发能力强、经济实力较强的企业比较适合。

12.5.2 大众化产品策略

大众化产品策略是新商品面向大众消费者，拓展市场空间，争夺市场份额的市场竞争策略。新商品如果覆盖面广、需求量多，就可以视为大众化、物美价廉的商品。新商品的大众化产品策略就是人们所说的大众化营销。大众化营销是在实施营销活动中，企业对同一产品或服务，向消费者传播同一种信息，以吸引目标消费者购买，从而实现产品的规模市场价值。大众化营销将实现市场需求的一般满足为目标，客户辐射范围广，综合营销成本相对较低，但在客户关系维持上存在较大难度，需要对产品策略做持续的推进。

案例分析

解读大宝品牌的大众化传播策略

化妆品作为一种高品质的消费产品，大部分消费者对其的潜在心理倾向是对本地品牌缺少兴趣和信心，国际品牌或合资品牌占较大优势。相比之下，"大宝"不具备任何国际化的背景。同时，美容化妆品的一个天然的消费特点是追求时尚品味、排斥大众化，而"大宝"恰恰在大众化方面走得最远。

在当今中国美容化妆品市场中，"大宝"一直拥有优秀的经营业绩，其市场份额排名一直名列前茅。由此看来，"大宝"的品牌思想和传播推广策略有其独到之处。

(1) 产品研发以基础性需求为导向，化妆品的生产和销售经营并不存在很强的技术和通向网络的壁垒，市场的进入并不是很困难。这就造成了化妆品市场的突出特性：企业多、竞争激烈、高资金投入、产品更新快，这种市场特性往往会使企业产生一种经营错觉：企业在产品的研发导向上容易倾向中高档次和时尚气质，而较为忽视中低档和大众化的产品。

然而追求高档、时尚的做法风险极大，一是它将失去更为广阔的中低档消费市场，即失去量上的持续增长；二是具有较大的长期循环投入风险，因为只有如此才能在竞争激烈、产品更新快的环境中保持持久的品牌地位；三是产品开发容易跟风潮，而缺乏独有的、不可替代的并能持久保持的品牌核心理念，品牌防御能力差。

众多品牌拥挤在中高档市场，却忽视了美容化妆品市场中基础性需求的大量存在，即忽视了城市的中低收入阶层和农村消费者与城市中高档时尚消费者具有明显的差异。

正是基于对市场的深刻了解，"大宝"确立了自己独特的形象和推广传播原则，就是一切向着大众化方向发展。"大宝"较为持久地主推 SOD 蜜、日霜和晚霜等款护肤品，而不以繁多种类四处拦截，价格方面也有明确的"工薪"指向。在播出量最大的两则"大宝"电视广告中，人物职业身份与环境选择刻意追求平民化和生活的实态；产品功效是一种温和、坦白的承诺——"大宝，挺好的"；产品的展示采用了平实且易于理解的人际传播方式，这无不贯穿了基础消费原则和大众化导向。

(2) 概念传播追求简单再简单。几乎所有的化妆品在品牌推广传播方面都形成了这样几个套路：一是喜欢表白一些所谓"独有的"、"专业的"成分；二是表述复杂、概念模糊；三是产品展示(DEMO)方式喜用电脑三维，广告制作极其复杂。这些做法的潜在心理，其实就是造成品牌的科技感，强化品牌崇拜。

然而"大宝"却能打破常规，追求概念和信息传播的简单化。例如，广告词"还真对得起咱这张脸"是有关产品功效的直接表白；"大宝，天天见"则强调了品牌的生活感和平民色彩。同时，在广告片里几乎不用三维，不做关于产品的复杂展示，而采用了人际交流的方式对产品品质做了直接的保证，这种方式正符合中低档消费阶层不大强调个性、重视人际经验和口碑的特点。

(3) 消费定位与形象传播相统一。"大宝"坚持产品定位与形象传播的统一，坚持大众化的美学沟通，实话照实说，在激烈的市场竞争中，给人一种清新、脱俗的感觉，迎合了大众化的口味。它不追求"高档"、"时尚"和高价位，从而真正找到了一个符合民族品牌持久发展的市场空间，打破了令人窒息的美容化妆品广告的奢华氛围。

可以预言，一个品牌只要做得像"大宝"这样根深蒂固，无论它面对的市场竞争如何激烈，都会持久地深入人心，立于不败之地。

(资料来源：颜仕英. 解读大宝品牌的大众化传播策略. 中国化妆品，2002(12).)

【点评】新商品的大众化产品策略在客户关系维持上存在较大难度，需要对产品策略做持续的推进，如何将大众化产品策略持续推进是需要认真思考的问题。在当今产品同质化的环境下，大众化产品也需要创新。那些面向大众，同时又具有独特风格的产品才能长盛不衰。

12.5.3 引进技术产品策略

对占有市场份额较大的国外产品，积极采取引进技术、设备的产品策略，进行新商品的开发生产，弥补国内市场的不足。企业通过国外技术的引进消化吸收来节约新商品开发投资，所需的周期短、风险小，但也易受技术输出方的制约与控制，不易得到最先进的技术。这种产品策略对与先进技术存在较大"技术势差"的企业较为适合。

12.5.4 短线产品开发策略

为保证市场供应，满足消费者需要，企业也要积极实施短线产品开发策略。那些新、少、缺的短线产品都可以尝试开发。由于短线产品能够及时满足市场需求，可加快企业资金周转，使企业获得更多的利润；短线产品还可以成为攻击主要竞争者的策略性产品，这款策略性产品就可以更低的价格冲击对方；短线产品还可以最大限度地满足下游网络的需要；为了完成企业的销量任务，在旺季可以搭载一些短线产品，通过渠道搭载实现更多的销量，以高利润产品带动低利润产品的销量。因此，短线产品往往会有更大的利润空间。

12.5.5 竞争性产品开发策略

依据市场供求状况，对供过于求的商品选准品种，进行可行性论证分析，强化商品的竞争力，实现跳跃式开发、超常规发展。对于这类供过于求的竞争性产品应积极采用新技术、新材料，拓展其功能和用途，生产出档次更高的新商品，占领技术和市场的制高点，这便是竞争性产品的开发策略。

本 章 小 结

本章主要论述了新商品和新商品开发的概念，介绍了新商品开发的风险及影响新商品开发的因素，新商品开发的主要模式、开发程序和策略。新商品开发的主要风险有技术风险、市场风险和效益风险等。影响因素主要有社会需求、政策法律、技术和资金等，新商品开发的主要模式有需求拉动模式和技术推动模式等。

新商品　新商品开发

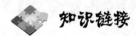

专利技术与专利说明书

专利技术是指被处于有效期内的专利所保护的技术。根据《中华人民共和国专利法》，专利主要包括发明专利和实用新型专利所保护的技术。外观设计专利因为保护的是新设计，而非技术，严格意义上应称为专利设计，而不是专利技术。通常专利技术将发明专利、实用新型专利和外观设计专利都包括在内。

专利技术指被专利的权利要求所保护的技术，不能认为专利说明书中所记载的技术都是专利技术，更不能认为未被授权的专利申请所记载的技术也是专利技术。专利技术会随着专利有效期的结束而变成非专利技术，或称过期专利技术了，也就可以无偿使用了。

1. 发明专利

《中华人民共和国专利法》第二条第一款对发明的定义是："发明是指对产品、方法或者其改进所提出的新的技术方案。" 产品是指工业上能够制造的各种新制品，包括有一定形状和结构的固体、液体、气体之类的物品。方法是指对原料进行加工，制成各种产品的方法。发明专利并不要求它是经过实践证明可以直接应用于工业生产的技术成果，它可以是一项解决技术问题的方案或是一种构思，具有在工业上应用的可能性，但这也不能将这种技术方案或构思与单纯地提出课题、设想相混同，因为单纯的课题、设想不具备工业上应用的可能性。

2. 实用新型专利

《中华人民共和国专利法》第二条第二款对实用新型的定义是："实用新型是指对产品的形状、构造或者其结合所提出的适于实用的新的技术方案。" 同发明一样，实用新型保护的也是一个技术方案。但实用新型专利保护的范围较窄，它只保护有一定形状或结构的新产品，不保护方法及没有固定形状的物质。实用新型的技术方案更注重实用性，其技术水平较发明而言要低一些，多数国家实用新型专利保护的都是比较简单的、改进性的技术发明，可以称为"小发明"。

3. 外观设计专利

《中华人民共和国专利法》第二条第三款对外观设计的定义是："外观设计是指对产品的形状、图案或者其结合及色彩与形状、图案所做出的富有美感并适于工业上应用的新设计。"

专利说明书属于一种专利文件，是指含有扉页、权利要求书、说明书等组成部分的，用以描述发明创造内容和限定专利保护范围的一种官方文件或其出版物。

专利说明书中的扉页是揭示每件专利的基本信息的文件部分。扉页揭示的基本专利信息包括专利申请的时间、申请的号码、申请人或专利权人、发明人、发明创造名称、发明创造简要介绍及主图(机械图、电路图、化学结构式等——如果有的话)、发明所属技术领域分类号、公布或授权的时间、文献号、出版专利文件的国家机构等。

权利要求书是专利文件中限定专利保护范围的文件部分。权利要求书中至少有一项独立权利要求，还可以有从属权利要求。

说明书是清楚完整地描述发明创造的技术内容的文件部分，附图则用于对说明书文字部分的补充。各国对说明书中发明描述的规定大体相同，以我国的专利说明书为例，说明书部分包括技术领域、背景技术、发明内容、附图说明、具体实施方法等。

有些机构出版的专利说明书还附有检索报告。检索报告是专利审查员通过对专利申请所涉及的发明创造进行现有技术检索，找到可进行专利性对比的文件，向专利申请人及公众展示检索结果的一种文件。附有检索报告的专利文件均为申请公布说明书，即未经审查尚未授予专利权的专利文件。检索报告以表格式报告书的形式出版。

(资料来源：http://baike.baidu.com/view/2006983.html.)

习　题

一、单项选择题

1. 新产品通常不是指采用(　　)的商品。
   A．新材料　　　　B．新技术　　　　C．新设计　　　　D．新包装
2. 需求拉动模式中，(　　)是新产品或新服务开发的直接驱动力，是起点也是最终归宿。
   A．市场需求　　　B．信息反馈　　　C．生产销售　　　D．研制开发

二、多项选择题

1. 新商品开发的风险有(　　)。
   A．技术分析　　　B．市场风险　　　C．效益风险　　　D．设计风险
2. 新商品开发的影响因素有(　　)。
   A．社会需求　　　B．政策法律　　　C．技术　　　　　D．资金
3. 新商品开发包括(　　)。
   A．新产品开发　　B．新服务开发　　C．新厂房建设　　D．新员工培训

三、简答题

1. 简述新商品开发的风险。
2. 简述新商品开发的原则。

四、分析论述题

论述新商品开发的模式。

五、实训题

调查我国企业在新商品开发过程中的资金投入情况。

第13章 几类主要商品的特性

【教学目标与要求】
- 了解和熟悉几类主要商品;
- 了解几类主要商品的化学性质、物理性质和机械性质;
- 增强对几类主要商品的感性认识。

导入案例

商店设计要清楚商品的特性

装修设计的目的是吸引客户，让客户购物更方便，心情更愉悦，最终的目的是为了商品卖的更好。因此设计店面是为了更好地突出商品，增加商品的销售。设计师首先要明白商品的特性和品质，才能为进一步进行设计打好基础。商品的分析大致可从下面几点入手。

(1) 商品类型的大小范围。同类商品的大小变化幅度不同，如乐器店既有巨大的钢琴又有精巧的口琴，而书店和眼镜店的商品则规格则基本相同。这种不同的变化幅度造成了不同的空间感，变化幅度大的商品，陈列起来造型丰富，但也易造成零乱，设计时应强调秩序，减少人为的装修元素。变化幅度小的商品排列起来整齐，但易陷于单调，设计时应注重变化，增加装饰元素。

(2) 商品的形。同一类商品的形变化多，空间就感觉活泼，但也易杂乱，如玩具店。若所售商品形象差异不大，构思空间时应注重变化，否则会使人感到呆板。例如，鞋子的造型变化不大，而在鞋店内人多是分类排列，这很难引起人们的兴趣。相反，国外的一些鞋店往往充分利用空间和陈列装置的变化，营造了生动的气氛。此外，商品的形还具有可变性。例如，服装店可以利用模特形成多姿多彩的形象，模特往往是时装店的主要构图元素。

(3) 商品的色彩和质感。古玩、家电的色彩灰暗，塑料制品和玩具的色彩鲜艳，这就要求室内设计色调起到陪衬作用，尽量突出商品的色彩。此外，商品的质感也往往在特定的光和背景下才显出魅力。例如，玻璃器皿的陈列就必须突出其晶莹剔透的特色，以吸引顾客。

(4) 商品的群体与个体：商品是以群体出现还是以个体出现对顾客的购买心里有很大影响。小件商品的群体可以起到引人注意的作用，但过多的聚集也会带来"滞销"的猜测。不对称的群体处理能够巧妙地给人以"抢手"的印象。至于贵重的商品只有严格限制陈列数量才能充分显示其价值；对以群体出现的商品，室内设计应配以活泼兴旺的气氛；对以个体出现的商品，设计上应追求高雅舒展的格调。

(5) 商品的性格。商品的性格决定室内设计的风格。同是时装店，高档女装店的清新优雅与青年便装店的无拘无束应截然不同。室内设计的风格与经营特色的和谐与否直接关系着商品的销售。

(资料来源：http://www.ccd.com.cn/)

【点评】所有商品经营活动都要围绕提高商品服务质量进行。要提高商品服务质量，就必须熟悉所经营商品的特性，这样服务才会更具有针对性。考虑消费者之所想，解决消费者之所需，既能够扩大销售，获得更多利润，又能够提升企业的形象。

13.1 工业品商品的特性

这里的工业品商品是指日用工业品商品，主要包括玻璃制品、搪瓷制品、铝制品、塑料制品、橡胶制品、皮革制品、日用化学品、纸张制品等。这类商品的特性主要是由其化学成分结构所决定的。

13.1.1 工业品商品的成分

工业品商品的成分往往决定了其性质，决定了商品受外界因素影响时的稳定性，是确定商品流通中储存、运输条件和方法的重要依据，是研究商品科学分类、质量特征及商品质量变化规律的重要因素。

1. 工业品商品的分类

工业品商品按照其化学成分的构成，可分为无机成分和有机成分两大类商品。无机成分工业品商品又可以分为金属和无机化合物工业品商品两类。有机成分工业品商品又可分为低分子有机物和高分子有机物的工业品商品。

1) 金属成分的工业品商品

金属成分的工业品商品可分为黑色金属和有色金属商品两类。黑色金属商品是指由铁和铁合金制成的商品。有色金属商品是指除黑色金属以外的其他金属及合金制成的商品。

金属成分制成的工业品商品主要有金属器皿、炊具、五金商品、日用机械商品、部分文化和体育用品、家用电器商品等。金属材料制成的商品具有坚固、耐用、导电性和导热性强、耐热性较好等特点，在外界环境因素的影响下，易发生锈蚀影响商品外观，严重的还会影响商品的使用和寿命。

2) 无机化合物成分的工业品商品

无机化合物成分的工业品商品是指由不同的金属或非金属元素结合而成的无机化合物制成的商品。最常用的无机化合物材料是硅酸盐材料，主要用于生产玻璃制品、陶瓷制品、搪瓷制品和水泥制品等。硅酸盐材料及其制品耐火性好，化学稳定性好，在正常环境状况下不易被腐蚀，质地坚固耐压，但抗张强度较低，脆性较大。此外，化工商品中的各种无机氧化物、酸、碱、盐等均属于无机化合物成分的工业品商品。

3) 低分子有机物成分的工业品商品

有机化合物主要由碳元素、氧元素、氢元素组成，有机物是生命产生的物质基础。除含碳元素外，绝大多数有机化合物分子中含有氢元素，有些还含氧、氮、卤素、硫和磷等元素。

目前已知的有机化合物近 8 000 万种。在早期，有机化合物指从动植物有机体内取得的物质。自 1828 年费里德里希·维勒人工合成尿素后，有机物和无机物之间的界限随之消失，但由于历史和习惯的原因，"有机化合物"这个名词仍在沿用。有机化合物对人类具有重要意义，地球上所有的生命形式主要都是由有机物组成的。有机物对人类的生存、生活、生产有着极重要的意义。地球上所有的生命体中都含有大量有机物。

一般将分子量低于 103 的有机物称为低分子有机物，将分子量高于 103 的有机物称为高分子有机物。由低分子有机物构成的工业品商品很多，如洗涤用品、化妆用品和石油产品等。洗涤用品中肥皂的主要成分是高级脂肪酸钠，合成洗衣粉的主要成分是烷基苯磺酸钠。化妆用品中香水、花露水的主要成分是乙醇。高级脂肪酸钠、烷基苯磺酸钠、乙醇等都是低分子有机物。

4) 高分子有机物成分的工业品商品

高分子有机物成分的工业品商品主要有塑料制品、橡胶制品、皮革制品、纸张及其制品等。这些商品的主要成分是树脂、橡胶烃、蛋白质、纤维素等，这些成分都是高分子有机物。

高分子有机物根据来源不同可分为高分子有机物和合成高分子有机物。天然高分子有机物是在动植物生长过程中，通过动植物体的新陈代谢作用自然形成的。例如，皮革制品中的蛋白质就是天然高分子有机物。

合成高分子有机物是由低分子有机物通过聚合或缩合而形成的一类高分子有机物。橡胶制品中的合成橡胶和塑料制品中的合成树脂都是合成高分子有机物。合成高分子有机物在合成时所用的单体不同或生成的高分子有机物的结构不同,高分子有机物性质也有很大不同。

 知识链接

塑料制品的直观法鉴别

同一形状、结构的塑料制品,有可能采用不同的合成树脂塑料制成。用直观法进行鉴别,是日常生活中常见的方法。直观法是以各种塑料外观特征来区别和判断塑料种类的方法。

(1) 聚乙烯。白色蜡状半透明,手感有石蜡的滑腻感,质地柔韧,比水轻,能浮于水面,沸水中显著软化。

(2) 聚氯乙烯。硬塑料制品坚硬平滑,敲击时声音发闷,色泽较鲜艳;软塑料制品柔软富有弹性,薄膜透明度较高,放在水中下沉,遇冷变硬。

(3) 聚丙烯。乳白色半透明状,手感润滑无油腻感,质地硬韧。外观似聚乙烯,比聚乙烯更轻而透明,沸水中软化不显著。

(4) 聚苯乙烯。无色透明,表面较硬而有光泽,无延展性,质脆,敲击时有清脆的金属声。

(5) 有机玻璃。外观似水晶,具有塑料中最高的透明性,表面硬度差,易划痕,敲击声发闷。用柔软物摩擦制品表面,能产生芳香的水果香味。

(6) 赛璐珞。白色,半透明,质地柔软而富有弹性,有角质感,用软物摩擦制品表面有樟脑味。

(7) 电木制品。表面坚硬,质脆易碎,断面结构松散,多为深色、不透明,敲击有木板声。

(8) 电玉制品。表面坚硬,质脆易碎,但轻于电木。断面结构紧密,大都颜色半透明,有玉石之感。

(9) 密胺塑料制品。表面坚韧结实,外观似瓷器。

(资料来源:谈留芳. 商品学. 北京:科学出版社,2004.)

2. 工业品商品的组成

由单一成分组成的工业品商品很少,绝大多数的工业品商品都是由多种成分组成的。在研究工业品商品的特性时,重点应区分工业品商品的有效成分和无效成分、主要成分和辅助成分、基本成分和杂质成分。

1) 工业品商品的有效成分和无效成分

在工业品商品的效用方面,能够使商品具有使用性能的成分都是商品的有效成分,而与有效成分共存的其他成分就是无效成分。例如,在纸张中,植物纤维的纤维素成分是有效成分,而与纤维素共存的果胶质、木素质、灰分等则属于无效成分。

工业品商品的效用成分决定着工业品商品的性质。例如,以二氧化硅、氧化钠、氧化钙为主要成分的钠玻璃,其机械强度、化学稳定性和热稳定性都较差,多用于制造平板玻璃;以氧化钾取代氧化钠成分的钾玻璃,其机械强度、化学稳定性和热稳定性都较好,光泽度较高,多用于制造质量较好的日用器具和化学仪器;以二氧化硅、氧化钾、氧化铝为主要成分的铝玻璃则具有较高的折射率,光泽度较高,硬度较低,易于装饰加工,适宜制造光学仪器、雕刻工艺品和优质日用玻璃器皿。

工业品商品的效用成分含量在很大程度上决定了商品质量的高低,因此,在一些商品的标准中就规定了有效成分的含量。例如,铝制品质量高低常由有效成分铝的含量来衡量,精铝制品的纯度要求在98%以上。

工业品商品的无效成分往往是无用的,有些甚至是有害的。无效成分的存在或多或少降低了有效成分的含量。工业品商品的无效成分越多会使商品质量越差,甚至影响商品的使用效果。在一些商品质量标准中,特别对有害成分进行了极限含量规定,如化妆品卫生标准中规定砷含量不得高于 10 毫克/千克,汞含量不得高于 1 毫克/千克。

2) 工业品商品的主要成分和辅助成分

工业品商品的主要成分是指那些在商品中发挥主要作用的成分;工业品商品的辅助成分是指在商品中辅助主要成分更好发挥作用,使商品具备更全面的使用性能的成分。例如,牙膏中的摩擦剂和洗涤剂是牙膏的主要成分,摩擦剂是构成牙膏的主体,借助摩擦作用清洁牙齿;洗涤剂具有乳化、分散、悬浮和起泡沫等作用,可以清洗口腔。牙膏中的调和剂、胶着剂、甜味剂、香精及某些药物是牙膏的辅助成分,调和剂和胶着剂可以在使牙膏制成膏体方面发挥作用;甜味剂和香精可以去除洗涤剂的异味,使牙膏气味芳香;加入的某些药物可以起到预防和治疗口腔疾病的作用。

加入商品的辅助成分,既要考虑对商品本身作用的改善和提高,又要考虑商品生产的成本,以及对消费者的健康和对环境的影响等因素。例如,过去人们将磷酸盐作为合成洗衣粉重要的辅助成分,磷酸盐是一种高效助洗剂,但随着环境保护意识的增强,人们发现磷酸盐也是水体中藻类的助长剂,当水中的磷含量升高时,水质趋向富营养化,会导致各种藻类、水草大量滋生,水体缺氧会使鱼类死亡。据有关部门统计,目前我国洗涤用品仅洗衣粉一项的年消费量就在 350 万吨左右。若将合成洗衣粉中磷酸盐的平均含量按 15%计算,每年就有超过 50 万吨含磷化合物排放到地表水中,而 1 克磷就可使藻类生长 100 克。相关资料显示,我国湖泊及城市水系因含磷过多,几乎都处于富营养化状态,水质严重恶化,许多地方的水根本不能饮用。更为严重的是,由于水系磷含量增加,导致红色浮游生物爆发性繁殖,从而多次引发近海海水出现"赤潮",城市水系中出现水生植物"疯长"的现象。当前生产厂商已开始用沸石替代磷酸盐生产无磷合成洗衣粉。

3) 工业品商品的基本成分和杂质成分

对工业品商品的化学成分进行定量分析,可将商品中占绝大部分的成分称为基本成分,其他成分则称为杂质成分。有些杂质成分是无害的,甚至是有益的;有些杂质成分是有害的,甚至对商品产生很大危害。例如,硫和磷均是钢材的有害成分,硫在钢材中能够与铁化合形成熔点为 985℃的硫化铁,当钢材在 1 100~1 120℃进行锻压加工时,由于硫化铁已熔融为液体,钢在高温下的塑性显著降低,破坏了钢材的延展性,使钢材易发生断裂,产生"热脆"现象;磷在钢材中虽然能够提高钢材的强度和硬度,但能够使钢材的塑性和韧性剧烈下降,使钢材发生冷脆现象。

13.1.2 工业品商品的性质

工业品商品的性质是决定工业品商品质量的主要因素,也是确定工业品商品包装、运输、储存和使用条件的重要依据。

1. 化学性质

商品的化学性质是指商品在外界因素作用下发生化学变化的性质,商品的化学稳定性是商品化学性质的重要方面。商品的化学稳定性是指商品在外界各种因素作用下保持原有物理化学性质的能力。引起商品发生化学变化的外界因素很多,如光、热、氧、水、酸、碱及其他化学物质等。商品对以上各种因素的抵抗能力不同,表现出的化学稳定性差异也很大。表示商品化学稳定性的质量指标主要有耐水性、耐酸性、耐碱性、耐氧化、耐光性及耐气候性等。

1) 耐水性

耐水性是指商品在不同温度下,抵抗水的连续作用或间歇作用而不发生化学反应的能力。对于生产和使用过程中要经常接触水的商品,研究其耐水性非常重要。例如,保温瓶胆长期装沸水,玻璃中的一价金属硅酸盐可能发生水解,造成内胆凹凸不平,失去光泽,容易发生瓶胆内壁脱片,影响保温瓶胆的使用;窗玻璃长期与潮湿空气接触,会使玻璃中一价金属硅酸盐发生水解,造成玻璃风化,降低玻璃的透明度;纺织纤维材料要求有较高的耐水性,否则在纺织品的生产、使用和洗涤过程中会造成不利影响。

2) 耐酸性和耐碱性

酸碱度是某些商品呈酸性、碱性和中性的标志,反映了商品的质量情况及其适用性。酸碱度指溶液的酸碱性强弱程度,用溶液氢离子浓度的负对数 pH 来表示,人体 pH 变化范围通常为 0~14。溶液 pH<7 呈酸性,pH 越小,酸性越强;溶液 pH=7 呈中性;溶液 pH>7 呈碱性,pH 越小大,碱性越强。

酸碱度与人体健康有很大关系,人体的体液 pH 是维持人体正常新陈代谢的重要因素之一。人体内的一切生命活动都需要酸碱度的相对恒定,如人体动脉血液中的 pH 一般保持为 7.35~7.45,酸碱度在正常范围之内,如果 pH<7.35,表明人体发生了酸中毒;如果 pH>7.45,表明人体发生了碱中毒。

人体皮肤通常显微酸性,pH 为 4.5~6.5,酸性和碱性物质对皮肤都会产生刺激作用,甚至会腐蚀皮肤。那些与皮肤直接接触的日用化学商品,就必须严格控制其 pH,酸性或碱性都不能过强,以免对皮肤造成伤害。例如,清洁洗涤皮肤的日化商品可具有弱碱性,有利于去除油污;护肤及美容化妆品的 pH 应与皮肤接近,使皮肤适应并感到舒适。日用化学品的 pH 在其理化质量指标中一般都有明确的规定。

耐酸性和耐碱性是指商品抵抗酸或碱作用而不发生化学反应的性质。商品化学成分不同,其化学性质不同,耐酸性和耐碱性也不同。肥皂在酸性溶液中可全部水解,在碱性溶液中却很稳定,在肥皂生产中可加碱性助剂;羊毛、蚕丝织物具有较好的耐酸性而不具有耐碱性,在生产过程中,可以用酸处理含在羊毛中的草屑,在印染过程中可以用酸性染料,洗涤时也应选择中性或弱酸性洗涤剂;棉、麻耐酸性较差,印染应选择碱性染料,洗涤时也应选择碱性洗涤剂。

大多数金属制品的耐酸性都较差,在使用过程中应尽量避免与酸接触。但在生产过程中,可利用酸洗的方法去除金属制品表面的锈斑,进行电镀处理,预防在使用过程中的锈蚀现象;对于既不耐酸又不耐碱的铝制品,在生产过程中需要进行表面处理,往往利用酸或碱的作用完成工艺过程。将铝制品作为阳极,以硫酸、铬酸、草酸等为电解液,采用电解的方法使其表面形成致密的氧化铝薄膜,可改变铝制品的表面状态和性能。例如,在铝制品的表面着色,可提高其耐腐蚀性,增强耐磨性及表面硬度等。

3) 耐氧化、耐光性、耐气候性

工业品商品在生产、储存和使用过程中,常常会受到空气中的氧、日光及气候等因素的作用和影响,使商品成分发生变化,导致商品质量下降,甚至缩短使用寿命。例如,棉纤维、羊毛、蚕丝等天然纤维直接受到日光曝晒,会使纤维强度下降,特别是丝绸制品如果在日光下曝晒 200 小时，其强度会下降 50%。因此，在保管、销售和使用天然纤维织物中，应尽量避免日光的直接照射；塑料、橡胶、合成纤维等高分子材料制品，在光、热、氧等因素的作用和影响下，会发生色变、脆裂、僵硬、发黏等现象，会逐渐失去原有的优良性能，以至于丧失使用价值，这种变化就是老化。在加工、储存和使用高分子材料制品时，应采取有效措施，避免和减少氧、日光、高温等因素的作用和影响，延缓高分子材料制品的老化进程，延长商品的使用寿命。

2. 物理性质

商品的物理性质是指商品在外界因素作用下所表现出的物理特性。各类商品都有其特定的物理特性，与工业品商品使用价值关系密切的商品物理性质有物理状态、重量、导热性、耐热性、吸湿性、透气性、透湿性、透水性、颜色和光泽等。

1) 物理状态

商品的物理状态主要是指商品存在固态、液态和气态这三种状态，也就是通常所说的物质的三态。物质在一定压力条件下，随着温度的变化，其物理状态也会发生变化。当温度升高原来固态的物质会逐渐变为液态，这一过程被称为熔化；随着温度的继续升高，液态会变为气态，这一过程被称为汽化；还有的物质加热后不经过液态阶段，直接转变为气态，这就是升华现象；当温度下降原来气态的物质会变为液态，这一过程被称为凝结或液化；随着温度的继续下降，液态会变为固态，这一过程被称为凝固。商品固有物理状态发生变化，一般意味着质量降低，使用价值甚至会丧失，如蜡烛熔化、墨汁冻结、护肤脂膏熔化等。

构成固体的微粒能量较小，一般只能在其平衡位置附近振动，固体商品在常温下的形状和尺寸都较为稳定。固体物质不同在状态转变过程中所需要的温度也不同，晶体固态物质在熔化或凝固过程中温度是不变的，晶体熔解时的温度称为熔点，凝固成晶体时的温度称为凝固点；非晶体固态物质在熔化或凝固过程中温度是变化的，没有固定的熔化温度或凝固温度，如松香、石蜡、玻璃、塑料等。掌握商品的熔点和凝固点，对于商品的保管和使用，以及判断商品的成分和质量都具有重要的意义。

构成液体的微粒能量较大，不仅可以在一个位置附近振动，还可以移动，甚至脱离液体界面。液态商品没有固定形状，具有流动性和挥发性，这使液态商品较易发生渗透和泄漏现象，容易造成液体商品损失，降低商品质量。液体商品有较大的热膨胀性和较小的可压缩性，在密闭容器内，当温度上升时，液体商品会膨胀，对容器壁产生较大的压力，有时会造成包装容器破裂，这对液体商品包装提出了较高的技术要求。

2) 重量

重量是指商品的轻重。重量在一定程度上可以反映某些商品的质量，如纸张、皮革、合成洗衣粉等。常见的商品重量指标有密度、表观密度、平方米重，通常在商品标准中对这些重量指标都有规定。

密度是指物体重量与其体积的比。单一致密材料制成的商品均具有固定的密度，一般用单位立方厘米的重量来表示，如果商品的密度不符，可说明商品可能存在成分不纯或内部有孔洞缺陷。

表观密度是指物体在自然干燥状态下单位容积内的重量。多孔性商品的重量多用表观密度来表示，可反映商品的多空程度，如 I 类合成洗衣粉要求≤0.42 克/立方厘米；II 类合成洗衣粉要求≤0.42 克/立方厘米；III 类合成洗衣粉要求≤0.75 克/立方厘米。

平方米重是指每平方米面积商品的重量，主要用于表述片状材料商品的性能，可以评价某些商品的质量，判断材料的优劣，如铝制品材质的品质等。

3) 导热性

商品传递热能的性质称为导热性。商品的导热性主要与成分和结构有关。金属材料的导热性较好，是热的良导体，而非金属材料往往是热的不良导体。例如，铁和铝导热性良好，常用来制作烹饪器具，而皮革、纺织品属于热的不良导体，常用于制作穿着用品，能够保持人的体温。蓬松中空的纤维材料，充满大量静止的空气，有效减少了热的传导，具有良好的保暖性，但如果纤维材料空隙较大，空气对流热量也容易散发；冬季的防寒服装多用棉、毛或腈纶纤维作为填充材料，有利于保暖，夏季的服装多采用轻薄透气的面料，有利于散热，使人感到凉爽。塑料、玻璃等导热性也较差，可用作隔热保温材料。

商品的导热性还与表面颜色有一定关系。白色等浅色系具有较强的反射阳光的作用，可有效降低热能辐射，夏季穿着白色或浅色服装较为舒适；深色具有较强吸收阳光的作用，冬季适宜穿着颜色较深的服装。

商品种类不同，导热性的表示方法也不同。金属材料制品用比热容表示；纺织品和其他材料多用导热系数表示。

4) 耐热性

商品的耐热性又称为热稳定性，是指商品在温度发生急剧变化条件下，而不致破坏或保持性质不变的能力。商品的耐热性与导热性及膨胀系数有关。导热性大而膨胀系数小的商品，其耐热性就好，如金属制品等；导热性差而膨胀系数大的商品，其耐热性就差，在温度急剧变化的情况下，商品易受到破坏，如装有开水的玻璃器皿，遇到凉水有时会发生炸裂现象，使玻璃器皿损坏。

玻璃、陶瓷制品导热性较差，温度变化时传热较慢，以至于各部分膨胀不均匀，容易发生破裂现象，特别在遇到骤冷时极易发生破裂。这类制品的耐热性一般用经受急剧温度变化而不破裂的最大温度差来表示。

一些商品在温度发生变化时，其成分和结构会发生变化而导致性质发生改变，如塑料、橡胶、纤维制品等。聚氯乙烯塑料制品在温度超过60℃后会发软、发黏、强度下降，温度低于10℃后则会变硬、发脆；温度超过100℃，作用48小时后，羊毛织物会分解释放出氨和硫化氢。这类商品的耐热性一般用一定温度下强度随时间而降低的百分率表示。并不是所有纤维的耐热性都很差，实验表明，涤纶织物具有较好的耐热性，在150℃时，作用168小时，其颜色不变，强度下降不超过30%，作用时间延长至1 000小时，其颜色才稍微发生变化，强度下降也不超过50%。

5) 吸湿性

商品的吸湿性是指商品吸收水分和放出水分的性质。具有吸湿性的商品在潮湿环境中能够吸收水分，在干燥环境中能够放出水分，其含水量会随着外界温度的变换而发生变化，商品吸湿性越强，含水量变化范围越大。

商品中的水分可分为两种类型：一种类型是结合水；另一种类型是自由水。结合水是指商品体内与其他成分发生化学反应，形成了新的化合物，这时商品体内所含的水就是结合水，也称为结构水。例如，在仓库中用生石灰作为吸潮剂，在吸潮后变成的熟石灰就含有结构水。如果物质的晶体内包含水分，这种结合水称为结晶水。如果水分与商品体内的有机物中的亲水基团以氢键的形式结合而存在，这种结合水称为胶体结合水；自由水也就是游离水，这种水分商品可以吸附或扩散，商品体表面的水分称为吸附水，水分通过商品体细微的毛细管作用向内部扩散，达到商品的分子间时，这种水分称为吸收水。自由水具有水的各种特性，可以使储存的商品重量发生变化，低温时可能会造成商品的冻害，较高温度时也可能给霉腐微生物活动提供条件，造成商品霉腐变质。

商品的吸湿性与商品的成分、结构、表面积及外界温湿度都有关系。商品按照吸湿性的强弱可分为宜溶性商品、吸湿性大商品和吸湿性小商品。宜溶性商品在潮湿环境下，易大量地吸收水分，先是表面吸附，进一步发生商品的糊化或溶解，会严重影响商品质量，如肥皂、碱等商品。吸湿性大商品具有较大的表面积，商品体含有亲水基团，在温湿度变化时含水量的变化很大，会使商品的外形、重量、体积和强度等都发生相应的变化，如纸张、皮革等商品，对这类商品需要注意吸湿性对其质量的影响。吸湿性小商品往往表面光滑，结构紧密，仅表面有吸附一些水分的能力，一般吸湿性很小，如玻璃、金属制品等。

商品吸湿的过程中，既有商品体表面吸附水分子的过程，也有水分子转变为气相，从商品体表面解吸脱离的过程。当单位时间内吸附和解吸的水分子数相等时，就达到了吸湿的动态平衡状态，商品的含水量就相对稳定。当外界环境温湿度发生改变，又会发生吸湿的动态平衡移动。外界温度升高，会使气相增高而使水分子增强解吸功能，加快解吸速度，促使吸湿平衡向解吸方向移动；外界相对湿度增高，又会加速吸湿性进行，促使吸湿平衡向吸附水分子的方向移动。

商品吸湿性通常用含水率或吸湿率(也称为回潮率)表示。商品含水率是指在一定条件下，商品中的水分含量占商品重量的百分率；商品吸湿率是指商品水分含量占商品干燥重量的百分率，计算公式为

$$商品含水率 = \frac{商品含水量}{商品重量} \times 100\%$$

$$商品吸湿率 = \frac{商品含水量}{商品重量 - 商品含水量} \times 100\%$$

掌握商品吸湿性有利于对商品使用性能的了解和对商品实际重量的计算，可发现商品吸湿性的变化，有利于对不同商品采取针对性的保管和养护措施。

 小贴士

棉花回潮率

棉花回潮率是指棉花中所含的水分与干纤维重量的百分比。回潮率与含水率不同，含水率是指棉花中所含的水分与湿纤维重量的百分比。国家标准规定，棉花公定回潮率为 8.5%，回潮率最高限度为 10%。具体计算公式为

$$回潮率 = \frac{湿纤维重量 - 干纤维重量}{干纤维重量} \times 100\%$$

实际工作中回潮率是用电测器法测定的。

(资料来源：http://baike.baidu.com/view/971715.htm.)

6) 透气性、透湿性和透水性

透气性是指商品能够被空气透过的性质。透湿性是指商品能够被水汽透过的性质。透

水性是指商品能够被水透过的性质。商品透气性、透湿性和透水性的大小，主要决定于商品的成分和结构。多孔性材料及纤维制品都具有较好的透气性、透湿性和透水性，如皮革制品、纺织品、服装、鞋帽等商品。商品成分中含亲水基团或具有微孔结构，商品吸湿性就好。商品透气性、透湿性和透水性与商品吸湿性有很大关系，商品吸湿性大，则商品透气性、透湿性和透水性也大，反之则小。若商品组织结构紧密，商品透水性可能较小，但透气性、透湿性可能较好，凡是透水性较好的商品，透气性、透湿性都较好，而透气性、透湿性都较好的商品不一定透水。

商品用途不同，对透气性、透湿性和透水性的要求也不同。对于服装商品要求透气、透湿，符合服装的穿着卫生要求。鞋、帽、袜等商品也都要求有适当的透气、透湿性，以利于人体汗液等较快散发。有些商品由于特殊用途，要求有良好的透气、透湿性，还要有良好的不透水性，如雨衣、防雨布、胶鞋等。对包装用的防潮材料要求有良好的不透水性和不透湿性，能够起到很好的防潮效果。

7) 颜色与光泽

商品的颜色与光泽是重要的外观性质，虽然在商品标准中并没有很明确的规定，但实际上却受到消费者的格外重视，不同的消费者由于偏好不同，对商品的颜色与光泽也有不同的需求，并随着时间的变化而变化。

当商品被光照射时，可能会发生反射、折射、吸收和透过四种现象。日光是由紫、蓝、青、绿、黄、橙、红光混合而成的可见光。商品能够吸收日光中的某些波长的光，反射或透过其余波长的光。商品所呈现的颜色就是被反射或透过光的混合色。例如，商品只吸收红光，其颜色就是它不吸收的其他各种波长光的混合色——蓝光；商品将各种波长光全部吸收，呈现黑色；商品全部反射可见光，则呈现白色；商品透过可见光，则呈现透明状态，透过的可见光比例越大，则透明度越高。

灯光与日光有区别。白炽灯光的黄光较多，蓝光较少，在白炽灯下看商品颜色会与在日光下有所不同，如黄色较浓、红色泛黄、蓝色泛绿、藏青色发黑等。日光灯的光谱接近日光，在日光灯下看商品，能够较准确显示商品的颜色。

光泽是指商品被光照射后的反光现象。商品的光泽主要决定于商品表面的光滑程度。商品光滑的表面使光的反射向着同一方向，类似镜面反射，可呈现良好的光泽；表面粗糙的商品，对光发生漫反射，使商品缺乏光泽。光泽好的商品颜色鲜明，无光泽的商品颜色深暗，且显陈旧。

3. 机械性质

商品的机械性质是指商品受到外力作用表现出来的性质。商品的机械性质决定了商品在使用过程中，受外力作用是否变形和坚固耐用。这也与商品生产工艺、包装、储运等有着十分密切的关系。

1) 弹性与塑性

物体在受到外力作用时会发生变形，变形有两大类：一类是弹性变形，一类是塑性变形。弹性变形又称为可复原变形或暂时变形，是指物体受到外力作用产生变形，当去掉外力后，物体能够自动回复原来的形状和尺寸。物体具有弹性变形的性质称为弹性，具有弹性的物体称为弹性体。塑性变形也称为不可复原变形或永久变形，是指物体受到外力作用产生变形，去掉外力后，物体不能自动回复原来的形状和尺寸。物体具有塑性变形的性质称为塑性，具有塑性的物体称为塑性体。

弹性和塑性一般用以下公式表示：

$$弹性(\%)=\frac{L_2}{L_2+L_3}\times 100\%=\frac{L_2}{L_1-L}\times 100\%$$

$$塑性(\%)=\frac{L_3}{L_2+L_3}\times 100\%=\frac{L_3}{L_1-L}\times 100\%$$

其中：L 是物体的长度；L_1 是物体拉伸后的长度；L_2 是伸长的长度中所回缩的长度；L_3 是伸长的长度中所不回缩的长度。

物体承受外力作用是有一定限度的，在这个限度以内，物体能够恢复原来的形状和尺寸，超过这个限度，物体就不能恢复原来的形状和尺寸，甚至遭到破坏，这个限度就是物体的弹性限度。

弹性体和塑性体是相对而言的，只具有弹性变形或只具有塑性变形的物体是没有的，在温度和其他条件变化时，物体的弹性或塑性是会相应发生变化的。例如，玻璃、钢材、塑料在常温常压下是有一定弹性的弹性体，而温度升高到状态时，它们均具有良好的塑性；橡胶在常温常压下有很好的弹性，是典型的弹性体，当温度升高到一定温度时，就变成脆硬的塑性体。

商品的变性除与商品本身成分、温度、压力、外力等因素有关外，还与有些商品的组织结构有关，如多孔性商品、纺织品、纸张、皮革制品等，这些商品组织结构形态不同，其变性特征也不相同。例如，针织物中的螺纹布的弹性比汗布的大；机织物中的斜纹布和缎纹布的弹性比平纹布的大。

商品的弹性和塑性及其变化规律与商品的生产和使用也有密切关系。在商品生产中，常利用商品的弹性和塑性的相互变化进行加工制造。对多数商品来说，弹性与塑性的大小关系到商品在储存和使用过程中是否容易变形损坏，是否坚固耐用。商品的弹性和塑性是商品质量的重要指标。

2) 强度

强度是指物体抵抗外力作用而保持形态完整的能力。强度是表示商品坚固耐用性的重要指标。施加在商品体使其变形的外力称为负荷，也称为荷重。按照作用方式，可分为拉伸负荷、压缩负荷、弯曲负荷、剪切负荷等。按照作用时间，可分为永久负荷和暂时负荷。按照受力面积，可分为分布负荷和集中负荷，分布负荷是指作用于物体整个表面的力，而集中负荷是指作用于物体有限部分的力。按照作用力的变化情况，可分为不变负荷和交变负荷，不变负荷是指作用于物体上的力大小保持不变，如吊灯绳链上受到的力；交变负荷是指作用于物体上的力大小会不断发生变化，如人行走时鞋底受到的力。按照作用性质，负荷又可分为动负荷和静负荷，动负荷是突然而迅速作用于商品体的外力，静负荷是指缓慢而逐渐作用于商品体的外力。动负荷对商品体的作用比静负荷强烈，速度快，破坏力大。商品抵抗静负荷的能力高于抵抗动负荷的能力，静负荷虽然不至于使商品立即破坏，但随着作用时间增长，也可以使商品发生变形而损坏。

商品在外力作用下，都会发生或大或小的变形，同时内部会产生抵抗变形和保持形态完整的抵抗力，这种抵抗力称为应力。一般来说，随着外力增加，形变就会增加，应力也会相应增加，当应力与外力达到平衡时，形变停止。如果外力继续增加，形变也会继续增加，应力同样会继续增加，当应力增加到应力极限时，商品就会遭到破坏。

不同成分的商品，具有不同的强度。同一成分的商品，如果结构不同，强度也不相同。如果商品是均匀的无定形体，则各方向的强度相近似，称其强度具有各向同性，而很多商品因结构特点，其强度具有各向异同性，如聚丙烯薄膜绳，其纵向强度远远大于横向强度。

各种商品的用途和使用条件不同，商品在使用过程中所承受力的形式不同，强度对商品有着不同的影响。能普遍反映商品坚固耐用性的强度指标主要有抗张强度、抗弯曲强度、抗磨强度、硬度、抗疲劳强度等。

(1) 抗张强度。是指商品抵抗拉伸负荷的能力。拉伸负荷是商品在生产、使用过程中经常遇到的外力，商品在承受拉伸负荷的同时，产生相应的拉伸应力，当所承受的负荷超过抗张强度时，商品就发生破裂。影响商品抗张强度的主要因素是成分、结构及生产工艺。抗张强度是许多商品的重要质量指标，如纺织纤维、纺织品、纸张、皮革、塑料、橡胶、金属材料等，测定其抗张强度是评定其质量的重要依据。

(2) 抗弯曲强度。是指商品抵抗弯曲负荷的能力。当商品承受弯曲负荷时，商品出现弯曲变形，使商品外层拉伸内层压缩，商品内部会产生各种不同的位移和应力。有些商品脆性较大，抗弯曲强度较低，当弯曲负荷超过抗弯曲强度和抗压强度时，商品就发生脆裂。

(3) 抗磨强度。又称为耐磨度，是指商品抵抗外界物体摩擦的能力。抗磨强度与商品的硬度基本一致，一般较硬物体的抗磨强度也比较高。

(4) 硬度。是指商品抵抗较硬物体对其压入的能力。硬度与商品的成分和结构有关。商品成分不同，其硬度差异很大，如金属制品比绝大多数塑料、橡胶制品的硬度大。又如，以聚氯乙烯为主要成分的塑料制品，因其组成中的辅助成分及结构不同，有的很柔软，有的很坚硬。当加入增塑剂和发泡剂时，塑料制品就具有柔软性和多孔性；当加入增强材料时，塑料制品就具有较强的硬度和强度。

(5) 抗疲劳强度。是指商品抵抗外力重复作用的能力。商品在使用过程中，经常会受到外力的重复作用，它的各种强度会逐渐降低，这就是强度的疲劳现象。商品在承受各种外力作用后，虽然未达到完全破坏的程度，但一些部位会产生裂纹，如受到外力反复作用，旧的裂纹会扩大，新的裂纹会增加，新旧裂纹汇集，就会导致商品强度显著下降，直至完全破坏。商品疲劳现象出现的早晚，与商品所受外力的大小、性质和作用时间有直接关系。一般外力愈大，作用时间愈长，负荷愈大，商品疲劳现象发生的愈快。

13.2 食品商品的特性

13.2.1 食品商品的营养成分

食品商品的营养成分又称营养素，是食品商品中包含的主要化学成分，包括碳水化合物、蛋白质、脂肪、维生素、矿物质和水分等。食品的营养成分决定了食品的营养价值，同时，食品的营养成分也受到食品的质量和质量变化的影响。

1. 碳水化合物

1) 碳水化合物的营养价值

(1) 供给能量。碳水化合物是人体最主要、最经济及最快的热能来源。碳水化合物主要是糖类，在人体内产生的热量大约为 4.1 千卡/克。虽然糖类产生的热量比同样重量的脂肪产生的热量少，但一般富含碳水化合物的食品都比较经济，而且食用不会产生油腻感，并且碳水化合物能够较快释放热能，在短时间能够提供大量热能。长时间的能量消耗后，在糖供给充足时，先由糖提供能量，糖消耗后人体才动用脂肪提供能量。

(2) 构成物质。人体所有的神经组织和细胞核中都含有糖类。核糖和脱氧核糖是核酸和核蛋白的必要成分，细胞间质及结缔组织中含有大量的黏多糖等糖类物质。

(3) 调节生理。糖在人体内具有生理调节作用，主要表现在调节脂肪代谢和减少蛋白质氧化的作用。脂肪在人体内的代谢需要碳水化合物的存在，当饮食中提供的糖类不足时，人体活动需要的热量就会从氧化脂肪和蛋白质中获取，而氧化蛋白质获取热量是对人体健康不利的。人体摄入充足的糖类，就可以减少蛋白质的氧化。

2) 糖的分类

糖是由碳、氢、氧三种元素组成的多羟基醛或多羟基酮。根据糖的结构不同，可将它们分为单糖、双糖和多糖三类。

(1) 单糖。是不能被水解的简单糖类。单糖根据碳原子数不同又可分为戊糖和己糖，戊糖不能被人体利用，而己糖可以被人体利用。戊糖分子含有五个碳原子，如核糖、木糖、阿拉伯糖等。己糖含有六个碳原子，如葡萄糖、果糖、半乳糖等。葡萄糖广泛存在于食品中，以葡萄和苹果中含量最多；果糖广泛存在于瓜果中，蜂蜜中含量也较多；半乳糖在食品中以游离形式存在的很少，乳品中的乳糖经水解后产生半乳糖。乳糖是人体吸收最快的糖类，并能够帮助人体对钙吸收。

(2) 双糖。是由两个单糖分子缩合而成的糖类，如蔗糖、麦芽糖、乳糖等。蔗糖分子是由一分子葡萄糖和一分子果糖缩合而成的。蔗糖广泛用于食品中，是食糖的主要成分，因最早发现在甘蔗中而得名。麦芽糖是由两个分子的葡萄糖缩合而成的，最初因利用麦芽中的酶水解淀粉得到而得名。乳糖是由一分子半乳糖和一分子葡萄糖缩合而成的，比较容易被人体消化吸收。

(3) 多糖。是由许多单糖分子缩合而成的糖类，如淀粉、糖原、半纤维素、纤维素和果胶质等。淀粉由大量葡萄糖分子缩合而成，聚合度一般为 100～6 000。根据结构不同，淀粉又可以分为直链淀粉和支链淀粉。直链淀粉是由葡萄糖分子组成的直链状化合物，遇碘会呈蓝色，黏性较小，粳米、面粉、高粱中含量较多；支链淀粉也是由葡萄糖分子组成的，分子较大，有分支，遇碘会呈蓝紫色，黏性较大，糯米、糯高粱中含量较多。糖原也由许多葡萄糖分子缩合而成，支链较多、较密、较短，主要存在于动物的肝脏和肌肉中。人体吸收的单糖，除了正常的热能消耗外，多余部分转化为糖原储藏在肝脏和肌肉中，当人体热量供应不足时，糖原就分解产生热量，并产生乳酸，肌肉长时间运动后感到酸痛就是乳酸的作用。粗纤维是指纤维素和半纤维素，它们是植物细胞壁的主要成分。人体没有相应的水解酶，粗纤维较难消化，适当食用粗纤维能够加快肠胃蠕动，有助于肠胃对食物的消化吸收，有助于废物排泄，对预防阑尾炎、肠癌、冠心病和糖尿病等有一定效果。

 小思考

麦 芽 糖

这蜿蜒的微笑拥抱山丘溪流跟风唱起歌
我像田园诗人般解读眼前的生活
麦田弯腰低头在垂钓温柔这整座山谷都是风笛手
我在哑口聆听传说跟着童话故事走
远方的风车 远距离诉说

那幸福在深秋 满满的被收割
老仓库的角落
我们数着 一麻袋的爱跟快乐
初恋的颜色
我牵着你的手经过种麦芽糖的山坡
香浓的诱惑 你脸颊微热
吐气在我的耳朵
摘下麦芽糖熟透 我醒来还笑着
开心的 被粘手
我满嘴 都是糖果
牵着你的手经过种麦芽糖的山坡
甜蜜的四周 我低头害羞
我们愉快的梦游
我在草地上喝着
麦芽糖酿的酒
鲜嫩的 小时候
我好想 再咬一口
……
我满嘴 都是糖果
我好想 再咬一口

【点评】 流行歌曲《麦芽糖》通过描述人们日常最简单的小食品麦芽糖回忆了过去美好甜蜜的生活。简单的物质能够带来甜蜜的生活，今天物质的极大丰富是否一定带给人们甜蜜的生活呢？

2. 蛋白质

1) 蛋白质的营养价值与生理功能

(1) 构成人体组织，促进生长发育。人体除水分外，几乎一半以上由蛋白质构成，蛋白质主要存在于骨骼、肌肉和皮肤中，约占70%。细胞结构中蛋白质约占1/3，肌肉中蛋白质约占干物质的80%，血液中蛋白质占干物质的90%以上。可以看出，蛋白质是构成人体组织的基础。人体摄取的食物中缺乏某种必需氨基酸，将影响其他氨基酸的利用，使蛋白质合成发生障碍，出现负氮平衡。如果人体处于这种情况，就会营养不良，生长发育就会停滞。

(2) 提供人体需要的部分能量。人体从食物中摄取的能量不足或人体急需的热量不能及时提供时，蛋白质能够氧化产生热量供人体需要。每克蛋白质能够在人体内产生17.2千焦耳的热量，人类每天需要的热量约14%是蛋白质提供的，当从食物中摄取的蛋白质超过人体所需时，多余部分就会转变为糖原和脂肪在人体储备起来或分解提供人体所需的热能。

(3) 修补更新人体内各种组织。人体组织的新陈代谢主要依靠蛋白质参与完成，对人体内各种组织进行修补和更新。人体内全部蛋白质每天约3%左右需要进行更新，肝脏内的蛋白质每10天就要更新一次，肌肉组织的蛋白质每180天就要更新一次，人体组织离不开蛋白质。

(4) 具有特殊的生理功能。人体内的各种蛋白质具有不同的特殊生理功能。例如，人体内的酶具有催化作用，激素具有生理调节作用；具有免疫作用的球蛋白(抗体)有免疫作用；血红蛋白具有运载作用；核蛋白具有遗传功能；肌纤凝蛋白具有收缩功能；胶原蛋白具有支架作用等。

负 氮 平 衡

负氮平衡是指人体摄入氮小于排出氮的状态,即所食氮量少于排泄物中的氮量。这表明体内蛋白质的合成量小于分解量,慢性消耗性疾病、组织创伤和饥饿等就属于这种情况。蛋白质摄入不足,就会导致身体消瘦,对疾病的抵抗力降低,伤口难以愈合等,当摄入的氨基酸少于消耗的氨基酸时,将出现如营养不良、腰酸背痛、头昏目眩、体弱多病、代谢功能衰退等症状。

2) 蛋白质的组成结构与分类

(1) 蛋白质的组成。蛋白质一般是由碳、氢、氧、氮四种主要元素组成。有些蛋白质含有少量的磷,有些蛋白质还含有铁、铜、锰、锌、钴、钼、碘等元素。蛋白质的种类不同,所含元素的组成和比例也不相同。其中,氮的比例相对比较稳定,一般约占干物质的16%左右。对食品中蛋白质含量的测定,往往是检测其中的含氮量,以推断蛋白质含量。

(2) 蛋白质的结构。氨基酸是构成蛋白质的基本单元,蛋白质在人体内经蛋白质水解酶分解成为氨基酸后才能被吸收。氨基酸是含有氨基(—NH_2)和羧基(—COOH)的一类低分子有机化合物。蛋白质是含有许多肽键的含氮高分子化合物,其中的肽键是由一个氨基酸的羧基和另外一个氨基酸的氨基相互缩合脱水形成的键,肽键将许多氨基酸连接成为较长的多肽键,这种多肽键就是蛋白质的基本结构。氨基酸又分为必需氨基酸和非必需氨基酸,必需氨基酸是指人体内不能够自己合成,或合成速度不能满足需要,其需要量又较多的氨基酸,如色氨酸、赖氨酸、苯丙氨酸、亮氨酸、异亮氨酸、苏氨酸、蛋氨酸、缬氨酸、组氨酸、精氨酸等;非必需氨基酸是指可以在人体内合成,或者可以由其他氨基酸转变而成的氨基酸。

(3) 蛋白质的分类。蛋白质可分为完全蛋白质和非完全蛋白质两类。完全蛋白质是指所含必需氨基酸种类齐全、数量充足、比例恰当又符合于合成人体蛋白质需要的蛋白质,这种蛋白质营养价值高。非完全蛋白质是指所含必需氨基酸种类不齐全的蛋白质,这种蛋白质如果长期摄入不仅不能维持人体正常生长发育,也不能维持生命。来自动物食品的蛋白质大多属于完全蛋白质,来自植物食品的蛋白质大多属于非完全蛋白质。大豆蛋白质是植物蛋白质中唯一的完全蛋白质,除蛋氨酸含量稍低外,其他氨基酸种类比较齐全,营养价值较高。豆制品中不含胆固醇,易于消化,可以有效预防冠心病,是很好的营养食品。

3) 蛋白质的主要性质

(1) 蛋白质的水解。蛋白质在酸或碱的条件下,会发生水解,破坏部分氨基酸,产生深色有臭味的物质。蛋白质在酶的作用下水解,不会破坏氨基酸,并能够产生具有一定色、香、味的中间物质。食品中各种调味品都是利用酶水解蛋白质原料生产的,如酱油、酱类、豆豉、豆腐乳等。

(2) 蛋白质的等电点。蛋白质属于两性化合物,含有酸性的羧基和碱性的氨基,在酸性介质中能形成带正电荷的离子,在碱性介质中能形成带负电荷的离子。蛋白质分子所含的羧基和氨基数目不同,产生的正负离子数也不相同。如果在蛋白质溶液中加入酸增加正离子或加入碱增加负离子,使蛋白质溶液中正负离子数完全相等,总电荷为零,这时的溶液 pH 就成为蛋白质的等电点。在等电点时蛋白质的溶解度、黏度、渗透压、膨胀性、稳定性等均达到最低限度,在食品加工和储藏过程中经常会利用这一性质。

(3) 蛋白质的胶体性质。蛋白质的分子大小为 $10^{-9} \sim 10^{-7}$ 米,在水中能形成胶体溶液。蛋白质颗粒表面大多为亲水基团,可吸引水分子,使颗粒表面形成一层水化膜,阻断蛋白质颗粒的相互聚集,防止溶液中蛋白质的沉淀析出。蛋白质表面带有同种电荷,同种电荷相互排斥,同样阻止蛋白质颗粒相互聚集发生沉淀。这两种因素使蛋白质在水中形成了比较稳定的胶体溶液。如果将上述因素破坏,蛋白质在水中就可能发生沉淀。生产生活中常利用蛋白质胶体性质沉淀或分离蛋白质。豆腐、肉皮冻等食物的制作就是利用蛋白质的胶体性质。

(4) 蛋白质的变性。是指天然蛋白质在物流和化学因素作用下,分子内部原有的规则性、有序性的空间立体结构变为无序的构造,使蛋白质原有的性质部分或全部丧失。使蛋白质变性的物理因素有干燥、脱水、加热、冷冻、振荡、辐照、超声波等;使蛋白质变性的化学因素有强酸、强碱、脱水剂、沉淀剂等。食品在加工、烹饪和储存过程中,都会因物理化学因素而变性,如制作豆腐、松花蛋等。

3. 脂肪

1) 脂肪的营养价值

(1) 供给能量,保持体温。脂肪是人体营养成分中产热量最高的成分,约为 9 千卡/克,是糖和蛋白质的两倍多。脂肪的主要生理功能就是供给热量,脂肪发热量高,在人体内储存占体积小,储藏量大。脂肪不易导热,皮下脂肪能够有效防止体内热量散失,在寒冷环境中有利于保持体温。

(2) 构成机体组织,保护组织免受伤害。一般人体的脂肪约占体重的 10%~20%,肥胖人脂肪会更多些。脂肪具有一定的弹性,可缓和机械冲击,填充内脏器官,使各器官保持一定位置,有效保护组织器官及神经免受伤害。

(3) 储存能量。糖原在体内储存是有限的,正常情况下肝脏只能储存 100 克糖原,当饮食中提供的糖类和蛋白质超过了人体需要数量时,多余部分就会转变为脂肪储存在体内。

(4) 促进脂溶性维生素吸收。脂溶性维生素不溶于水,只能溶于脂肪,只有在脂肪存在情况下才能被吸收。当人体出现脂类吸收障碍时,常伴有脂溶性维生素缺乏。

2) 脂肪的组成

脂肪主要由碳、氢、氧三种元素组成。纯净的脂肪是由一分子甘油和三分子脂肪酸缩合而成的甘油三酯。脂肪包括动物脂肪和植物油两大类,通常将含有饱和脂肪酸较多的固体脂肪称为脂,含有不饱和脂肪酸较多的液体脂肪称为油。动物脂肪在常温下为固态称为脂,而植物油在常温下为液态称为油。

此外,脂肪中的脂类包括磷脂和固醇。磷脂是一种甘油酯,其成分除了甘油和脂肪酸外,还有磷酸和有机碱。磷脂是一种很好的乳化剂,有助于人体对脂肪的消化。蛋黄中含有较多的磷脂,动物的其他组织中含有磷脂,粗制植物油中都含有磷脂,动物脂肪中含量较少;固醇在动植物脂肪中都存在,在植物油中存在的是植物固醇,如谷固醇、麦角固醇和都固醇等,在动物脂肪中存在的是动物固醇。固醇都不溶于水,人体中的胆固醇参与代谢作用和调节水分,人体血液中都含有一定的胆固醇。人体中的胆固醇 75%左右是肝脏合成的,25%左右来自食物摄取。当食物中摄取的胆固醇较多,血液中胆固醇超过正常数值,就会在血管壁上沉积下来,造成动脉粥样硬化,血压升高,还容易引起冠心病。控制饮食中胆固醇摄取,增加维生素 C 和粗纤维,对降低血液中胆固醇含量有较好效果。

3) 脂肪酸的分类

(1) 饱和脂肪酸和不饱和脂肪酸。饱和脂肪酸是指分子结构式中不含有双键的脂肪酸，按碳链上碳原子的数目多少又分为低级饱和脂肪酸和高级饱和脂肪酸(10个以上碳原子)，如软脂酸、硬脂酸和花生酸；不饱和脂肪酸是指分子结构式中含有双键的脂肪酸，如油酸、亚油酸和亚麻酸等。

(2) 必需脂肪酸和非必需脂肪酸。必需脂肪酸是指在人体内有特殊生理功能，在人体内不能合成，必须每天从食物中摄取的不饱和脂肪酸，如亚油酸、亚麻酸、花生四烯酸等。必需脂肪酸是组织细胞的组分，还与人体代谢有密切关系，主要来自植物油。非必需脂肪酸是指人体内可以合成而不必每天从食物中摄取的脂肪酸，如油酸、软脂酸和硬脂酸等。

4) 脂肪的性质

(1) 物理性质。纯净的脂肪是无色无味的，天然脂肪带有的颜色主要是由脂肪中脂溶性维生素所致，其气味是由非脂成分及低脂酸造成的；油脂有一定黏度，这与油脂的组成有关。长链脂肪酸比例大的脂肪黏度大，不饱和脂肪酸比例高的黏度低，植物油的黏度就比动物脂小。脂肪的密度一般均小于1，密度与其分子量的大小成反比，与不饱和度成正比。植物油的比重略大于动物脂。脂肪不溶于水，可溶于乙醚、丙酮、氯仿及热乙醇等非极性溶剂。油脂的熔点与脂肪酸的碳链长短和不饱和程度有关，碳链长则熔点高，不饱和程度高则熔点低。脂肪都有一定的折光率，脂肪酸碳链长，不饱和程度高，则折光率就高。

(2) 化学性质。脂肪在酸、碱和酶的作用下，能够发生水解反应，生成甘油和游离脂肪酸。游离脂肪酸的含量常用酸价表示，酸价是指中和1克脂肪中游离脂肪酸所需氢氧化钾的毫克数，是鉴定脂肪新鲜程度的重要指标。酸价高则表明脂肪中的游离水含量高，脂肪不新鲜；植物油中的不饱和脂肪酸在催化剂作用下，与氢发生加成反应，称为氢化。氢化后形成饱和脂肪酸，提高了熔点，在常温下由液体变为固体的脂，这种脂也称为氢化油或硬化脂，化学稳定性较好，体积缩小，便于储藏运输。选用优质植物油，经过轻度氢化，并加入奶油香料、乳化剂等就可以制成人造奶油。油脂中的不饱和脂肪酸在空气中受氧的作用氧化分解成低级脂肪酸和醛、酮等，有酸臭味，这种现象称为油脂的氧化腐败。

 知识链接

肥胖的危害

肥胖不仅影响形体美，而且给生活带来不便，更重要的是容易引起多种并发症，加速衰老和死亡。大多数人是从美学的观点关心自己的体重，而医学界则已清楚地认识到，肥胖会引起多种并发症，肥胖病是对人类健康和生命的最大威胁。肥胖主要会引起高血压，肥胖者高血压的并发率可高达46.3%，这也是肥胖者高死亡率的重要因素之一。肥胖还会引起糖尿病，虽然不是所有肥胖者都会并发糖尿病，但肥胖者并发糖尿病的病例却很多。此外还会引发高脂血症，大部分肥胖病人会出现脂代谢紊乱的现象，出现高胆固醇血症和高甘油三酯血症等。

身体肥胖的人往往怕热、多汗、易疲劳、下肢浮肿、静脉曲张、皮肤皱折处易患皮炎等，严重肥胖的人，行动迟缓，行走活动都有困难，稍微活动就心慌气短，以致影响正常生活，严重的甚至导致劳动力丧失。肥胖使体力活动减少，导致冠状动脉侧支循环削弱或不足，进而诱发冠心病。

肥胖者与正常人相比，胆汁酸中的胆固醇含量增多，超过了胆汁中的溶解度，因此肥胖者容易并发高比例的胆固醇结石。痛风患者大多是习惯于高蛋白饮食的肥胖者。肥胖者并发脊柱增生性病变最为常见，其次是并发髋关节、膝关节之增生性病变，这是肥胖者常常感觉腰痛、腿痛的原因。肥胖不仅是心脑血管疾病的祸害，也是子宫癌的诱发因素。

肥胖者脂肪组织增多，耗氧量加大，心脏做功量大，使心肌肥厚，尤其左心室负担加重，久之易诱发高血压。脂质沉积在动脉壁内，致使管腔狭窄、硬化，易发生冠心病、心绞痛、中风和猝死。伴随肥胖所致的代谢、内分泌异常，常可引起多种疾病。糖代谢异常可引起糖尿病，脂肪代谢异常可引起高脂血症，核酸代谢异常可引起高尿酸血症等。

肺功能的作用是向全身供应氧及排出二氧化碳。肥胖者因体重增加需要更多的氧，但肺不能随之而增加功能，同时肥胖者腹部脂肪堆积又限制了肺的呼吸运动，故可造成缺氧和呼吸困难，最后导致心肺功能衰竭。

(资料来源：http://www.haodf.com/zhuanjiaguandian/zhu88888_524915089.htm.)

4. 维生素

1) 维生素的营养价值

维生素是一类低分子有机化合物，是人和动物维持生命和生长发育的必需营养成分。维生素是人体新陈代谢不可缺少的微量营养素。饮食中如果某种维生素长期缺乏，就会对人体造成不同程度的危害，轻则人体抵抗力降低，重则会出现病理状态，甚至危及生命。绝大多数的维生素不能在人体内合成，必须每天从食物中摄取。

2) 维生素的分类

维生素根据其溶解性能可分为脂溶性维生素和水溶性维生素两大类。脂溶性维生素溶于脂肪中，而不溶于水，如维生素 A、维生素 D、维生素 E、维生素 K 等，这些维生素与机体代谢密切相关；水溶性维生素溶于水，容易在烹饪加工过程中流失，主要包括维生素 B_1、维生素 B_2、维生素 B_3、维生素 B_5、维生素 B_6、维生素 B_{12} 和维生素 C 等。目前已被确定的人体必需的维生素包括维生素 A、维生素 D、维生素 E、维生素 K、维生素 B_1、维生素 B_2、维生素 B_6、维生素 B_{12}、维生素 C、尼克酸、叶酸等。

3) 常见的维生素

(1) 维生素 A。包括维生素 A_1 和 A_2 两种，维生素 A_1 主要存在于哺乳动物及海水鱼的肝脏中，维生素 A_2 主要存在于淡水鱼的肝脏中，其生物活性仅为维生素 A_1 的 40%。维生素 A_1 可由胡萝卜素在动物的脂肪及肠壁内转化而来。维生素 A 参与眼球内感官物质的合成，能够维持正常视觉，防止夜盲症，还能够维持上皮细胞组织的健康，增强对传染病的抵抗能力和促进生长发育的功能。

(2) 维生素 D。维生素 D 中 D_2、D_3 是最重要的，它们是由麦角固醇(D_2 原)和 7-脱氢胆固醇(D_3 原)经日光中紫外线照射后转化而成的。一般成年人的皮层中存在 7-脱氢胆固醇，只要接触阳光，就不会缺乏维生素 D。维生素 D_2 和维生素 D_3 具有相同的生理功能，能够调节钙、磷的正常代谢，促进小肠对钙、磷等矿物质的吸收，有助于牙齿和骨骼的形成。动物肝脏、蛋黄及海洋鱼的鱼肝油中含有丰富的维生素 D。

(3) 维生素 E。维生素 E 在动植物食品中广泛存在，各种植物油都含有丰富的维生素 E，鱼、肉、禽、蛋、乳、豆类、水果、绿色蔬菜中均含有维生素 E。维生素 E 能够加强肾脏的功能，对抗衰老和预防动脉硬化有显著作用。

(4) 维生素 B_1。维生素 B_1 也称为硫胺素，是构成脱羧辅酶的主要成分，是人体充分利用碳水化合物所必需的物质。维生素 B_1 存在于大豆、花生、豌豆，以及动物内脏、瘦肉中，在酵母中含量丰富；具有预防及治疗神经炎和脚气病的功能，能够促进儿童发育和增进食欲。缺乏维生素 B_1 会引起心脏扩张，心跳减慢，体重减轻，生长迟缓。

(5) 维生素 B_2。维生素 B_2 也称为核黄素，是构成脱氢酶的主要成分，是活细胞进行氧化反应所必需的物质。维生素 B_2 主要存在动物内脏、乳品和蛋黄中，对促进生长，维持人体健康有益。缺乏维生素 B_2 易患口角溃疡、舌炎、脂溢性皮炎、角膜炎等疾病，还容易引起白内障。

(6) 维生素 C。维生素 C 又称为抗坏血酸，能够促进细胞间质胶原的形成。维生素 C 能够提高人体的抵抗力，对铅、砷、苯等毒物有去毒作用。其广泛存在于植物性食品中，新鲜水果中含有丰富的维生素 C。缺乏维生素 C 会导致血管脆性增加，易发生出血现象。

5. 矿物质

1) 矿物质的营养价值

矿物质是指食品经高温(550～600℃)燃烧后，在不挥发的灰分残留物中存在的各种元素，是除碳、氢、氧、氮以外的构成人体的其他 20 多种元素的总称。矿物质占人体总体重的 4%，是人体必需的营养素。它们不能在人体内合成，也不能在体内代谢过程中消失。人们可从食物、饮用水和食盐中摄取矿物质。根据矿物质元素在人体中的含量和需要量，矿物质又可分为常量元素和微量元素。含量在 0.01%以上的称为常量元素，含量低于 0.01%的称为微量元素。

2) 食品中重要的矿物质

(1) 钙。钙是人体中含量最多的元素，约为 1 200 克，其中 99%存在于骨骼和牙齿中，其余存在于软组织、细胞外液及血液中。钙能维持毛细血管和细胞膜的渗透性，以及神经肌肉的正常兴奋和心跳规律。人体内血钙下降就会引起神经肌肉兴奋性增强，导致手足抽搐，而血钙增高也会引起心脏、呼吸衰竭。钙还参与血液的凝血过程，对多种酶有激活作用。钙在豆制品、虾皮、海带、紫菜中含量丰富，乳和乳制品中的钙含量同样丰富，且吸收率高，是人体吸收钙的最好来源。

(2) 碘。人体内碘的含量约为 20～50 毫克，其中约 20%存在于甲状腺中，其余与蛋白质结合存在于血浆中。碘的生理功能主要是参与甲状腺素的合成及对机体代谢进行调节，成年人每天从饮食中摄取 100 微克碘就能够满足人体需要。海带、蛤蜊、虾皮等海产品中含有较丰富的碘。

(3) 锌。锌在人体中的含量仅次于铁，为 1.4～2.3 克，主要存在于头发、皮肤、骨骼、肝脏、肌肉、眼睛及雄性腺体中。锌在机体内参与很多酶的组成，是酶的活性所必需的。锌还可以加速生长发育，增强创伤的愈合能力。锌广泛存在于牛肉、羊肉、猪肉、鱼类及海产品等动物性食品中。豆类、小麦等植物性食品也含有锌。

(4) 磷。人体内 70%～80%的磷存在于骨骼及牙齿中，能够促进糖、脂肪和蛋白质的代谢。豆类、花生、肉类、核桃、蛋黄等含有较丰富的磷。

6. 水分

1) 水分对人体的重要作用

人体的水分含量为体重的 60%～70%，婴儿更在 70%以上。正常情况下，人每天需要水 2 升左右，其中 60%来自饮用水，40%来自食品中水分和营养物质消化时产生的代谢水或氧化水。人体失水 20%，生命就难以维持。水分的主要功能表现为：食品中的营养成分只有在水溶液中才能被人体吸收；水直接参与人体各种生理活动，如营养成分代谢、酶的催化、渗透压的调节等；营养成分的消化、运输及废物的排泄都要依靠水分完成；血液中的水分随着血液循环参与人体各种生理活动，并保持人体正常体温。

2) 食品中水分的存在形式

在动、植物食品中，水分的存在形式基本上分为游离水和结合水。游离水也称为自由水，是指细胞间、细胞内容易结冰、能溶解溶质的水。这部分水能够用简单的方法或热作用使其从食品中分离出来。它与一般的水没有什么不同，0℃即能结冰，在食品中易蒸发散失，也易吸潮增加。游离水主要存在于食品的细胞间隙或制成食品的结构组织中。结合水是指与食品中蛋白质、脂肪、淀粉等胶体物质结合在一起的水分。结合水对食品的质量有重大影响，当结合水被强行与食品分离，食品的风味和质量就会发生改变。食品不适当的干燥，会使食品中的结合水被破坏，干燥食品的复水性受到影响，降低食品质量。

3) 水分活性

食品储藏对水分的要求，不用水分含量而用水分活性来衡量，因为食品水分含量百分比不能直接反映食品的储藏条件。水分活性是指食品中呈现溶液状态水的蒸汽压与纯水的蒸汽压之比，即

$$A_w = P/P_0$$

式中，A_w 为水分活性；P 为食品中呈溶液状态水的蒸汽压；P_0 为纯水的蒸汽压。

食品中呈液态水的蒸汽压都小于纯水的蒸汽压，所以食品的水分都小于 1，一般用小数值表示。食品水分活性高容易引起微生物的繁殖，微生物繁殖的水分活性为：细菌 0.86，酵母菌 0.78，霉菌 0.65。许多生鲜食品的水分活性均在 0.9 以上，都在细菌等微生物繁殖的水分活性范围内，生鲜食品是易腐食品。干燥和冰冻的食品水分活性降低，腌制和糖渍的食品水分活性也降低，这些方法都可以有效抑制细菌等微生物的生长繁殖。

13.2.2 食品商品的感官特性

1. 食品的色泽

1) 动物色素

新鲜的肉类多呈现鲜红色或紫红色，主要是存在肌红蛋白和血红蛋白的缘故，肌红蛋白和血红蛋白的化学性质较为相似，都呈紫红色，与氧结合形成氧合肌红蛋白，呈鲜红色。当肉类新鲜度降低，肌红蛋白被氧化为羟基肌红蛋白，呈暗红色或褐色，失去了原有的鲜艳色泽。从肉类颜色的变化可以看出肉类的新鲜度。一些肉食加工企业为了保持肉类较为鲜艳色泽往往添加起色剂硝酸钠，利用硝酸钠生成一氧化氮与肌红蛋白结合生成稳定的呈鲜红色的亚硝基肌红蛋白，使肉品呈鲜艳颜色。如果起色剂过多，也能产生亚硝胺，这是一种能够诱发癌症的物质，因此，在肉类食品加工过程中必须严格控制硝酸钠的用量。

2) 植物色素

植物色素主要有叶绿素、类胡萝卜素、花青素等。叶绿素又分为叶绿素 a 和叶绿素 b，叶绿素 a 为蓝绿色，叶绿素 b 为黄绿色。叶绿素在酸性环境下与 H^+ 起置换反应，生成黄褐色的脱氧镁叶绿素和 Mg^{2+}。绿色蔬菜经加热、腌制后或存放时间过长都会发生这种情况。在植物食品中添加适量的 $NaHCO_3$，使其 pH 为 7.0~8.5，叶绿素被水解为较为稳定的叶绿

酸钠盐、叶绿醇和甲醇，呈鲜绿色。叶绿素在低温或干燥状态性质也比较稳定，低温储存的鲜菜和脱水蔬菜一般都能保持绿色。类胡萝卜素呈黄色、橙色和红色等，广泛存在于蔬菜、水果中，如胡萝卜、马铃薯、南瓜等都含有类胡萝卜素。这类蔬菜水果经过加热处理仍然能保持原有色泽，光和氧能够引起类胡萝卜素的氧化褪色，在存储过程中应尽可能避免光线照射。花青素能够溶解于水中，许多蔬菜、水果和花的颜色就是由细胞汁液中存在的花青素的水溶性化合物决定的。花青素会随着 pH 的改变而变换颜色，蔬菜、水果在成熟过程中，由于 pH 的变化呈现出各种颜色。

3) 微生物色素

许多微生物也是有颜色的，如民间常用的食品着色剂红曲色素就是由红曲霉菌所产生的，经常用来制造红曲酒、酱腐乳、粉蒸肉和各色糕点等。红曲色素耐热性强，耐光性强，不受金属离子影响，不易与氧化剂、还原剂反应，不溶于水。

4) 食品的褐变

天然食品在进行加工、储藏过程中，受到机械损伤后，原来的色泽会变暗或变成褐色，这种现象称为褐变。按照褐变原因又可以分为酶褐变和非酶褐变两类。

酶褐变是指在氧化酶的催化作用下，食品中的多酚类氧化聚合成褐色的黑色素现象。酶褐变多发生在颜色较浅的水果和蔬菜中，如苹果、香蕉、土豆等果菜，当它们的组织遭受到损伤、病害或处于不正常的环境下，很容易发生褐变，其暴露在空气中的组织，在氧化酶的催化作用下，多酚类氧化聚合成黑色素。非酶褐变是指食品在加工、储藏过程中发生的与酶无关的褐变。主要是羰氨反应、焦糖化反应和抗坏血酸的氧化等。羰氨反应又称美拉德反应，是氨基与羰基形成的反应。焦糖化反应是指糖类在没有氨基酸存在的情况下，加热到熔点以上时，会变成黑褐色的反应，烹调食物时常用白糖熬制成焦糖上色，焦糖就是糖类脱水的产物。抗坏血酸对果汁的褐变影响较大。

2. 食品的香气

1) 动物性食品香气

动物性食品如各种肉类、乳品类都有各自独特的香气。肉类主要含有丙谷氨酸、蛋氨酸、半胱氨酸等氨基酸物质，在加工过程中与羰基化合物反应生成乙醛、甲硫醇、硫化氢等，这些化合物在加热条件下，进一步反应生成一些芳香物质；乳品香气的成分比较复杂，主要是一些短链的醛、硫化物和低级脂肪酸。

2) 植物性食品香气

植物性食品香气主要是蔬菜类、水果类产生的香气。蔬菜香气的主要成分是一些含硫化合物，这些物质在通常状态下，可产生挥发性香味，如葱、韭菜、香菜等；水果香气以有机酸酯和萜类为主，此外还有醛类、醇类、酮类和挥发酸，这些香气是植物在代谢过程中产生的，水果的香气会随果实成熟而加强。

3) 发酵食品的香气

酒类、酱类及酱油、醋是发酵食品。酒类的香气很复杂，各种酒的芳香成分也不同，酒类的香气成分经测定有 200 多种化合物，其中羧酸的酯类最多，其次是羰基化合物。醇类是酒的主要芳香物质，此外，酯类是酒香型的决定性芳香物质，酯类的形成有两种方式：一种是在酯酶的作用下，将醇转化为酯；另一种是在储藏的过程中酸和醇的酯化作用产生酯。一般酒储藏时间越长，酯的含量就越高。酱类及酱油、醋等多以大豆、小麦、大米、小米等为原料，经过霉菌、酵母菌等微生物作用形成，其香气主要来自醇类、醛类、酚类、有机酸等芳香物质。

4) 加热食品的香气

许多食品在加热时会产生诱人的香气，主要是食品中的许多香气成分受热后加速了挥发，并且食品中的糖与氨基酸受热会发生美拉德化学反应产生不同的芳香物质。

3. 食品的滋味

1) 酸味

酸味是舌黏膜受到氢离子刺激产生的味觉。凡是溶液中能分解出氢离子的化合物都具有酸味。多数有机酸具有爽快的酸味，而多数无机酸却有苦涩的酸味。酸味料是食品中常用的调料，具有一定防腐作用，在食品工业中普遍使用，如醋酸、柠檬酸、乳酸、酒石酸、苹果酸、葡萄糖酸等。

2) 甜味

食品的甜味是人们偏爱的滋味，甜味可以改进食品的口感和工艺性质，还可以为人体提供一定的热量。食品中的甜味可以分为天然甜味和合成甜味，天然甜味又分为糖及其衍生物糖醇，如蔗糖、葡萄糖、果糖、半乳糖、山梨醇、麦芽糖醇等，还有非糖天然甜味物质，如甘草苷、甜叶菊苷、二肽和氨基酸衍生物等。合成甜味剂如糖精钠、甜蜜素是我国允许使用的食品添加剂，但必须严格按照使用标准执行。

3) 苦味

苦味一般是人们不喜欢的，但如果食品苦味适当，就能够改善和丰富食品风味。例如，苦瓜、莲子、啤酒等都有一定的苦味，但却被许多人视为美味。植物中的苦味主要来自各种生物碱，如咖啡、可可、茶叶中的咖啡碱、茶叶碱等。动物中苦味主要来自胆汁。此外，涩味常常和苦味联系在一起，主要是当口腔中黏膜蛋白质被凝固，会引起收敛，这时会有涩味感觉。引起食品涩味的主要成分是多酚类化合物，如明矾、酚类、醛类等物质，水果、蔬菜中的草酸、香豆素、奎宁酸也会产生涩味。

4) 辣味

辣味是辛辣物质对舌部和口腔触角神经的刺激，适当的辣味能够增进食欲，促进消化液分泌，并有一定杀菌作用。辣味广泛应用于调味品中。具有辣味的物质主要有辣椒、胡椒、葱、姜、蒜等，主要成分是辣椒素、胡椒素、姜酮、姜脑等。

5) 咸味

咸味是中性的盐类化合物的滋味。盐类物质在溶液中水解，阳离子被味细胞上的蛋白质分子的羧基或磷酸基吸附呈咸味，阴离子影响咸味的强弱。食品调味用的咸味剂是氯化钠，就是人们平常所用的食盐。

6) 鲜味

鲜味是食品的一种混合滋味，包括甜酸苦辣咸等多种滋味的协调混合，使口感鲜香。鲜味的主要成分有核苷酸、氨基酸、酰胺、三甲基胺、肽有机酸、有机碱等。

4. 食品的形态

食品商品种类繁多，形态各异，这里的食品形态是指食品的尺寸大小、外观形状、面积大小、体积大小等物理特征。除了天然食品的各种形状外，固体加工食品可以加工制作成为类球状、各种几何形状、片状、颗粒状等。食品形态除了影响食欲外，还对食品包装、运输等产生一定的影响。

13.2.3 食品商品的卫生特性

食品卫生关系到人们的健康与生命安全，也会影响子孙后代，无毒、无害、无污染是对食品最起码的要求。某些食品会含有一些有害物质，要防止这些有害物质对人们的健康造成损害，同时还要提高人们食品卫生的意识，坚决抵制民间那些"不干不净，吃了没病"等陋习，维护食品卫生，保证人们健康。

1. 食品本身的有毒成分

有些天然食品本身含有各种毒素，如果误食会对人体产生毒害。例如，发芽的马铃薯，表面会发绿，发芽部分会产生龙葵素或茄碱。食用后会引起舌头发麻、喉咙发痒、恶心、呕吐、腹痛、腹泻、头昏、胸闷、发烧等，甚至出现呼吸麻痹而死亡。马铃薯在加热情况下，龙葵素也不能被破坏，因此，制作马铃薯食品时应特别注意；桃、李、杏、枇杷等的果仁中都含有氰苷，食用后食物本身的氰苷酶可将氰苷水解，产生氢氰酸，从而引起人体中毒。氢氰酸是剧毒物质，0.5~3.5 毫克/千克体重的量就可以致人死亡。扁豆、菜豆、芸豆、四季豆等豆类都含有皂苷，烹调时间过短，没有熟透，就会引起中毒。皂苷会水解成为糖类和皂苷原，皂苷原会强烈刺激消化道黏膜，引起局部充血、肿胀和出血性炎症。豆类食用时必须煮熟，以免中毒。此外，有些蘑菇具有毒素，河豚的内脏含有河豚毒素，都会使人食用中毒，这类食品需谨慎食用。

2. 环境对食品的化学污染

环境对食品的化学污染主要是农药残留、重金属污染和食品添加剂滥用等造成的。

农药在防治病虫害和杂草、保证农产品增产方面有很大作用，但同时也对食品造成了严重的污染。特别是有机农药，对人和动物都有害，有的还会危及中枢神经系统，有的会在脂肪、肝脏、肾脏等组织器官积累引起中毒，还有的会诱发癌症。农药污染食品主要通过直接污染、植物间接吸收及通过食物链富集等途径。直接污染就是为防治农作物病虫害，直接将农药喷洒在农作物上，造成农药在农作物上积累，有的甚至转化为毒性更高的有毒化合物；植物间接吸收是指农作物在生长发育过程中，吸收了在土壤和灌溉水中的残留农药，并将其转运到农作物组织器官内，使没有施用农药的农作物受到污染；通过食物链富集是指农药残留通过食物链进入各层动物体内，并在动物体内蓄积，使人类食用动物性食品时遭受到毒害。

重金属是指密度为 4 以上的金属，如汞、镉、铅、铜等，砷是非金属，但其危害与重金属相同，一般也在重金属范围内研究讨论。汞是银白色液体金属，俗称水银，在常温下可蒸发，蒸气无色、无味，比空气重 7 倍，毒性很大。食物中存在的汞化物主要是通过土壤、空气和水进入食物的。汞在人体内会引起慢性中毒，开始感觉疲乏、头晕、失眠。肢体末端、嘴唇舌麻木，逐渐发展为运动失调，语言不清，耳聋，视力模糊，记忆力衰退，严重者精神紊乱，最后发狂、痉挛而死。镉是银白色略带淡蓝色的金属，在自然界常与锌、铅共存。镉的化合物毒性较大，当环境受到镉污染后，镉可在生物体内富集，通过食物链进入人体引起慢性中毒。镉进入人体会形成镉硫蛋白，选择性地蓄积在肝、肾中。肾脏可吸收进入体内近 1/3 的镉，脾、胰、甲状腺等其他脏器和毛发也有一定量的蓄积。由于镉损伤肾小管，病者出现糖尿、蛋白尿和氨基酸尿现象，并使骨骼的代谢受阻，造成骨质疏松、萎缩、变形等一系列症状。铅一种蓝灰色金属，主要通过蒸气、灰尘、化合物形式污染食品后进入人体。铅在摄入人体后累积性增加，主要损害神经系统、造血系统和肾脏，也会影响循环系统、生殖系统的功能，甚至致癌、致畸、致突变。常见的症状是食欲不振、肠胃炎、失眠、头昏、头痛、肌肉关节痛、腰痛、便秘、腹泻、贫血，严重者会发生休克和死亡。砷在体内积累到一定数量就会导致慢性中毒，主要表现为多发性神经炎、皮肤痛觉和触觉衰退、四肢无力、眼睑浮肿、表皮角质化及消化道病等，严重时呼吸困难、循环系统衰退、虚脱，直至死亡。

食品添加剂大多是人工合成的化学制品，使用不当会对人体有害。目前食品工业主要使用的添加剂有防腐剂、抗氧化剂、保色剂、着色剂、甜味剂、香精香料等。许多国家在食品中都非常慎重使用化学添加剂，对食品添加剂的品种和数量都有严格的选择和限制。人们也越来越关注食品添加剂可能具有的慢性毒性，以及致畸、致突变、致癌的作用。食品添加剂的滥用会损害人体健康，如亚硝酸钠或硝酸钠主要是保持肉制品色泽的保色剂，在一定条件会在细菌还原作用下，与肉制品中的仲胺生成亚硝酸胺，而亚硝酸胺是一种强烈的致癌物质，肉制品中亚硝酸钠用量不得超过 0.03 克/千克，硝酸钠用量不得超过 0.5 克/千克。

3. 环境对食品的生物污染

环境对食品的生物污染主要是寄生虫及微生物对食品的污染。寄生虫如囊虫、旋毛虫、蛔虫等主要寄生在猪、牛、羊等动物体内及蔬菜上。人们如果吃了未经煮熟、煮透、带有寄生虫的肉食，寄生虫可在人体的肠道、肌肉、脑髓中寄生，引起疾病，出现恶心、呕吐、腹泻、高烧、肌肉疼痛，甚至肌肉运动出现障碍。如寄生幼虫进入脑脊髓，还会引起脑膜炎症。微生物对食品的污染主要是细菌、霉菌等污染食物，我国每年发生的食物中毒事件中，60%～90%是由细菌引起的中毒。夏秋季多发致病菌引起的食物中毒，主要是由于气温较高，微生物易于繁殖，如金黄色葡萄球菌、肉毒杆菌等繁殖产生毒素，人食用被污染的食物后就会发生食物中毒；病死的家禽畜会带有人畜共患传染病微生物，如炭疽杆菌、鼻疽杆菌、口蹄疫病菌、沙门氏菌等，如果人食用了这些家禽畜，就会发生疾病；食品在储藏不善，就会使霉菌繁殖导致食品发霉，霉菌在代谢过程中会产生毒素污染食品。例如，黄曲霉素是剧毒物质，在人体累积后会诱发肝炎和肝癌，还能诱发胃腺癌、直肠癌、肾癌及其他部位的肿瘤。花生、豆类等最易被黄曲霉素污染。

13.3 纺织品商品的特性

13.3.1 纺织品商品的成分

按照商业习惯，纺织品商品可分为纺织品和针织品两大类。纺织品是指在织布机上由经纬纱线交织而成的各类织物。针织品是指在针织机上由纱线形成的线圈相互钩结而成的各类织物。制造纺织品商品的原料是各种纤维原料。纤维是指线密度很低，直径为几微米至几十微米，长度比直径大许多倍，甚至上千倍的细长物质。并不是所有纤维都适合纺织，只有那些物理和化学性质都满足纺织要求的纤维，才能作为纺织纤维。

1. 天然纤维

天然纤维是指自然界生长或形成的适合纺织用途的行为。天然纤维可分为植物纤维、动物纤维和矿物纤维。植物纤维是从植物的种子、叶、茎、果实上获得的纤维，主要成分是纤维素，又称天然纤维素纤维，如棉、麻等；动物纤维是从动物身上或体内获得的纤维，主要成分是蛋白质，又称天然蛋白质纤维，分为毛纤维和丝纤维，如羊毛、兔毛、蚕丝等；矿物纤维是从纤维状结构的矿物岩石中获得的纤维，又称天然无机纤维，如石棉纤维。

1) 棉纤维

棉纤维是棉花种子纤维，主要成分是纤维素，其重量约占纤维总重量的 94.5%，其他成分为少量的蜡状物质、果胶质、含氮物、色素和灰分，这些物质对纤维的润湿性、染色性、白度、手感等影响较大，一般要在染色前去除。棉纤维一般呈白色或淡黄色，现在新培育的彩色棉花也出现其他更多的颜色，其形状为细长、中空较扁的管状，天然卷曲，容易抱合，可纺性好，吸湿性和保暖性好，耐碱不耐酸，有一定的耐热性，耐燃性和抗霉性较差。

2) 麻纤维

麻纤维主要是指苎麻和亚麻纤维，它们是苎麻和亚麻的茎纤维，主要成分是纤维素，还有半纤维素、果胶质和木质素等。苎麻和亚麻的纤维素含量分别为 65%～75%和 70%～80%。苎麻纤维横截面呈椭圆或扁圆形，纵向有节，强度较高，居天然纤维之首，吸湿性和散湿性很好，抗碱、抗霉和防蛀性好，不耐酸，易燃。亚麻纤维横截面呈五角或六角形，刚性大，比苎麻柔软，吸湿性和散湿性仅次于苎麻，其他性能与苎麻相似。

3) 丝纤维

丝纤维主要包括桑蚕丝和柞蚕丝，主要成分是丝素和丝胶，丝素是丝纤维的主体，占 70%～80%，丝胶包裹在丝素外面，起保护作用。此外，还有蜡质和脂肪，以及少量的色素和灰分等。在纺织时织物需要的是丝纤维中的丝素成分，其余成分都需要去除。桑蚕丝多为白色，光泽柔和，富有弹性，吸湿性优于棉，对人体无刺激，是高档纺织原料纤维。其强度和绝缘性较好，不耐碱，耐光性较差，不宜在阳光下晾晒，否则易脆化泛黄。柞蚕丝颜色淡黄，光泽柔和，强度、弹性、吸湿性、耐碱性等都优于桑蚕丝，染色性较差。

4) 毛纤维

毛纤维主要指羊毛纤维，主要成分是一种不溶性蛋白质角朊，此外，还有色素和灰分等。羊毛角朊大分子有千余种，由多种 α-氨基酸残基连接，排列较疏松，使纤维较柔软。羊毛大多呈白色或乳白色，纤维呈细长柱体，有天然波浪卷曲，纤维外有鳞片层，横截面呈圆形或椭圆形。羊毛有较强的吸湿能力、耐酸性、耐燃性和缩绒性，具有良好的保暖性和弹性，不耐碱，易被虫蛀。

2. 化学纤维

化学纤维是指以天然的或合成的高聚物为原料，经过化学方法加工制成的纤维，可分为再生纤维、合成纤维、无机纤维等。再生纤维是指以天然高聚物为原料，经过化学方法制成的并与原高聚物在化学组成上基本相同的化学纤维，包括再生纤维素纤维和再生蛋白质纤维。再生纤维素纤维如黏胶纤维、铜氨纤维等，再生蛋白质纤维如大豆纤维、酪素纤维等。合成纤维是指以石油、煤、天然气及一些农副产品等低分子物质为原料，经过化学合成和机械加工制成的化学纤维。合成纤维原料来源广泛，品质较多，发展也很快，如聚酯纤维(涤纶)、聚酰胺纤维(锦纶)、聚丙烯腈纤维(腈纶)、聚丙烯纤维(丙纶)等。无机纤维是指主要成分为无机物的纤维，如玻璃纤维、金属纤维、陶瓷纤维等。

13.3.2 纺织品商品的性质

纺织品商品品种繁多，使用范围广泛，其性质对使用价值影响很大，主要体现在物理性质、化学性质及机械性能等方面。

1. 纺织品的物理性质

纺织品商品的长度、宽度、厚度、密度、单位重量等指标是判断其质量的重要依据。这些指标间有着密切的关系，需要从织物的经向和纬向及厚度方面来进行研究。

1) 织物的长度、宽度和厚度

织物的长度一般以米为单位，商业习惯以匹长表示。匹长是根据织物的用途和织物单位长度重量确定的，一般匹长为 20~50 米。织物的宽度也称为宽幅，一般以毫米为单位，外贸上也以英寸为单位。织物的厚度以毫米为单位，因度量不方便，也常用织物的重量间接表示，如每米织物重(克/米)或每平方米织物重(克/平方米)。织物的坚牢度、保暖性、透气度、防风性、刚度和悬垂性等性能都与厚度有关。

2) 织物的密度和紧度

织物的密度是指织物单位长度所排列的纱线根数，一般是以 10 厘米或 1 英寸(1 英寸=2.54 厘米)所排列的纱线根数表示，有经、纬密度之分，分别表示经纱线和纬纱线排列的疏密程度。密度越大表示织物纱线排列得越紧密，反之密度越小表示纱线排列越稀松。织物密度的大小对织物的性状如重量、坚牢度、手感、通透性、保暖性等都有重要的影响。机织物的密度常用经纱密度×纬纱密度来表示，而针织物的密度又分为直向密度(纵密)、横向密度(横密)和总密度，直向密度是指针织物 5 厘米内的线圈纵列数，横向密度是指针织物 5 厘米内的线圈横列数，总密度是指针织物 25 厘米内的线圈总数。

机织物的覆盖紧度分为经向覆盖紧度、纬向覆盖紧度和总覆盖紧度。经向覆盖紧度和纬向覆盖紧度分别是指织物规定面积内经纱和纬纱所覆盖的面积对织物规定面积的百分率，总覆盖紧度为规定面积内经纬纱所覆盖的面积对织物规定面积的百分率。针织物的紧密程度以未充满系数表示，即针织物线圈长度与纱线直径的比值。未充满系数越大，针织物越稀疏。

3) 织物的重量

织物的重量用织物的单位长度、单位面积或单位体积的重量表示。最为常用的是单位面积的重量，以每平方米重量(克/平方米)表示，织物的重量与织物的厚度、密度、覆盖紧度等密切相关。

2. 纺织品的化学性质

纺织品在生产和消费使用过程中，会不同程度地接触水、酸、碱、盐及其他化学物质，如在纺织品染整加工过程中需使用各种染剂，在使用过程中需要使用洗涤剂、整理剂等。纺织品必须具备一定的耐化学性能，才能满足纺织品生产加工和使用过程中的要求。不同纤维制造的纺织品，其化学性能也不同，了解其化学性能，才能合理选择适当的生产工艺，并正确使用各种纺织品。

天然纤维主要是棉、麻、丝、毛，棉纤维抗碱能力较强，抗酸能力较弱，由于是中空结构，并且纤维素分子有很多亲水性基团，吸湿性较好，一般大气条件下，回潮率可达到8.5%左右。麻纤维吸湿性较强，其中黄麻吸湿性甚至可达14%左右，由于麻纤维的吸湿、散湿速度快，用麻纤维制作的夏季服饰，穿着起来感觉非常凉爽。麻纤维同样耐碱不耐酸。蚕丝纤维是一种多孔性物质，且分子中含有大量亲水基团，吸湿性较好，回潮率可达到9%左右。蚕丝耐酸不耐碱，在碱液中可发生不同程度的水解，此外，丝也不耐盐，丝织品受到汗渍侵蚀后会出现黄斑。毛纤维中羊毛是最为常用的织物纤维，它的大分子中的羧基、氨基是其主要官能团，这使得羊毛纤维比较耐酸不耐碱，并具有良好的吸湿性，在一般的大气条件下，其回潮率可达到16%，在潮湿空气下，吸收水分甚至可达40%。

化学纤维主要有黏胶纤维、锦纶、涤纶、腈纶、维纶、丙纶、氯纶、氨纶等。黏胶纤维大分子排列不紧密，具有良好的吸湿性，在一般的大气条件下，其回潮率可达到13%左右。其耐碱不耐酸，染色性较好。锦纶就是通常所说的尼龙，也称聚酰胺纤维，其纤维分子结构含有大量酰胺基，还含有氨基和羧基，具有较好的吸湿性，回潮率达4.5%，耐碱不耐酸。涤纶纤维结晶度高，在分子的端基上有两个醇羟基，具有很小的吸湿能力，其吸湿性较差，回潮率低，在4%左右，染色困难。涤纶织物易洗快干，吸汗性和透气性都较差。对酸有一定稳定性，不耐碱。腈纶纤维结构紧密，吸湿性低，回潮率为2%左右，染色性较差，其化学稳定性较好，耐酸、耐弱碱。维纶纤维大分子含有大量羟基，吸湿性较强，回潮率在4.5%~5%，维纶织物透气吸汗。其染色性较差，化学稳定性较好，耐碱不耐酸，不怕霉蛀，适宜做渔网。丙纶纤维不吸水，难染色，回潮率接近于零，耐酸碱性和耐化学溶剂性能较好，适宜作为过滤材料和包装材料。氯纶纤维吸湿性极小，染色困难，耐酸碱、耐氧化剂和还原剂，常用来制作工业滤布、工作服和防护用品；氨纶纤维的吸湿性较差，染色性较好，耐酸碱性较好，其弹性较好，特别适合制作弹性较好的织物。

3. 纺织品的机械性能

纺织品在使用过程中受到损坏的原因很多，主要是拉伸、弯曲、压缩、摩擦等机械力作用的结果，拉伸断裂、撕裂、顶裂等各项性能直接影响纺织品的使用寿命。

1) 拉伸断裂性能

拉伸断裂性能有断裂强度和断裂伸长率两个指标。断裂强度是指织物受到拉伸至断裂时，所能承受的最大负荷。断裂强度常用来评定织物经日照、洗涤、磨损及其他各种整理后对织物内在质量的影响；断裂伸长率是指织物试样被拉断时的长度与原试样长度差占原试样的百分比。织物的拉伸断裂性能主要决定于纤维的性能、纱线结构和织物结构、后整理等因素的影响。

2) 撕裂性能

撕裂是指织物使用一段时间后因局部纱线受到集中负荷而撕破或产生裂缝。织物被钩住使局部纱线受力发生断裂就会造成裂缝。织物撕裂性能主要取决于纱线的性质、织物的组织和密度、后整理等因素的影响。织物抗撕裂的能力用最大撕破强力表示。

3) 顶裂性能

顶裂是将一定面积的织物周边固定，从织物的一面给以垂直的力使其破坏。影响织物抗顶破性能的主要因素有织物的厚度、机织物的经纬向性能差异、针织物纱线的钩接力、线圈密度等。这种顶裂的织物受力情况是模拟了服装的膝部和肘部及手套和袜子等部位的受力情况。

4) 耐磨性能

耐磨性能是指织物抵抗摩擦损坏的能力，一般用耐磨强度表示，是织物耐用性的重要质量指标。影响织物耐磨性能的主要因素有织物纤维的性质、纱线的结构、织物的结构及后整理等因素。

5) 刚柔性

织物的刚柔性是指织物抗弯刚度和柔软度。影响织物刚柔性的因素主要是织物的厚度、组织结构、紧度、染整工艺等。织物抵抗其弯曲方向形状变化的能力称为抗弯刚度。抗弯刚度常用来评价柔软度这一相反的特性。刚柔性的两个重要指标是硬挺度和悬垂系数，硬挺度是指用斜面悬臂法测试织物试样因自重而达到一定程度弯曲变形时所悬空的长度的半径，其值越大，表面该织物越挺括。悬垂系数是用悬垂仪测定一定面积的圆形试样因其自重和刚柔性影响而下垂的投影面积和试样原面积的百分比，该值越小，试样悬垂性越好。抗弯刚度大的织物，其悬垂性就较差。

6) 抗皱性

织物的折皱性是指在搓揉织物时发生塑性弯曲变形而形成折皱的性能。织物的抗皱性是指织物抵抗由于揉搓而引起的弯曲变形能力。织物的抗皱性与纤维的几何形态、纤维的弹性、纤维表面摩擦性质、纱线结构、织物厚度、组织、密度及后整理等因素有关。抗皱性与织物的外观及耐用性有较大关系，织物容易起皱会严重影响外观，织物的折皱处容易产生磨损，降低织物的耐用性。

7) 透气性

织物能够被空气透过的特性称为透气性，一般用透气量来表示。透气量是指织物试样两面在规定的气压差下，在测量的单位时间内，流过试样单位面的空气体积量。影响透气性的因素主要是织物的密度和厚度，以及纤维的截面形态、纱线的粗细、染整后加工等因素。

8) 抗起球性

抗起球性是织物在实际使用和洗涤过程中，抵抗起毛起球的能力。织物在实际使用和洗涤过程中，不断受到外力作用，使织物表面的纤维端露出，形成许多绒毛，这就是"起毛"；当织物继续使用中，这些绒毛不能及时脱落，就会缠绕在一起，被揉搓成许多球形小颗粒，这种现象就是"起球"。织物在起毛起球后，外观变差，耐用性降低。织物抗起球性能与纤维的性质、纱线结构、织物组织结构及织物的染整后加工等因素有关。

9) 尺寸稳定性

尺寸稳定性是织物在使用过程中，经过水洗、干洗、水浸、汽蒸、熨烫等作用，保持原有外形和尺寸的能力，也称为缩水率。织物的经(纬)向缩水率是指织物在水洗前后，试样的经(纬)向长度(宽度)差与水洗前试样经(纬)向长度的百分比值。引起织物缩水的主要原因是纤维吸湿后膨胀变形，使织物纱线直径变粗，纱线弯曲程度加大，致使织物面积收缩。另外织物在加工过程中，不断受到外界作用力，经纬纱不能及时恢复原状，存在潜在的回弹力，遇水后产生收缩。

13.4 家用电器商品的特性

家用电器商品是指在日常家庭使用条件下或类似使用条件下的电子器具和电器器具的总称。电子器具是指以电子线路为主的器具,如电视机、录音机、录像机等。电器器具是指以电动机为主的电工器件组成的器具,如洗衣机、电冰箱、空调器等。家用电器商品的共同特性是以电力为能源,进行电能与机械能、热能、光能等的交换,以减轻人们的家务劳动,为人们提供生活上的便利,并带给人们精神上的享受,美化人们的生活,提高人们的生活质量。

13.4.1 家用电器商品的主要品种

家用电器按照用途分类主要有以下品种。
(1) 视频设备类:包括电视机、投影电视机、监视器、激光影碟机等。
(2) 音频设备类:包括录放音机、半导体收音机、音频功率放大器、电唱机、激光唱机、组合音响等。
(3) 制冷电器类:包括电冰箱、冷藏箱、冷藏柜、冷饮水机等。
(4) 空调器类:包括空调器、加湿器、去湿机、空调电风扇等。
(5) 取暖器具类:包括电热取暖器、电热毯、电热暖手炉等。
(6) 整容器具类:包括电动剃须刀、电推子、电卷发器、电烘发器、电吹风、电热梳等。
(7) 清洁器具类:包括洗衣机、脱水机、干衣机、电热淋浴器、吸尘器、擦鞋器等。
(8) 熨烫器具类:包括电熨斗、蒸汽电熨斗等。
(9) 保健器具类:包括负离子发生器、超声波洗浴器、电按摩器等。
(10) 厨房器具类:包括电饭锅、电压力锅、电火锅、电炒锅、电烤箱、面包烤炉、电饼铛、电水壶、电咖啡壶、电磁炉、食品加工机、电绞肉机、洗碗机、抽油烟机等。

13.4.2 家用电器商品的主要质量特性

家用电器商品属于高档耐用消费品,在家庭的日常消费中所占的开支比例较大,消费者对这类商品的质量要求很高。一般来讲,家用电器商品的使用期限在 5~10 年,这类商品以电为能源,共同的基本质量要求是安全可靠,经久耐用,不能对消费者造成人身伤害。主要质量特征可分为以下几个方面。

1. 使用性

完善的使用性是构成家用电器商品使用价值的基本条件。例如,电冰箱必须满足食品的冷冻、冷藏要求;电视机必须满足消费者观看清晰图像和聆听悦耳伴音的要求。商品的使用性就是商品必须具有满足用途的主要功能。不同档次的使用性要求可由不同型号和不同规格的商品满足,如不同星级的电冰箱和不同尺寸荧光屏的电视机能满足不同的消费者的需求要求。

使用性方面还包括多功能性和操作方便性要求。多功能性是现代商品发展的趋势,一件具有合理的多功能性的商品更受到消费者的青睐,如集洗涤、漂洗、脱水、烘干于一体的全自动洗衣机比只有洗涤功能的洗衣机更有市场。家用电器类商品随着功能增加,操作复杂的问题也随之而来，使商品有些功能得不到充分发挥。现代电器类商品多采用电脑控制，以提高操作的自动化程度，使多功能性也得到充分发挥。

2. 经济性

家用电器类商品还要对产品造价、便于维修等经济性问题予以考虑。家用电器类商品的多功能性会增加商品生产的成本，在当前我国消费水平还不高，如果不考虑经济性，超过了消费者购买力也会制约其发展。家用电器类商品性能的发挥，有赖于日常使用过程中的维护和保养，产品要考虑日常维修的方便性，使消费者在商品发生小故障时，可自己更换易购的零配件，减少维修成本，同时厂商也要设立便利的维修点或开展上门维修服务。

3. 耐用性

家用电器类商品是耐用消费品，其重要特征就是经久耐用，即商品质量稳定可靠，使用寿命长。许多大件家用电器类商品重量沉、怕碰撞、搬运不便，如果质量稳定性差，经常发生故障，不但维修费用大，而且搬运困难。家用电器类商品坚固耐用性就显得非常重要。

4. 安全性

电能造成的危害是多方面的，如电流通过人体会造成电击伤；通过人体的电流达到50毫安，时间超过一秒就可以致命；电流的热效应会引起火灾；强电磁场辐射会对人的中枢神经系统产生损害。家用电器类商品必须有良好的绝缘性，要求有一定的安全系数，以适应各种恶劣的使用环境和意外原因造成的过电流、过电压。市场出售的电器类商品必须有安全合格证。

5. 节能性

家用电器商品的耗电量关系到使用成本，节能要求不可忽视。节约能源符合可持续发展的要求，又能够合理利用资源，利国利民。目前，我国一些家用电器商品的节能性达到了国际先进水平，如电冰箱一天的耗电量仅为 0.35 度，达到"欧洲能效 A++"标准。家用电器商品节能环保是发展的必然趋势。

小思考

商品功能与成本的关系？

13.4.3 家用电器商品流通的基本要求

家用电器商品一般是由众多电子元器件构成的精密贵重商品，需要特别注意商品的包装质量、储运条件和销售中消费者的需求。

1. 包装要求

国家标准 GB 1019—2008《家用和类似用途电器包装通则》对家用电器商品的包装提出主要的质量要求，家用电器商品的包装都应达到这些基本要求。

(1) 包装环境应清洁、干燥、无有害介质。产品包装应在室温条件下，相对湿度不大于85%的环境中进行。家用电器商品在储运过程中，如果潮湿空气侵入，就会造成金属部件的锈蚀及元器件绝缘性下降，包装需要增加防潮性能，如增加防潮层，放入防潮剂等。

(2) 家用电器商品检验合格后，在附件、备件及产品说明书、检验合格证、装箱单等放置齐全后才能包装。特别要注意产品说明书应符合相关规定，主要内容必须包括产品标志，各种控制和调节标记，必要的操作、安装、维修的警告语和标志，产品名称、型号、商标、重量和数量、识别标志、包装外形尺寸，储存和运输注意事项，开启包装指示，产品概述，额定电压和电源种类，额定频率，输入功率，主要性能指标，接地说明，组装和安装事项，使用事项，维护保养事项，附件名称、数量、规格，常见故障及处理方法，售后服务事项，制造商和厂址。

（3）产品包装作业应严格按照产品包装技术文件执行。

（4）产品在包装箱内要防止松动、碰撞，不应与包装箱内壁直接接触，以免受到外力冲击而损伤。包装质量要有很强的防震性，一般采用单机包装，采用瓦楞纸箱，箱体内采用泡沫材料衬垫或纸浆模衬垫，防止在运输和装卸过程中的冲击和震动。

（5）包装材料必须保持干燥、整洁，符合标准要求。包装箱体应有各种包装标志，如品名、型号、体积、重量等，要有清晰的指示标志，如"易碎"、"防潮"、"向上"、"小心轻放"等文字和图示。产品直接接触的包装材料无腐蚀作用，包装材料对环境没有不利的影响。

（6）采用集装箱和托盘运输的包装应符合有关规定。

2. 储运要求

家用电器商品在储运过程中难免会遇到机械震动和冲击，这就要求在储运过程中严格执行包装指示标志的作业要求，避免家用电器商品遭受损害。例如，不能将商品倒置堆码；有的家电商品如电冰箱搬运时不能超过 40°角；要注意在储运过程中防潮、防霉；家用电器商品搬运时要轻拿轻放，避免家用电器商品磕碰等。

3. 销售要求

家用电器商品在销售时要开箱验机，为消费者当面调试。销售出的家用电器商品在保证期限内发现质量问题时，应按照国家规定由生产企业或经销企业对用户实行保修、包退、包换的"三包"服务。家用电器商品的发展要符合消费者不断提高的要求，如家用电器商品要更加自动化，方便消费者使用；要更加节能化，降低消费者的使用成本；要更加健康环保化，降低家用电器商品对消费者健康和环境的损害；要更加美观化，符合消费者的审美需求。

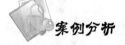
案例分析

家用电器商品的电磁辐射

日常生活中，电磁辐射源很多，微波炉、计算机、电视机、空调、手机等都会产生辐射，其中微波炉、手机以高频辐射为主，电视机、空调、电脑等以低频辐射为主。而让很多人想不到的是，电吹风运作时产生的辐射量在家用电器中名列前茅。据调查发现，不同品牌的手机在待机和拨打时候产生的低频辐射不尽相同。不过在待机状态下，差异不大，在主叫和被叫状态下，也基本在相同的区域内浮动。

电磁辐射是一种复合的电磁波，以相互垂直的电场和磁场随时间的变化而传递能量。人体生命活动包含一系列的生物电活动，这些生物电对环境的电磁波非常敏感，因此，电磁辐射可以对人体造成影响和损害。

不少年轻人用手机煲"电话粥"时间太久或是面对计算机长时间作业，可能会出现头晕、恶心、失眠、健忘等亚健康表现，其实这是因为当人体接受电磁辐射时，热效应会引起中枢神经和植物精神系统的功能障碍。

对女性而言，从事 IT 行业或是终日与计算机为伴的女性，确实比较容易出现生殖系统受影响现象，如月经紊乱等。经常从事计算机操作的银行女职员有 35%的人会出现痛经、经期延长等症状。

电磁辐射对于男性的生殖能力同样存在着威胁。据介绍，电磁辐射如果作用于人的机体会直接产生电磁感应,从而干扰细胞生物膜上的受体酶的活性,引起细胞形态变异和动能损害,长期受到电磁辐射,会引起男性的生殖细胞和精子活动能力降低及数量减少。

(资料来源:http://www.douban.com/note/169797529/.)

【点评】家用电器商品为人们的生活提供了极大的方便,人们越来越离不开家用电器商品,对这些商品也越来越有依赖性。但在家用电器商品的生产和使用过程中,应充分认识电磁辐射对人们的损害,这就需要生产者和消费者充分认识家用电器商品的特征,充分认识家用电器商品的有用性和危害性,尽量在生产和使用过程减小电磁辐射对人们的伤害。

本章小结

本章论述了日用工业品商品、食品、纺织品、家用电器商品等几类商品的特性。学生应了解几类主要商品的化学性质、物理性质和机械性质等,以及商品的主要成分及质量特征,增强对日用工业品商品、食品、纺织品、家用电器商品等几类商品的感性认识。

关键术语

化学性质　物理性质　机械性质

知识链接

纯羊毛标志

国际羊毛局授权的纺织品商标是羊毛产品质量和信心的保证。这个酷似一回毛线的标志(图 13.1)在中国到处可见。自它面世 34 年以来在全球取得了不小的知名度,尤其是在欧洲和日本。在日本百货商店里,可以发现品牌的男女士羊毛套装、羊毛衫和羊毛家纺产品上都有纯羊毛标志。而在中国,大部分人只以为这个标志所代表的只有成分,而实际上只有符合国际羊毛局一系列产品标准的羊毛产品才能悬挂纯羊毛标志。

1964,纯羊毛标志作为国际纺织品牌上市以来,承诺挂有纯羊毛标志的服饰类产品是由纯新羊毛制造而成,"纯"表示100%的羊毛原料,"新"代表羊毛制品中不使用再生羊毛。零售市场上,每年超过 40 亿件的服饰产品上挂有纯羊毛标志,备受零售商和消费者的青睐。

图 13.1　纯羊毛标志

(资料来源:http://baike.baidu.com/view/137224.htm; http://bzjc.ctei.gov.cn/bzjc-zt/ymcp/71110.htm.)

习　题

一、单项选择题

1. 纸张中的有效成分是(　　)。
   A. 纤维素　　　　B. 果胶质　　　　C. 木素质　　　　D. 灰分

2. 食品中如果添加过量的( )会具有致癌性。
   A．苋菜红　　　　B．谷氨酸钠　　　C．山梨酸　　　　D．亚硝酸盐
3. 人体缺乏( )易患夜盲症。
   A．维生素 A　　　B．维生素 B　　　C．维生素 C　　　D．维生素 D
4. 缺乏( )易患口角溃疡、舌炎、脂溢性皮炎、角膜炎等疾病。
   A．维生素 A　　　B．维生素 B_1　　C．维生素 B_2　　D．维生素 E
5. 天然无机纤维是( )。
   A．棉纤维　　　　B．麻纤维　　　　C．蚕丝纤维　　　D．石棉纤维

二、多项选择题

1. 天然纤维有( )。
   A．棉纤维　　　　B．麻纤维　　　　C．丝纤维　　　　D．毛纤维
2. 家用电器商品的主要质量特性有( )。
   A．使用性　　　　B．经济性　　　　C．安全性
   D．耐用性　　　　E．节能性
3. 食品商品的主要营养成分有( )。
   A．碳水化合物　　B．蛋白质　　　　C．脂肪
   D．维生素　　　　E．矿物质

三、简答题

1. 简述纺织品商品的抗起球性。
2. 简述食品的褐变。

四、分析论述题

分析家用电器商品的发展趋势。

五、实训题

查阅相关资料，写一篇关于我国目前食品安全体系存在的问题的小论文。

参 考 文 献

[1] 万融. 商品学概论[M]. 4版. 北京：中国人民大学出版社，2010.
[2] 胡东帆. 商品学概论[M]. 2版. 大连：东北财经大学出版社，2005.
[3] 赵启兰. 商品学概论[M]. 北京：机械工业出版社，2011.
[4] 郭洪仙. 商品学[M]. 上海：复旦大学出版社，2005.
[5] 谈留芳. 商品学[M]. 北京：科学出版社，2004.
[6] 刘安莉，高懿. 新编商品学概论[M]. 北京：对外经济贸易大学出版社，2002.
[7] 邓耕生，邓向荣. 商品学理论与实务[M]. 天津：天津大学出版社，1996.
[8] 朱世镐. 现代商品学基础理论[M]. 上海：复旦大学出版社，1993.
[9] 任君卿，周根然，张明宝. 新产品开发[M]. 北京：科学出版社，2005.
[10] 白萍，时雨，汪洋. 假冒伪劣商品识别[M]. 北京：北京科学技术出版社，1992.
[11] 俞一夫. 粮油商品知识[M]. 2版. 北京：中国轻工业出版社，1992.
[12] 于立和. 常见伪劣商品识别[M]. 北京：经济科学出版社，1997.
[13] 梁益圃. 商品质量与真伪识别：珠宝首饰、手机、电器、家具、建材[M]. 北京：学苑出版社，2003.
[14] 梁益圃. 商品质量与真伪识别：粮油、肉制品、饮料、调味品、豆制品、糕点、茶叶、酒[M]. 北京：学苑出版社，2003.
[15] 梁益圃. 商品质量与真伪识别：化妆品、钟表、纺织纤维、服装[M]. 北京：学苑出版社，2003.
[16] 陈明华. 商品学习题集[M]. 北京：北京理工大学出版社，2007.

21世纪全国高等院校物流专业创新型应用人才培养规划教材

序号	书名	书号	编著者	定价	序号	书名	书号	编著者	定价
1	物流工程	7-301-15045-0	林丽华	30.00	31	国际物流管理	7-301-19431-7	柴庆春	40.00
2	现代物流决策技术	7-301-15868-5	王道平	30.00	32	商品检验与质量认证	7-301-10563-4	陈红丽	32.00
3	物流管理信息系统	7-301-16564-5	杜彦华	33.00	33	供应链管理	7-301-19734-9	刘永胜	49.00
4	物流信息管理	7-301-16699-4	王汉新	38.00	34	逆向物流	7-301-19809-4	甘卫华	33.00
5	现代物流学	7-301-16662-8	吴健	42.00	35	供应链设计理论与方法	7-301-20018-6	王道平	32.00
6	物流英语	7-301-16807-3	阚功俭	28.00	36	物流管理概论	7-301-20095-7	李传荣	44.00
7	第三方物流	7-301-16663-5	张旭辉	35.00	37	供应链管理	7-301-20094-0	高举红	38.00
8	物流运作管理	7-301-16913-1	董千里	28.00	38	企业物流管理	7-301-20818-2	孔继利	45.00
9	采购管理与库存控制	7-301-16921-6	张浩	30.00	39	物流项目管理	7-301-20851-9	王道平	30.00
10	物流管理基础	7-301-16906-3	李蔚田	36.00	40	供应链管理	7-301-20901-1	王道平	35.00
11	供应链管理	7-301-16714-4	曹翠珍	40.00	41	现代仓储管理与实务	7-301-21043-7	周兴建	45.00
12	物流技术装备	7-301-16808-0	于英	38.00	42	物流学概论	7-301-21098-7	李创	44.00
13	现代物流信息技术	7-301-16049-7	王道平	30.00	43	航空物流管理	7-301-21118-2	刘元洪	32.00
14	现代物流仿真技术	7-301-17571-2	王道平	34.00	44	物流管理实验教程	7-301-21094-9	李晓龙	25.00
15	物流信息系统应用实例教程	7-301-17581-1	徐琪	32.00	45	物流系统仿真案例	7-301-21072-7	赵宁	25.00
16	物流项目招投标管理	7-301-17615-3	孟祥茹	30.00	46	物流与供应链金融	7-301-21135-9	李向文	30.00
17	物流运筹学实用教程	7-301-17610-8	赵丽君	33.00	47	物流信息系统	7-301-20989-9	王道平	28.00
18	现代物流基础	7-301-17611-5	王侃	37.00	48	物料学	7-301-17476-0	肖生苓	44.00
19	现代企业物流管理实用教程	7-301-17612-2	乔志强	40.00	49	智能物流	7-301-22036-8	李蔚田	45.00
20	现代物流管理学	7-301-17672-6	丁小龙	42.00	50	物流项目管理	7-301-21676-7	张旭辉	38.00
21	物流运筹学	7-301-17674-0	郝海	36.00	51	新物流概论	7-301-22114-3	李向文	34.00
22	供应链库存管理与控制	7-301-17929-1	王道平	28.00	52	物流决策技术	7-301-21965-2	王道平	38.00
23	物流信息系统	7-301-18500-1	修桂华	32.00	53	物流系统优化建模与求解	7-301-22115-0	李向文	32.00
24	城市物流	7-301-18523-0	张潜	24.00	54	集装箱运输实务	7-301-16644-4	孙家庆	34.00
25	营销物流管理	7-301-18658-9	李学工	45.00	55	库存管理	7-301-22389-5	张旭凤	25.00
26	物流信息技术概论	7-301-18670-1	张磊	28.00	56	运输组织学	7-301-22744-2	王小霞	30.00
27	物流配送中心运作管理	7-301-18671-8	陈虎	40.00	57	物流金融	7-301-22699-5	李蔚田	39.00
28	物流项目管理	7-301-18801-9	周晓晔	35.00	58	物流系统集成技术	7-301-22800-5	杜彦华	40.00
29	物流工程与管理	7-301-18960-3	高举红	39.00	59	商品学	7-301-23067-1	王海刚	30.00
30	交通运输工程学	7-301-19405-8	于英	43.00	60	项目采购管理	7-301-23100-5	杨丽	38.00

相关教学资源如电子课件、电子教材、习题答案等可以登录 www.pup6.com 下载或在线阅读。

扑六知识网(www.pup6.com)有海量的相关教学资源和电子教材供阅读及下载(包括北京大学出版社第六事业部的相关资源),同时欢迎您将教学课件、视频、教案、素材、习题、试卷、辅导材料、课改成果、设计作品、论文等教学资源上传到 pup6.com,与全国高校师生分享您的教学成就与经验,并可自由设定价格,知识也能创造财富。具体情况请登录网站查询。

如您需要免费纸质样书用于教学,欢迎登录第六事业部门户网(www.pup6.com)填表申请,并欢迎在线登记选题以到北京大学出版社来出版您的大作,也可下载相关表格填写后发到我们的邮箱,我们将及时与您取得联系并做好全方位的服务。

扑六知识网将打造成全国最大的教育资源共享平台,欢迎您的加入——让知识有价值,让教学无界限,让学习更轻松。

联系方式: 010-62750667, dreamliu3742@163.com, lihu80@163.com, 欢迎来电来信咨询。